Pedagogy of
Extracurricular
Sports Activities

Dialogue
between the present
and the past

神谷 拓 著
Taku Kamiya

運動部活動の教育学入門
歴史とのダイアローグ

大修館書店

# まえがき

　この本は、運動部活動の「これまで」(歴史)と「これから」(未来・展望)について考えることを目的にしています。特徴は、以下の3点にあります。

　まず、タイトルにあるように、①運動部活動について解説した、入門書だということです。優れた入門書とは、専門的な事柄を、できるだけ簡単に、わかりやすく解説している本だと思います。そのように考え、本書も可能な限り平易な文章で解説をしたつもりです。また、各章及び各回の冒頭には「あらすじ」を記しました。具体的な内容に入る前に「あらすじ」を予習することで、スムーズに読み進めることができるでしょう。もし、それでも各回の内容が理解できなかった場合には、「あらすじ」だけでも頭に入れてもらうことで、先に読み進めていけます。そして本書では、読者がさらに学習や研究を進めることができるように、関連する資料をできる限り引用し、本文中の表や、各章の最後にまとめて掲載するようにしました。興味を引いたトピックに関しては、それらもご参照ください。面倒であれば、ひとまずは無視していただいても構いません。

　次に、本書のサブタイトルにあるように、②単なるトピックや歴史の解説に止まらず、それらとのダイアローグ（対話）を重視していることが挙げられます。過去の運動部活動に関わるトピックや歴史を、知識として身に付けることも重要ですが、それ以上に、それらとどのように向き合うのかを大切にして欲しいという考えからです。本書をお読みいただければ気づくかと思いますが、これまでの運動部活動に関わる議論には、そのような姿勢が欠落していました。つまり、これまでの歴史、議論、反省に基づかない、モノローグ（独白）だったのです。これでは、同じ事の繰り返しになりますし、リアリティーのある展望も切り開けません。そのため本書の各回では、戦前から今日に至るまでの運動部活動のトピックや歴史を取り上げ、私がそれらに対して意見や問題提起をするという形をとっています。読者の皆さんには、私が試みたダイアローグをふまえて、「私だった

らこう述べたい」「こんな主張をする」という、新たなダイアローグを生み出してほしいと思っています。

　さらに本書は、③「運動部活動の教育学」という、新しい分野の学問をつくりだす点に特徴があります。哲学、文学、体育学、心理学、教育学、社会学、体育科教育学……現在、様々な分野の学問があります。しかし、運動部活動という冠のついた、学問はありません。もちろん、体育学、教育学、社会学などの学問において、運動部活動について扱われることはありましたが、運動部活動そのものに学術的な意味が見出されたり、運動部活動固有の研究の枠組みが示されたりすることはなかったのです。実際に、私は大学の教員をしていることもあり、「ご専門（研究領域）は何ですか？」と聞かれますが、「運動部活動です」と答えると多くの人は不思議そうな顔をされます。しかし、学術的な分野として見なされず、実際に研究が遅れてきたことによって、体罰をはじめとする様々な問題が発生してきたのはご承知の通りです。本書も学問と呼ぶには、まだ不十分な点がありますが、これを契機として、読者の皆さんと少しずつ「運動部活動の教育学」を形作っていきたいと思っています。

　なお、本書は、雑誌『体育科教育』における連載「『運動部活動の教育学』入門　これからの運動部活動の見方、考え方」（2011年4月号〜2015年3月号）の原稿を加筆・修正したものですが、引用・参照しているデータは原則的に連載を執筆した当時のものです。一番古い回を執筆したのは2010年ですから、資料・情報が古くなっている可能性がありますし、また、1ヶ月のタイムリミットのもとで書いた原稿ですから、内容や考察に不十分な点もあるかと思います。それらは、私と読者の皆さんの研究課題と考えていただければ幸いです。その一方で、この連載は原則的に各回で結論までを書く"読み切り"の形をとっているので、全体のストーリーとは関係なく、興味のある章や回だけを読むことができるというメリットもあります。あるいは、本書の結論や、全体のストーリーを先に確認したうえで、

各回の内容・トピックに入っていくことも可能です。例えば、先に第8章を読んで歴史全体の流れを理解したうえで興味のある章や回を読むことや、第9章及びエピローグを読んで、本書の結論を先取りしてから読み進めることも可能です。

　最後になりますが、本書においては、クラブ、部活動、運動部といった類似した表現が見られます。その背景には、教育行政において使用される用語が、時代によって変化していることがあります。例えば、戦前は「倶楽部」「部」という用語が、そして戦後初期の学習指導要領をはじめとする教育行政の文書においては「クラブ」という用語が、さらに、70年代に入ると時間割に位置づけられたクラブ（必修クラブ）と、課外の部活動というように区別されるようになります。また、中学校と高校で必修クラブが廃止された1990年代以降においては、クラブと部活動が同義に用いられることもあります。必要に応じて、各回においても解説を加えていますが、このような変化に留意して読み進めていただければと思います。また、本書では、法律、組織、会議の名称などを簡略化して表記することがあります。初出の回では正式名称を掲載していますが、次頁に代表的なものを挙げておきますので、ご参照ください。では、さっそく、歴史とのダイアローグを始めましょう。

● 省略用語一覧

| | | |
|---|---|---|
| か | 課内 | 教育課程内 |
| | 課外 | 教育課程外 |
| き | 給特法 | 国立及び公立の義務教育諸学校等の教育職員の給与等に関する特別措置法 |
| | 教課審 | 教育課程審議会 |
| | 教研 | 教育研究全国集会 |
| | 勤評 | 勤務評定 |
| | 「基本計画」 | スポーツ振興基本計画 |
| こ | 高体連 | 全国高等学校体育連盟 |
| | 国体 | 国民体育大会 |
| さ | 採用試験 | 教員採用選考試験 |
| じ | 人材確保法 | 学校教育の水準の維持向上のための義務教育諸学校の教育職員の人材確保に関する特別措置法 |
| す | 水連 | 日本水泳連盟 |
| せ | 青運協 | 青少年運動競技中央連絡協議会 |
| | 全教 | 全日本教職員組合 |
| | 全日中 | 全日本中学校長会 |
| ち | 中教審 | 中央教育審議会 |
| | 中体連 | 日本中学校体育連盟 |
| | 超勤 | 超過勤務（手当） |
| と | 特殊業務手当 | 教員特殊業務手当 |
| に | 日教組 | 日本教職員組合 |
| | 日高教 | 日本高等学校教職員組合 |
| | 日体協 | 日本体育協会 |
| ほ | 保体審 | 保健体育審議会 |
| も | 文科省 | 文部科学省 |
| よ | 要録 | 指導要録 |
| り | 臨教審 | 臨時教育審議会 |
| ろ | 労基法 | 労働基準法 |

※なお、本文中の傍点・下線は、すべて筆者によるものです。また、本文中で（第○回）と書かれている箇所は、これまでの回で同様の指摘があることを示していますので、ご確認いただければと思います。

**運動部活動の教育学入門**――歴史とのダイアローグ

Contents

まえがき……………i
省略用語一覧……………iv

# プロローグ

**第1回** 「運動部活動の教育学」の開拓に向けて……………1
 1 運動部活動は学校の教育活動か？……………1
 2 運動部活動をめぐる問題……………2
 3 「初めの一歩」を踏み出そう……………4
 \* 注／引用・参考文献……………6

# 第1章 運動部活動の始まり

**第2回** 運動部活動の「始まり」と「役割」……………8
 1 運動部活動の発足とスポーツの振興……………8
 2 大学の運動部員が伝えたかったこととその限界……………10

**第3回** 「対外試合の隆盛」と「運動部活動の過熱化」……………13
 1 対外試合の隆盛……………13
 2 運動部活動の過熱化……………14
 3 『学校體操教授要目』における運動部活動の位置づけ……………16

**第4回** 教育の軍国主義化と運動部活動……………18
 1 国の管理・統制による教育勅語体制……………18
 2 體操科から體錬科へ……………19
 3 運動部活動や対外試合への影響……………21
 \* 注／引用・参考文献……………23

# 第2章 運動部活動の教育課程化と競技力向上の相克

**第5回** クラブ・部活動の教育課程化……………26

|       |   |                                                       |
|-------|---|-------------------------------------------------------|
|       | 1 | 試案としての学習指導要領………26                        |
|       | 2 | 校内スポーツの振興…………27                           |
|       | 3 | 教育課程化に向けた模索………28                         |
|       | 4 | 体育行事を通して「自治」を学ぶ………29                 |
| 第6回 |   | 民主的な運動部活動の綻び………31                        |
|       | 1 | 運動部活動の民主化…………31                            |
|       | 2 | 対外試合基準による規制………32                         |
|       | 3 | 対外試合基準の緩和…………34                           |
| 第7回 |   | 対外試合基準をめぐる迷走………36                        |
|       | 1 | 対外試合の主催団体の変化…………36                      |
|       | 2 | 中学校の全国大会をめぐる混乱…………38                  |
| 第8回 |   | 学習指導要領の告示とクラブ・部活動の義務化………41      |
|       | 1 | 行事単元の終焉…………41                               |
|       | 2 | クラブ・部活動で露呈した矛盾…………43                  |
| 第9回 |   | 東京オリンピックと運動部活動…………46                    |
|       | 1 | 運動部活動と対外試合の関係…………46                    |
|       | 2 | 東京オリンピックと対外試合基準…………47              |
|       | 3 | 運動部活動問題の発生………50                           |
|       | * | 注／引用・参考文献…………52                          |

## 第3章　必修クラブの制度化と運動部活動の地域移行をめぐる迷走

| 第10回 |   | 運動部活動の地域移行の背景………56                      |
|--------|---|-------------------------------------------------------|
|        | 1 | 文部省と競技団体の対立…………56                        |
|        | 2 | 文部大臣による答弁の影響…………57                      |
|        | 3 | 保健体育審議会の議論…………58                          |
|        | 4 | 手当の問題…………59                                  |
| 第11回 |   | 必修クラブの制度化と2つの対外試合基準…………61      |
|        | 1 | 性急な必修クラブの制度化…………61                      |
|        | 2 | クラブらしきもの…………62                              |
|        | 3 | 2つの対外試合基準…………63                           |

| 第12回 | 必修クラブの制度化後に生じた混乱……………67 |
| --- | --- |
| | 1　熊本地裁における判例の影響……………67 |
| | 2　必修クラブの行き詰まり……………68 |
| | 3　対外試合をめぐる混乱……………69 |
| 第13回 | 日教組と文部省の奇妙な一致……………72 |
| | 1　教師の聖職者論と労働者論……………72 |
| | 2　教育研究全国集会の動向……………73 |
| | 3　定期大会の動向……………76 |
| | 4　賃金時短専門委員会の方針……………76 |
| 第14回 | 給特法の成立と部活動の雑務化……………78 |
| | 1　労働基準法と日教組の主張……………78 |
| | 2　西岡試案と日教組内の混乱……………80 |
| | 3　人事院勧告と給特法の成立……………81 |
| | 4　給特法成立後の交渉……………81 |
| 第15回 | 教員特殊業務手当と対外試合をめぐる混乱……………84 |
| | 1　日教組の運動方針の修正……………84 |
| | 2　特殊業務手当の制度化と矛盾……………85 |
| | 3　対外試合をめぐる混乱……………86 |
| | ＊　注／引用・参考文献……………89 |

## 第4章　学校教育への復帰と評価の問題

| 第16回 | 必修クラブと評価の問題……………94 |
| --- | --- |
| | 1　指導要録の改訂……………94 |
| | 2　完全実施と弾力的運用の狭間……………95 |
| | 3　日教組による必修クラブ反対運動……………96 |
| | 4　教研における議論……………97 |
| 第17回 | 必修クラブの関連領域としての部活動……………100 |
| | 1　必修クラブと部活動の実態……………100 |
| | 2　文部大臣の諮問と教育課程審議会の議論……………102 |
| | 3　学習指導要領の改訂と矛盾……………104 |
| 第18回 | 学校内・外の対外試合体制の崩壊……………106 |

　　　　　1　手当の整備と勝利至上主義の懸念……………106
　　　　　2　基準改正までの経緯……………107
　　　　　3　対外試合基準の一本化と規制の緩和……………110
第19回　「進学のための運動部活動」の背景……………112
　　　　　1　要録の改訂と部活動の評価……………112
　　　　　2　大学運動部の衰退……………114
　　　　　3　大学運動部活動の強化に対する国庫補助と
　　　　　　　スポーツ推薦入試の復活……………115
第20回　「進学のための運動部活動」の浸透……………117
　　　　　1　トップレベルの高校運動部活動の実態……………117
　　　　　2　保健体育教師による進路指導……………119
　　　　　3　高校受験(中学校)への浸透……………120
第21回　中学生の国民体育大会への参加……………123
　　　　　1　国体をめぐる問題状況……………123
　　　　　2　中学生の参加が抑制されてきた歴史……………124
　　　　　3　ソウル・ショックと政治家の「鶴の一声」……………125
　　　　　4　参加の承認と臨教審の議論……………126
　　　　　＊　注／引用・参考文献……………128

## 第5章　運動部活動における道徳教育と管理の強化

第22回　必修クラブと部活動のボーダーレス化……………134
　　　　　1　高校の実態……………134
　　　　　2　中学校の実態……………136
第23回　管理主義教育と運動部活動……………140
　　　　　1　校内暴力の増加と管理主義教育……………140
　　　　　2　管理主義的な運動部活動指導の実際……………141
　　　　　3　軍国主義教育の「焼き直し」……………142
　　　　　4　社会問題化……………143
第24回　臨時教育審議会における議論と部活動の方針……………147
　　　　　1　中曽根の思想と臨教審・第1次答申……………147
　　　　　2　第2次答申以降の方針……………148

|  |  |  |
|---|---|---|
|  | 3 | 各団体の主張……………149 |
|  | 4 | 教課審の議論……………152 |

第25回　「代替措置」による部活動の義務化と道徳教育……………154
　　　　1　道徳教育と「代替措置」……………154
　　　　2　「代替措置」後の変化……………156
　　　　3　2000mの恐怖……………158
　　　　*　注／引用・参考文献……………160

## 第6章　運動部活動における個性・主体性と「ゆとり」のギャップ

第26回　公立高校普通科における推薦入試の導入と運動部活動
　　　　……………164
　　　　1　高校入試制度の歴史……………164
　　　　2　推薦入試制度の実際……………166
　　　　3　必修クラブと部活動の二重評価……………167

第27回　「個性」の重視と運動部活動……………170
　　　　1　指導要録の改訂と「新学力観」……………170
　　　　2　「個性」の尊重と推薦入試……………171
　　　　3　推薦入試制度の浸透……………172

第28回　「ゆとり」政策と運動部活動のギャップ……………175
　　　　1　「ゆとり」政策とは……………175
　　　　2　過熱化への批判……………176
　　　　3　学校と地域の連携……………178
　　　　4　「ゆとり」とのギャップ……………178

第29回　「ゆとり」政策と教職員組合……………181
　　　　1　日教組の運動方針……………181
　　　　2　教研における議論……………183
　　　　3　全日本教職員組合の主張……………185

第30回　「無色透明」な部活動の行方……………188
　　　　1　右往左往する部活動の位置づけ……………188
　　　　2　教課審における議論……………190

    3　学習指導要領と要録の改訂……………190
    ＊　注／引用・参考文献……………193

## 第7章　運動部活動を取り巻く構造の矛盾

第31回　「スポーツ振興基本計画」と運動部活動……………198
    1　学校週5日制と運動部活動……………198
    2　対外試合をめぐって……………200
    3　対外試合基準の緩和……………201

第32回　「スポーツ振興基本計画」の改訂と中学生の国体参加………204
    1　「体力づくり」と国際競技力の向上……………204
    2　「基本計画」の見直し……………205
    3　「基本計画」の改訂と国体参加基準の緩和……………206

第33回　学校選択制度と運動部活動をめぐる格差……………209
    1　学校選択制度の模索……………209
    2　「大臣折衝」と鶴の一声……………210
    3　文科省の方針転換……………211
    4　学校選択制度の広がりと見直し……………212

第34回　教員採用試験とクラブ・部活動に対する「絶対的な信頼」……………214
    1　採用試験をめぐる政策の動向……………215
    2　採用試験の実際……………217

第35回　教員評価と部活動……………221
    1　教員評価の始まりと問題の発生……………221
    2　「超勤4項目」と特殊業務手当の矛盾……………222
    3　新しい教員評価制度……………223

第36回　外部指導者制度の現実……………228
    1　外部指導者制度への多様な期待……………228
    2　外部指導者を活用する前提条件……………230
    3　東京都の取り組みと課題……………231

第37回　部活動手当倍増のカラクリ……………235
    1　人事院規則と部活動の手当……………235

　　　　　2　一律的な給与体系と優遇措置の廃止……………237
　　　　　3　「メリハリ」と部活動手当……………238
　　　　　＊　注／引用・参考文献……………241

## 第8章　「これまで」の運動部活動の見方・考え方

第38回　総則・部活動の理由……………248
　　　　　1　総則で「自主的、自発的な参加」について記された理由……………248
　　　　　2　「責任感、連帯感の涵養」と「教育課程との関連」が重視される理由……………250
　　　　　3　「学校教育の一環」と「地域との連携」が共存する理由……………251

第39回　クラブ・部活動の歴史と教育現場の不信感……………253
　　　　　1　学習指導要領の変質過程……………253
　　　　　2　文部（科学）省関係者の解説の変節……………256

第40回　運動部活動の「教育」言説の限界……………258
　　　　　1　「道徳教育」言説……………258
　　　　　2　「体力づくり」言説……………260
　　　　　3　「競争」言説……………261
　　　　　＊　注／引用・参考文献……………264

## 第9章　「これから」の運動部活動の見方・考え方

第41回　行き場を失った「レクリエーション」言説……………268
　　　　　1　「レクリエーション」言説の登場と課題……………269
　　　　　2　教育関係団体の反応……………270
　　　　　3　競争・勝利のオルタナティブ……………271

第42回　クラブ・部活動は結社である……………273
　　　　　1　政治や社会との接点……………273
　　　　　2　結社への期待……………275
　　　　　3　クラブ・部活動が結社になる条件……………276

第43回　自治の教育的意義……………279

|第44回| |1　自治と結社……279|
| --- | --- | --- |
| | |2　自治と自主的・主体的活動……280|
| | |3　自治とモチベーション……281|
| | |4　自治と人格形成……282|
|第44回| |教師の専門性と運動部活動……285|
| | |1　教育課程論から見る教師の専門性……285|
| | |2　「自治内容」と教師の専門性……287|
| | |3　「トータルな自治」……288|
| | |4　「自治内容」による変化……289|
|第45回| |学校が運動部活動を必要とする理由……291|
| | |1　学校全体に及ぼす影響……291|
| | |2　部員の専門性を育む……293|
| | |3　運動部活動が教師を鍛える……294|
|第46回| |運動部活動の実践論……296|
| | |1　体育授業と関連づけた指導……296|
| | |2　教科外活動と関連づけた指導……299|
| | |3　場・環境に関わらせる指導……300|
|第47回| |運動部活動の「教育」を支える条件……302|
| | |1　大会の小規模化……302|
| | |2　「自治内容」の評価……304|
| | |3　教師教育への位置づけ……305|
| | |＊　注／引用・参考文献……308|

## エピローグ

|第48回| |運動部活動の「これまで」と「これから」……312|
| --- | --- | --- |
| | |1　運動部活動の指導……312|
| | |2　運動部活動の指導を支える構造……314|
| | |3　「これから」を切り拓くには……317|

あとがき……319

> プロローグ　第**1**回

# 「運動部活動の教育学」の開拓に向けて

## 1——運動部活動は学校の教育活動か？

　私は、本書を通して、「なぜ、学校に運動部活動はあるのか」「学校で実施するとしたら、どのような教育内容や指導方法が求められるのか」について考えていきたいと思っています。

　読者の中には、「既に、運動部活動は学校教育の一環として認められているではないか？」と疑問をもつ人がいるかもしれません。

　実際に私たちの多くは、学校教育のなかで運動部活動に取り組んできました。また、例年、野球の甲子園大会をはじめとする試合の結果が、マスコミを通じて報道されています。このような状況を見ると、「運動部活動は学校教育の一環である」と、当たり前のように思えてきます。

　しかし一方で、そのように胸を張って言い切れない歴史もあります。例えば、これまで学校の教育活動を規定してきた学習指導要領に注目すると、1969（昭和44）年改訂の中学校学習指導要領（高校は翌年に改訂。以下も同様）、そして、1998（平成10）年改訂の中学校学習指導要領においては、部活動に関する記述がありませんでした。つまり、戦後、部活動が学習指導要領上の教育活動でなかった時期が、2回もあったのです。

　なお、2008（平成20）年に改訂された中学校学習指導要領においても、部活動の位置づけは曖昧です。部活動に関しては、「総則」（19頁／高校23頁）の中で以下のように記されています。

「生徒の自主的、自発的な参加により行われる部活動については、スポーツや文化及び科学等に親しませ、学習意欲の向上や責任感、連帯感の涵養等に資するものであり、学校教育の一環として、教育課程との関連が図られるよう留意すること。その際、地域や学校の実態に応じ、地域の人々の協力、社会教育施設や社会教育関係団体等の各種団体との連携などの運営上の工夫を行うようにすること。」

　ここでは、確かに「学校教育の一環として」と書かれていますが、部活動固有の教育目標や内容が記されている訳ではありません。「スポーツや文化及び科学等に親しませ」ることや、「学習意欲の向上や責任感、連帯感の涵養等」については、各教科や特別活動（学級活動、学校行事、生徒会活動）などを通して行うことができます。つまり、これらは部活動でなくても経験できる内容と言えます。さらに言えば、地域の諸活動においても経験できるものです。そのため「総則」の後半部分には、「地域との連携」に関する記述があります。

　いずれにせよ、この「総則」の文面からは、「運動部活動は何のために学校で実施するのか？」「運動部活動でしか学べない教育内容は何か？」について理解することができません。

　この他にも、中学校学習指導要領の「保健体育」の「指導計画の作成と内容の取扱い」においても、「特別活動、運動部の活動などとの関連を図り、日常生活における体育・健康に関する活動が適切かつ継続的に実践できるよう留意すること」（97頁／高校96頁）と書かれています。しかし、ここでも、「適切かつ継続的に実践」するための活動例として、運動部活動が取り上げられているに過ぎません。つまり、継続的な実践の場は、運動部活動でなくても良いのです。

　このように、「運動部活動は学校教育の一環である」とは言い切れない状況に、私たちは置かれているのです。

## 2──運動部活動をめぐる問題

　学校で運動部活動を実施する根拠が曖昧だったことによって、様々な問

題が発生しています。

　例えば、手当の問題が挙げられます。2008（平成20）年10月から、土、日の4時間以上の部活動指導に2400円の手当が支払われることになりました。それまでは1200円でしたから、倍増されたことになります。

　しかし、それでも時給に換算すると300円から600円に増えたに過ぎません。また、平日の指導には、そのような手当が支給されていません。このような状況でしたから、これまでにも教育現場から改善を求める声があげられてきました。

　子どもにも目を向けてみましょう。ある生徒・A君は、中学校でサッカー部に入部しました。顧問は、その地域でも指導力に定評のある保健体育教師です。しかし、2年生になると同時に、その先生は他の学校に異動することになりました。A君は、新しく赴任してきた先生に指導してもらおうと思いましたが、その先生はバレーボールを専門にしていたため、サッカー部の顧問にはなりませんでした。最終的に、サッカー部の顧問となったのは、サッカーの門外漢である英語の教師でした。

　これは作り話ですが、どこの公立学校にもありうる話です。そして、このような状況に遭遇したときに、多くの場合は「運が悪かった」ということで済まされてしまいます。

　しかし、「学校教育の一環として」サッカー部を設置していたのであれば、これまでと同様に指導できる教員を割り当てる必要があるのではないでしょうか。あるいは、サッカーの専門家ではない教員でも指導できる教育内容を、きちんと示す必要があるでしょう。

　例えば、これが保健体育という教科だったらどうなるでしょうか。

　ある保健体育教師が異動になったら、同じように指導できる保健体育教師が新たに赴任するはずです。「学校教育の一環として」保健体育の授業をしているのですから、このような措置は当然のことです。また、保健体育教師は、サッカーの専門家でなくても、サッカーという文化に含まれる科学・教科内容を、授業の中で教えることができます。

　しかし、運動部活動に関しては、このように話が進まないのです。両者の実施体制には、歴然たる「差」があります。

　その理由の一つには、学校で実施する根拠が保健体育は明確であるのに

対し、運動部活動は不明確であることが挙げられます。保健体育は、戦後の学習指導要領に一貫して位置づけられてきたこともあり、何のためにあるのか、どのように教えるのかが明確です。しかし運動部活動は、それらが不明確であり、学習指導要領から外された時期もありました[4]。

ここでは、「手当」と「教員の異動」の事例を扱ってきましたが、問題の「根」は同じです。どちらの問題も、学校で運動部活動を実施する根拠が不明確であったことに原因があるのです。また、これら以外の問題に関しても、掘り下げて検討していくと、同様の「根」に行き着くことが多いのです。

## 3──「初めの一歩」を踏み出そう

学校で運動部活動を実施する根拠が不明確であった背景には、運動部活動研究の遅れがあります。

例えば、体育科教育に関して言えば、現状の問題や今後の課題を検討するときには、これまでの研究や実践を網羅した「体育科教育学」が議論の基盤となり、光を照らしてくれます。しかし、運動部活動に関しては、いまだ「運動部活動の教育学」なるものが体系化されていないのです。これでは、何か問題が発生すると、暗中模索の議論にならざるを得ません。

今、私たちに必要とされているのは、「運動部活動の教育学」です。それは、これから開拓していく「新しい学問」と言えるでしょう。

国立国会図書館のホームページで、タイトルに「部活」を含む博士論文を検索すると、表1の7本が抽出されます（2010［平成22］年9月2日現在）。この数は、他の教育活動の博士論文と比べると極めて少ない状況です。このことからも、運動部活動に関しては、いまだ十分な研究成果が蓄積されていないと言えるでしょう。未開拓な分野であるため苦労は伴いますが、他の領域よりも刺激的な発見に恵まれるかもしれません。

そのため、現在、教師をめざしている学生や、運動部活動の指導に取り組んでいる教育現場の先生に、是非、取り組んでもらいたい研究テーマです。

ただし、自分の思っていることを述べるだけでは、研究になりません。「過去の主張や取り組みと、自分はどこが違うのか」それを批判的に突き詰め

**表1　部活動に関する博士論文**

| NO | タイトル | 著者 | 年 | 大学 |
|---|---|---|---|---|
| ① | 運動部活動における「指導」概念の研究 | 久保正秋 | 1996 | 筑波大学 |
| ② | 学歴社会における高校部活の文化社会学的研究<br>――「身体資本と社会移動」研究序説 | 甲斐健人 | 1998 | 筑波大学 |
| ③ | 中学生にとっての部活動・総合的学習の意義<br>――「発達段階―環境適合理論」の観点から | 角谷詩織 | 2002 | お茶の水女子大学 |
| ④ | 生涯学習の視点から見た総合型地域スポーツクラブと学校の運動部活動の関係に関する研究 | 張　寅成 | 2007 | 広島大学 |
| ⑤ | 戦後わが国における「教育的運動部活動」論に関する研究 | 神谷　拓 | 2008 | 筑波大学 |
| ⑥ | 高校運動部員の心理的ストレスに関する研究<br>――部活動ストレスモデルの構築と介入プログラムの作成 | 渋倉崇行 | 2008 | 名古屋大学 |
| ⑦ | 集団内における迷惑行為に関する研究<br>――大学生の部活動・サークル集団を対象として | 尾関美喜 | 2009 | 名古屋大学 |

※国立国会図書館ホームページ。最終アクセス2010年9月2日。

ていくのが研究です。これは、研究方法論から言えば初歩的な内容であり、まさに「初めの一歩」と言えるでしょう。

　しかし、運動部活動に関しては、これまでの主張や取り組みが十分に整理されてきませんでした。他の領域には存在する、学説史、理論史、制度史、実践史に関わる研究が蓄積されていないのです。そのため、研究をしようと思っても、過去と自分を対峙させることができず、なかなか「初めの一歩」が踏み出せない現実もありました。

　そこで本書では、毎回、特定の制度、主張、取り組みを紹介しながら、私が解説・批評するという形で進めていきたいと思っています。

　同時に、私は自分の意見をできるだけ明確に言い切りたいと思います。今、実践に取り組んでいたり、これから研究しようとしている読者は、本書で紹介する引用・参考文献にも手を伸ばして、私の主張を批判するつもりで読んでください。その積み重ねによって、研究の足場（自分の立場）が明確になってくるはずです。研究を指導する立場の読者には、本書の内容を、研究指導やゼミナールの「ネタ」として利用していただければ幸いです。

　さあ、「運動部活動の教育学」を開拓する「初めの一歩」を踏み出しましょう。

## 注／引用・参考文献

1. 2008～09年告示の学習指導要領に部活動が位置づけられるに至った経緯は、拙稿「部活動の教育課程化に関わる論議過程の分析―2001年から2008年までの中央教育審議会の議論に注目して―」（筑波大学大学院人間総合科学研究科学校教育学専攻『学校教育学研究紀要』第2号）を参照。
2. 清水一彦ほか編『最新教育データブック[第12版]』（時事通信社、2008年、191頁）。なお、その後2014年10月から、部活動指導に関わる手当が3000円に、対外試合の引率に関わる手当が4250円に増額されました（「教育新聞」2014年4月21日）。
3. 加賀高陽『このままでいいのか!? 中学校運動部―先生たちのホンネ―』（東京図書出版会、2003年、174頁）。なお、手当などの問題に関連する資料として、大阪教育文化センター部活動調査研究会『大阪・学校部活動調査報告―生徒・教員・学校の実態と意見、その考察―』（1997年）、愛高教部活動問題検討委員会『部活動をどうする～7つの提言～（討議資料）』（2008年）、日高教部活動問題検討委員会・最終報告「『部活動』指導による長時間過密勤務の改善のために」（2008年）があります。
4. これから本書で明らかにしていきますが、教育課程の基準を示す役割を担ってきた学習指導要領において、教育課程外の部活動の方針を示すのには限界があります。そのため、部活動に関わる教育制度の現状や課題は、学習指導要領上の方針や位置づけだけでなく、他の教育制度にまで視野を広げて検討する必要があります。例えば、本書で取り上げる、対外試合の基準、指導要録、教員採用試験、教員評価、教員の職務に関する規則、部活動指導に関わる諸手当などが挙げられるでしょう。そして、これらの教育制度が、共通の目的をもって運用されてきたのかを分析する必要があります。なぜなら教育制度とは、「教育目的を実現するための社会的に公認された組織（人と物との体系的配置）」（桑原敏明「教育制度」『新版　教育小辞典[第3版]』学陽書房、2013年、82-83頁）だからです。しかし中澤は、このような分析をしないまま、「政策それ自体が運動部活動に与えた影響は間接的で限定的だった」と断定し、「運動部活動は、制度と呼ぶにはあまりにも脆弱な基盤のうえに成立しており、慣習と呼ぶほうが適切だ」と述べています。つまり、「運動部活動を成立させる原動力は、国レベルの教育政策ではなく、現場での動向の中にある」というのですが、これは強引な解釈です（中澤篤史『運動部活動の戦後と現在　なぜスポーツは学校教育に結び付けられるのか』青弓社、2014年、43-45頁）。本書を読み進めていただければわかりますが、運動部活動は権力機構の示す明文規定によって組織された「法制的教育制度」（桑原敏明、同上）の観点から捉えることができ、少なくともそれは「学校や地域社会などのそれぞれの教育現場における長年の自主的・主体的な営みのなかで形成されたルール・法」である、教育慣習法（川口洋誉「教育法のしくみ」『未来を創る教育制度論【改訂版】』北樹出版、2014年、44頁）によって成立しているものではありません。

運動部活動の教育学入門
歴史とのダイアローグ

# 第1章
# 運動部活動の始まり

ここからは、運動部活動の歴史をたどっていきましょう。第1章は、戦前編です。大学において運動部活動が発足され、彼らによるスポーツ振興に向けた活動を背景に、徐々に下の学校にも浸透していきます。同時に、勝利至上主義や過熱化の問題、学校教育に位置づける根拠や方法の不明確さ、子どもの主体性の軽視、さらには運動部活動の政治利用といった、今日発生している問題の萌芽も、当時の運動部活動に見ることができます。私たちは、戦前の運動部活動とのダイアローグから、何を見出す必要があるのでしょうか。

## 第2回

# 運動部活動の「始まり」と「役割」

　今回は運動部活動が発足された経緯と、当時において担った役割について解説します。
　私たちが知りたい「運動部活動は何のためにあるのか」「どのように指導するのか」といった事柄は、今回の内容と密接に関わっています。

## 1──運動部活動の発足とスポーツの振興

　運動部活動の起源は、今から130年以上前に遡ります。1870年代以降、招聘外国人教師や海外からの帰国者によって、様々なスポーツが日本に紹介されました。最初から、運動部活動のような組織的な活動にはなりませんでしたが、1877（明治10）年頃には東京大学にボートクラブ（舟行組）があったと言われています。その後、ほかの高等教育機関にも、運動部活動がつくられていきました。さらに、運動部活動の連合組織である「運動会・校友会」がつくられ、徐々に学校公認の組織になっていきました。
　その後、大学（以下から、大学と記すときには、当時の高等師範学校も含みます）の運動部員たちは、校内でスポーツを楽しむだけではなく、対外試合にも積極的に取り組むようになります。同時に、彼らはスポーツを小・中等学校へと広めていきました。当時の日本において、彼らはスポーツ界のリーダー的存在であり、自分たちが取り組んできた種目の『入門書』や『解説書』を執筆することも珍しくありませんでした。代表的なものを以下に挙げていますが、彼らはこのような書物の刊行を通して、スポーツ

振興の一翼を担ったのです（以下、これらの文献を引用するときは、冒頭の番号とページ数のみを表記します。なお、内容は筆者が原文を要約しています）。

> ①東京高等師範学校ローンテニス部編『ローンテニス』（1902年、金港堂）
> ②東京高等師範学校フットボール部編『アッソシエーションフットボール』（1903年、鍾美堂）
> ③早稲田大学野球部選手編『ベースボール』（1907年、彩雲閣）
> ④慶應義塾蹴球部編『ラグビー式フットボール』（1909年、博文館）

例えば③の文献の冒頭には、本書を執筆した主な目的は、われわれがこれまで野球について研究・習得したことを公にして、これから野球をやろうという人や、これまでやってきた人の手引きや参考にしてほしいという点にある（1頁）と書かれており、この文献が『手引書・参考書』であることを述べています。スポーツ界のリーダー的存在であった彼らには、それを書く資格や力量があったのです。

また、④の文献においても、慶應義塾大学体育会蹴球部は、設立以来、自分たちの深く信ずるラグビー、フットボールを伝えるために機会を惜しんでこなかった（40頁）と、ラグビーやフットボールの振興に尽力してきたことが記されています。その言葉に偽りはなく、この文献では、実際に彼らが訪問した学校も紹介されています。このような大学の運動部員の活躍によって、小・中等学校へとスポーツが振興されていったのです。

それは、小・中等学校からのニーズに応えるものでもありました。例えば②の文献には、各地の中学校師範学校から「フットボールゲーム」の仕方を説明してほしいという要求が少なくなく、この本はその要求に少しでも応えるために書いたものである（1頁）と発刊の意図が書かれています。大学の運動部員によるスポーツ振興の背景には、「スポーツを教えてほしい」「私たちもスポーツを楽しみたい」という期待や希望があったのです。

## 2──大学の運動部員が伝えたかったこととその限界

　彼らが伝えたかったことは、まず、各種目のルールや練習方法でした。それらがわからないと技術が向上せず、スポーツを自発的に楽しむこともできません。そのため①～④の文献でも、それらの内容に多くの頁が割かれています。ほかにも、いきすぎた練習にならないように注意することなども指摘されていました（②123頁、③8頁）。

　さらに彼らは、「研究活動」の重要性についても指摘しています。例えば、④の文献の「戦術研究の必要」という項目においては、戦術を研究する場は、運動場だけが最も適しているのではなく、かえって学校の教室や書斎において研究する方が、運動場でボールを追い回すときよりも冷静・緻密に攻撃や守備を研究できる、と指摘されています。すなわち、スポーツは「体」を動かすだけではなく、「頭」も使う必要があることを述べているのです。そして、そのような研究の結果を実際に運動場で活用してみると、理論と実践が融合して、大きな利益を得ることができるとも述べています（186頁、ほか、203頁）。このように彼らは、自分たちが取り組んできたような「理論」（研究活動）と「実技」の融合を、これからスポーツをする人たちにも期待したのでした。

　それは、小・中等学校の運動部活動において、とりわけ重要な意味をもちました。これらの学校では、プレイヤーの実態（発育・発達段階や技能レベル）に応じて、ルールや練習方法を変更する必要があり、それには研究活動が不可欠だったからです。

　大学の運動部員も、同様に考えていたようです。例えば、小学校の子どもにやらせるときには、コートを適当な形に縮小するのも良い（①156頁）、適当な大きさのボールを用いて、適切な広さのフィールド内で、年齢や体力の等しい者が集まってプレイするのであれば、少しも弊害はおきないだけでなく、中学校や小学校の遊戯として行っても、身体の発育を害することはないだろう（②121頁）と述べています。要するに、年齢に応じて用具やルールを変更することによって、スポーツが楽しめるようになることを指摘しているのです。

　しかし、それ以上の具体的な内容については、大学の運動部員もよくわ

からなかったようです。文献②の中で告白されているように、遊戯として始めることのできる年齢や、年齢とボールの重さ、大きさ、フィールドの広さなどとの関係については、私たちも深く研究したことはない（123頁）という状態だったのです。

　また、後に問題になる対外試合の方法に関しても、年齢にふさわしいルール、大会の規模、日程、時間といった、具体的な内容については述べていませんでした。すなわち、学校間で試合をする際には、数日前に両校で協議し、コートの広さや参加チーム数を定めると同時に、試合の方法や規則の細かな部分にまで、固く条約を結んでおくのである（①159頁）と、ごく一般的な事柄しか述べていなかったのです。

　このような状況だったため、彼らは、実際に小学校で勤務している皆さんに研究を託したいと思う（①156頁）と述べ、子どもに合った技術やルールの研究を、教育現場の教員に託したのでしょう。

　しかし、その思いは通じませんでした。詳しくは次回で触れますが、運動部活動は、研究活動よりも、対外試合の勝利に向けて過熱化していったのです。今日では、年齢に応じたルールや練習が常識になりつつありますが、スポーツに取り組み始めたばかりであった当時においては、それらを自分たちで研究していく意義が十分に理解されなかったのです。

　その背景には、制度的な問題もありました。大学の運動部員による活躍もあって、小・中等学校に運動部活動や校友会が発足されるようになりました。しかし、それらの多くは、大学の運動部活動のように、自分たちでつくりあげていったものではなく、学校側が大きく関与する形でつくられたものでした。実際に、そこでは、運動部員が校友会の役員になるのではなく、校長や教職員がその役割を担っていました。そのため、自分たちでスポーツの面白さを研究・追求していくという、大学の運動部と同じような活動を求めるのには、制度的にも限界があったのです。

＊

　これまで見てきたように、日本のスポーツ振興において運動部活動が果たしてきた役割は、非常に大きいものでした。特に、大学の運動部員による知識や技術の還元が、日本のスポーツ振興に重要な意味をもちました。諸外国では、地域のクラブを通してスポーツが振興されてきたことを考え

ると、学校の運動部活動を通したスポーツの振興は、日本的な特徴であったとも言えます。

このような歴史をふまえれば、今日においてもたびたび主張される「運動部活動の地域移行」(「学校の運動部活動を廃止して、地域に移行する」提案)には、慎重な姿勢が求められます。確かに地域スポーツの振興は大切ですが、一方で運動部活動から始まった日本のスポーツ振興に関わる歴史と伝統を、今日に活かす方策も検討すべきでしょう。

また近年、顧問中心の部活動が増え、子どもの自治集団活動とは言い難い状況にあることが報告されています。その背景には、本稿で見てきたように、大学の運動部に見られた自治的な活動(研究活動)が、小・中等学校に上手く継承されなかったという経緯があります。つまり、運動部活動を自治集団活動として指導することは、歴史的な課題なのです。

このように、運動部活動の歴史を辿ることによって、今日において議論されている問題や課題を、別の視点から捉え直すことができます。そのため、次回からも運動部活動の歴史に注目し、今日における課題との関係について考えていきたいと思います。

第**3**回

# 「対外試合の隆盛」と 「運動部活動の過熱化」

　前回は、大学（高等教育機関。以下も同様）で運動部活動が発足された経緯と、当時の運動部員がスポーツ振興の役割を担ったことについて解説しました。しかし一方で、大学の運動部活動の悪い面も継承されていきました。具体的には、勝利至上主義や、いきすぎた練習といった問題が、小・中等学校においても発生するようになったのです。実際に、前回紹介した、大学の運動部員によって書かれた文献の中には、キャプテンの命令に服従すべきことや、言うことを聞かない「異分子」を排斥するといった内容が記されていました。残念ながら、そのような考え方も継承され、指導や練習をエスカレートさせていったのです。

　今回は、このような運動部活動の過熱化の問題に注目していきます。

## 1──対外試合の隆盛

　運動部活動は大学で始められましたが、1900年代に入ると徐々に対外試合が活発になっていきます。竹之下休蔵は、当時の状況を「校内試合から対外試合へ、運動会から競技会へ、国内試合から国際試合への段階であって、同好者の間にたのしまれた練習から組織的練習に入るにつれて世人の関心も高まり」、「新聞社主催の競技会もその頻度を加えるようになった」と解説しています。

　大正期には、中等学校にも蹴球部や競技部（陸上競技）などの新しい部

活動が組織されます。そして、大学の運動部活動と同様に、様々な種目の対外試合が行われるようになり、新しい全国大会が次々と開催されるようになりました。例えば、1915（大正4）年には、第1回全国中等学校優勝野球大会が開催されますが、それは次第に人気を博し、1924（大正13）年には甲子園球場を新設して、大会を開かねばならないほどでした。[10]

## 2——運動部活動の過熱化

　対外試合が活発になるにつれて、運動部活動が過熱化するようになりました。

　既に、1907（明治40）年には全国中学校長会が、文部省からの諮問に対する答申の中で、「学業を疎害する」「疾病障害を受けしむる」「勝敗に重きを置くが為め公徳を傷害し而して紛擾の基となる」といった、運動部活動の弊害を指摘しています。当時から、学業との両立が難しい、「いきすぎた練習」による怪我、勝利至上主義といった問題が発生していたのです。そして、それらの弊害を防ぐために、「対外競技を行うには必ず関係学校の職員に於て順序方法を協議し競技の精神を失はざる様監督すること」と、対外試合の教育的な運営が課題として挙げられました。[11]

　さらにマスコミも、このような問題に注目し始めます。1911（明治44）年には、東京朝日新聞において「野球と其害毒」という連載がはじまり（8月29日から9月19日まで）、多くの学校関係者によって同様の問題点（野球部の問題点）が語られました。また、連載の最終回では、そのような問題を抑止するために、多くの学校で対外試合を禁止、及び制限していることが紹介されています。

　しかし、状況は改善しませんでした。1923（大正12）年には、第2回全国連合学校衛生会総会が、文部省からの諮問に対して答申を出しています。そこでは、「性、年齢及び体質に応じ競技運動の種類及び程度を定むること」「勝敗を主とせず過労を避け専ら体育的に指導すること」「競技運動は選手の独占を避け一般的ならしむること」などが指摘されています。[12] 先ほどの全国中学校長会で指摘された問題が続いていたため、このような改善策が再び示されたのです。

その3年後の1926（大正15）年には、文部省によって「体育運動の振興に関する訓令」が出されます。そこでも、運動精神（スポーツマンシップ）の昂揚、一部の少数者ではなく多くの者を運動に参加させる、実施する種目の程度を年齢、環境、季節などに適応させるといったことが、課題として挙げられています。

対外試合に関しても、学校長の承認を経てから参加させる、勝敗のみにとらわれない、同一生徒の参加する回数を適当にする、選手や応援者の学業に支障がないようにする、そして、多額の経費がかからないようにする、といったことが求められました。

この政策からも、運動部活動の過熱化によって、様々な問題が発生していたことがうかがえるでしょう。

さらに6年後の1932（昭和7）年には、「野球の統制並施行に関する件」が出されました。この時期になると、小学校においても対外試合が盛んに行われ、活動が過熱化するようになりました。そのため、この通達では、最も広く普及しており、一般民衆に大きな影響を及ぼしている野球部の改善がめざされ、小学校、中等学校、大学・高等専門学校の対外試合に関する方針が示されました。以下では、小学校と中等学校に関する方針の中から、いくつかを抜粋しておきます。

小学校においては、校内の児童で行われることを主とし、対外試合に熱中することがないように注意する方針が示されています。さらに、対外試合に参加するとしても宿泊は認められず、日程も土曜の午後か休業日に限定されました。ほかにも、対外試合に出場できるのは尋常小学校5年生以上の児童とされ、1日に行う試合の回数も1回を原則（やむを得ない場合は2回）とする方針が示されています。

中等学校に関しても、同様の規制が設けられ、例えば、全国的優勝大会や、全国的選抜大会といった「全国的規模の大会」は、それぞれ文部省の公認の下で年1回に限り認められています（明治神宮大会を除く）。地方的大会（参加学校が数県にまたがる大会）や府県大会も、年1回に規制されました。また小学校と同様に、試合は土曜の午後か休業日に限定され、留年した生徒の出場も禁じられています。

このような規制が必要なほど、当時の野球部は過熱化していましたが、

それはほかの種目においても同様でした。[16]そのため、運動部活動に対する批判が高まり、国の政策において管理されるようになったのです。

## 3──『学校體操教授要目』における運動部活動の位置づけ

　対外試合の規制が進められた一方で、学校教育のなかでは、どのような対策がとられてきたのでしょうか。

　1913（大正2）年に、日本で最初の体育の学習指導要領（『学校體操教授要目[17]』）が刊行されましたが、その中に今日の教科外体育を示す、「體操科教授時間外に於て行ふへき諸運動」（38-40頁）という章があります。それは「體操」と「撃剣及柔術遊戯並其の他の運動」によって構成され、後者の中にはベースボールやローンテニスといったスポーツ種目が含まれています。つまり、これらの種目については、教科外で実施することが認められていたのです。しかし、当時においては種目名が書かれているだけで、指導の方針は記されていませんでした。

　その後、1926（大正15）年に改正された『要目』（64頁）においては、前回よりも取り扱うスポーツの例示が増え、テニス、ピンポン、スキー、スケートなどが記されました。

　さらに、この『要目』においては「注意」の項目が追加され、「體操科授業時間外に於て行ふへき諸運動に就ても其の指導監督に注意すべし」と書かれています。このことから、前回の『要目』よりも、教育的に指導する方針が強調されたと言えるでしょう。

　1936（昭和11）年には、『要目』の第2次改正が行われています。そこでは「體操科教授時間外に於て行ふ諸運動に就ては十分なる計画の下に実施せしめ其の指導監督に留意するを要す」（5頁）と書かれ、新たに「計画的な指導」が求められています。さらに、各運動の特質をふまえつつ、地理的な環境、児童、生徒の心身の発達段階、年齢、性などに応じて、適当な種目を選んで指導する方針が書かれています（6頁）。

　このように、運動部活動の過熱化を背景に、少しずつ指導の方針が示されるようになりました。しかし、注意しなければならないのは、具体的な指導の内容や方法については記されてこなかったということです。つまり、

運動部活動の過熱化という目の前の問題に対して、何を、どのように指導すれば良いのかについては、不明確なままだったのです。そのため、過熱化した運動部活動を改善していくのには、限界がありました。

＊

　戦前、対外試合の隆盛を背景に、運動部活動の過熱化が問題になっていました。当時において指摘された、勝利至上主義をはじめとする問題の多くは、今日においても見られるものです。そう考えると、運動部活動は100年以上、同じ問題を抱えてきたとも言えます。

　このような歴史を変えていくためには、問題が発生した当時の状況にまで遡って、今後の対策を検討する必要があるでしょう。さしあたって私は、以下の2点を検討課題として挙げておきたいと思います。

　まず、運動部活動の過熱化の問題を解決するには、①対外試合の実施方法にまで踏み込んだ対策が必要になるということです。対外試合の規模、回数が拡大したことによって運動部活動は過熱化したのであり、だからこそ当時の教育政策では、対外試合が規制の対象とされたのです。今日においても、勝利至上主義などの問題の原因を、各学校や教師の管理体制だけに求めるのではなく、対外試合の実施方法にまで視野を広げて、対策を検討する必要があるでしょう。

　しかし、それだけでは不十分であり、②具体的な教育論も必要になります。戦前においても、「適切に」「計画的に」「注意して」指導することが求められていましたが、具体的な内容や方法は示されてきませんでした。そのこともあり、運動部活動の過熱化に歯止めをかけることができませんでした。今日においても、抽象的な言葉を並べるだけでは、問題の解決にはなりません。

　では、どのような対外試合や教育論が必要になるでしょうか。それらについては、引き続き考えていきたいと思います。

## 第4回

# 教育の軍国主義化と運動部活動

　前回は、対外試合の隆盛を背景にして、運動部活動が過熱化した歴史について解説しました。その問題は、あまりにも深刻であったため、文部省が対外試合の規制に乗り出すようになりました。また、今日の学習指導要領にあたる『学校體操教授要目』においても、運動部活動の教育的な運営が求められていました。

　このような国による管理・統制は、運動部活動が過熱化していた当時において、やむを得ない措置だったのかもしれません。しかし後に、それが別の問題を引き起こします。様々な戦争を背景に国際情勢が緊迫化するなかで、学校教育の軍国主義化を導いたのです。当然のことながら、運動部活動や対外試合も軍国主義教育に利用されました。

　今回は、このような国による管理・統制の「負の側面」に注目していきます。

## 1── 国の管理・統制による教育勅語体制

　1900年代に入り、日本は日露戦争、第一次世界大戦、満洲事変、日中戦争、第二次世界大戦といった戦争に関与していきます。第二次世界大戦に敗北する1945（昭和20）年までは、まさに戦争の連続だったのです。

　これらの戦争を支える思想的な基盤となったのが教育勅語でした。そこでは、「一旦緩急アレハ義勇公ニ奉シ」と記されていました。「一旦緩急アレハ」とは国家の危機的な状況であり、戦争も含まれます。そして、「義勇」とは「正しい勇気をもって国のため真心を尽くす」ことです。つまり、戦

争に突入したときには、命をかけて国・天皇を守ることが、国民に求められていたのです。

　このような教育勅語の方針が、国による学校教育の管理・統制を背景に強化されていきました。戦争を支える人材を育成するためには、学校教育への関与が不可欠だったのです。以下ではまず、どのように管理・統制が進められていったのかを確認しておきましょう。

　前回紹介したように、1913（大正2）年には、初めての体育の学習指導要領である『学校體操教授要目』が刊行されました。そこでは、「該科教授上ノ参考ニ供セシムル」と記されていました（1頁）。つまり、この『要目』で示された方針は、「参考程度」のものだったのです。

　しかし、改正された1926（大正15）年の『要目』では、「本改正教授要目ニ準拠シ」（1頁）と修正されました。「準拠」とは「あるものをよりどころとしてそれに従うこと」を意味しています。この改正によって『要目』が「参考程度」のものから「従うべき対象」となりました。

　さらに1936（昭和11）年の『要目』では、「本改正教授要目ニ基キ」（3頁）と記され、これまでの「準拠」よりも、さらに表現が強められました。

　このように学校教育への管理・統制が徐々に強まり、1941（昭和16）年には「国民学校令」が出されました。ここでは、教育目標や内容への統制が強められ、学校教育の目標が皇国民の錬成にあることが明示されました。[18]「皇国」とは天皇の統治する国であり、「皇国民」とはそれを支え、守っていく「民」を意味しています。つまり、教育勅語で示された、「戦争に突入したときには、命をかけて国・天皇を守る」ことに向けた教育を、国が推進するようになったのです。

## 2── 體操科から體錬科へ

　国による管理・統制は、体育（当時の體操科）の内容にも及びました。「国民学校令」によって、これまでの體操科は體錬科に改められ、そこでは「身体の鍛錬」「精神の錬磨」「国に奉仕する態度や実践力」が強調されるようになりました。

　「国民学校令」後における小学校令の施行規則改正でも、體錬科の目的

が「身体を鍛錬し精神を錬磨して潤達剛健なる心身を育成し献身奉公の実践力」を培うと記されました。さらに1943（昭和18）年の中学校規程においても、「身体を鍛錬し精神を錬磨して剛健不撓の心身を育成し国防能力の向上に力め献身奉公の実践力を増進する」と記されました。

このように、心と体を鍛練して、国のために奉仕できるような実践力を身に付けることが、體錬科の目的となったのです。そのことにより、教育現場では、とりわけ躾や姿勢の指導が重視されるようになりました。

例えば、戦前から戦後にかけて、学校体育に多大な影響を及ぼした人物である大谷武一は、著書『躾と體錬』（目黒書店、1943年）の中で、躾や行動の訓練を通して「日本人的性格」を身に付けることを強調しています（2頁）。「形態を整へることは、それはそのまま内面を修めることになり、その修められた心がまた更に形態として外貌に表現されることになる」（5頁）という理由からでした。すなわち、子どもの心は態度や行動に現れるのだから、それらの指導を徹底することで、子どもの内面を変えていく必要があると言っているのです。

その方針は、この著書の中で一貫しています。例えば、彼は「言いつけられたらすぐに行わせる」ことを提案していますが、それも「彼の、命令とあらば火の中でも、水の中でも勇躍して突き進んで行くといふ、壮烈鬼神を泣かせる行動も、平生、教師から言いつけられた事柄を、すなほに実行することから、培はれるもの」だからでした（69-70頁）。日頃からどのような命令にでも従う態度を指導することで、戦争の犠牲となる精神も身に付くという訳です。

ここで注意しなければならないのは、このような指導のもとでは、子どもが教師に服従する態度を取らざるを得ないということです。軍国主義教育を身をもって体験した教育学者の城丸章夫は、大谷に見られる指導方法を「責め立てる精神主義」と呼び、それは「強者が弱者に向かって、無限の服従を要求するときの道具であって、『お前の精神の判定者はお前ではなく俺なのだ』という前提」に立つものであると解説しています。

つまり、教師の立場からすれば、いかようにも態度の問題点は指摘できますから、「心の教育」「躾の訓練」という建前で、従順な態度になるまで子どもを訓練することができたのです。極論を言えば、教師に服従する態

度を取るまで、「精神が歪んでいる」「内面が乱れている」と言い続けて、罰を与えることや指導を加えることができました。子どもの立場からすれば、教師による「態度の否定」は「心や人格の否定」につながるのであり、そうならないために、何があっても教師に従順な態度を取らざるを得なかったと言えるでしょう。

## 3── 運動部活動や対外試合への影響

　運動部活動でも、體錬科と同様の指導が行われ、まさに学校教育全体で皇国民の錬成に取り組まれるようになりました。

　具体的には、體操科が體錬科に改められたように、運動部活動の目的や運営も皇国民の錬成のために変えられていきました。1941（昭和16）年には、文部省訓令によって校友会が報国団に改編され、従来の運動部は鍛錬部や国防部に再編されました。また、後に野球、庭球、籠球、排球、蹴球などは敵性スポーツとして廃止されるに至りました。従来から行われてきた運動競技は、グライダー訓練、通信訓練、機甲訓練、馬事訓練といった、戦争に関わる取り組みに姿を変えていったのです。

　対外試合も、皇国民の錬成に向けて変質していきます。例えば、清水は、甲子園大会と「日の丸」掲揚の関係を整理しています。それによれば、治安維持法が制定され、軍が直接学校に介入するようになった1925（大正14）年から大会の運営が変質し、徐々に国家との結びつきが強くなっていきます（表2）。

**表2　甲子園大会（中等学校野球大会）と「日の丸」掲揚の関係**

| 年 | 「日の丸」の掲揚 |
| --- | --- |
| 1915～1924年（第1～10回大会） | なし |
| 1925～1935年（第11～21回大会） | 左中間の外野席に掲揚 |
| 1936～1939年（第22～25回大会） | スコアボードの正面・最上段に掲揚 |
| 1940年（第26回大会） | 「日の丸」の下に「聖戦完遂」「心身鍛錬」の大看板設置<br>開会式は「皇居遙拝」から始まる |

※1941年の第27回大会は地方大会で終わり、全国大会は中止。以後、5年間中断。
（清水貢『熱球甲子園』文芸社、2009年、247-249頁をもとに作成）

また、国の部活動政策においても、同様の傾向が見られます。1937（昭和12）年に「国民精神総動員に際し体育運動の実施に関する件[26]」、1939（昭和14）年に「学生生徒の運動競技試合に関する件[27]」といった通知が出され、対外試合を精神修練の場にすることや、挙国一致の精神を育成することが求められました。
　そして、戦況が深刻化した1943（昭和18）年9月には体育大会が一切廃止され[28]、多くの生徒が戦争へと駆り出されていったのです。

＊

　これまで解説してきたように、国による学校教育の管理・統制には、体育や運動部活動の軍国主義化を導いた「負の側面」がありました。これは、今日においても過去の出来事として片づけることができません。
　後に触れることになりますが、終戦直後においては、それまでの教育に対する管理・統制が反省され、学習指導要領が「試案」として示されました。しかし、1958（昭和33）年以降、それは法的拘束力をもって告示され、今日まで続いています。また、2008〜09（平成20〜21）年に改訂された中学校と高校の学習指導要領では、「総則」に部活動が位置づけられるようになりましたが、その背景には「体力づくり」や「道徳教育」の要請がありました[29]。戦前の教育とも類似する、「国の管理・統制による心身の錬成」という状況が、今日においても見られるのです。
　また、軍国主義教育の歴史は、今日における運動部活動指導のあり方にも示唆を与えてくれます。いまだに一部の運動部活動で見受けられる封建的な組織運営や上下関係は、戦前の軍国主義教育の名残であり、その伝統を断ち切っていく必要があるのは言うまでもありません。
　そして、そのような組織運営や人間関係を支えたのが、子どもの振る舞いや行動で、心や人格を判断・評価する指導でした。今日においても「運動部活動で心を育てる」という建前で、同様の指導が行われていないでしょうか。改めて反省してみる必要があると思います。
　私は、「運動部活動で心や内面を育てるな」と言っているのではありません。戦前の教育と同じ道を歩まないためにも、「運動部活動の教育学」は、軍国主義的な運動部活動の指導とは決別する、目的、内容、方法をもつ必要があるのではないか、ということなのです。

## 注／引用・参考文献

1. 木村吉次「部活動」(日本体育協会監修『最新スポーツ大事典』大修館書店、1987年、1089頁)。

2. 本文中の文献は、国立国会図書館ホームページ内の近代デジタルライブラリー (http://kindai.ndl.go.jp/index.html)において閲覧することができます(最終アクセス2011年2月14日。以下3も同日)。なお、東京高等師範学校の運動部員による活動の一端は、以下の論文を参照。大熊廣明ほか「高等師範学校・東京高等師範学校による学校体育の近代化とスポーツの普及に関する研究」(『筑波大学体育科学系紀要』第28巻、157-173頁)。

3. 例えば、ミニバスケットボールのルールが参考になります。詳細は、日本ミニバスケットボール連盟ホームページ内、競技規則Q&A(http://www005.upp.so-net.ne.jp/minibasketball/04/4-5/q_a.html)と、永井洋一『賢いスポーツ少年を育てる　みずから考え行動できる子にするスポーツ教育』(大修館書店、2010年、189-193頁)を参照。

4. 宮坂哲文「課外教育史」(石山脩平ほか編『教育文化史体系Ⅰ』金子書房、1953年、217頁)。

5. 私は、このような問題意識から、大学の運動部員が、中学校や高校における運動部活動の援助・補助をすることで単位を認定する制度をつくりました。詳しくは、拙稿「スポーツを通じた大学と地域の連携事例②(岐阜経済大学『課外体育サポーター制度』)」(大野貴司ほか編『体育・スポーツと経営—スポーツマネジメント教育の新展開—』ふくろう出版、2011年)と、岐阜経済大学『体育授業サポーター・課外体育サポーター　活動・調査報告書』(2009-2011年)を参照。このほかにも、運動部活動の特待生を「校内と地域のスポーツ振興」の観点から再評価することを提案しています(拙稿「学校は特待生の何を評価すべきなのか」『たのしい体育・スポーツ』第210号8-11頁)。なお、大学の運動部員によるスポーツ振興の意義については、真田久「東京高等師範学校と嘉納治五郎　大学スポーツのかたちをつくった時代」(『現代スポーツ評論』第14号、113-114頁)の中でも指摘されています。

6. 日高教部活動問題検討委員会・最終報告「『部活動』指導による長時間過密勤務の改善のために」(2008年)。

7. 慶應義塾蹴球部編『ラグビー式フットボール』(1909年、博文館、122頁)。

8. 早稲田大学野球部選手編『ベースボール』(1907年、彩雲閣、158頁)。

9. 竹之下休蔵『体育五十年[改訂版]』(時事通信社、1956年、84頁)。

10. 前掲1、1090頁。

11. 文部省による諮問「各学校に行はるる競技運動の利害及び其弊害を防止する方法如何」に対する、全国中学校長会の答申(岸野雄三・竹之下休蔵『近代日本学校体育史』東洋館出版社、1959年、84-85頁)。

12. 文部省による諮問「競技運動に関し学校衛生上留意すべき事項如何」に対する、第2

回全国連合学校衛生会総会の答申(日本学校保健会編『学校保健百年史』第一法規出版、1973年、649頁)。なお、1927(昭和2)年の第6回総会においても、文部省による諮問「国民体育振興上運動競技会の実行に関し留意すべき事項如何」に対して答申が出され、運動競技会の改善策が指摘されています(654頁)。

13 眞行寺朗生・吉原藤助『近代日本体育史』(日本体育学会、1928年[成田十次郎監修『日本体育基本文献集 第8巻―大正・昭和戦前期―』日本図書センター、1997年所収]360-362頁)。

14 近代日本教育制度史料編纂会編『近代日本教育制度史料 第6巻』(講談社、1956年、198-205頁)。

15 井上一男『学校体育制度史 増補版』(大修館書店、1970年、249頁)。

16 前掲9、240-241頁。

17 なお、本稿で引用している1913(大正2)年と、1926(大正15)年の『学校體操教授要目』は、前掲2の国立国会図書館の近代デジタルライブラリーにおいて閲覧することができます(最終アクセス2011年2月14日)。また、前掲15には、上記のほかに1936(昭和11)年の『要目』が収録されています(282-369頁)。

18 文部省『学制百年史 資料編』(帝国地方行政学会、1972年、112-115頁)。

19 同上、117頁。

20 同上、144頁。

21 同上、117頁(小学校令第10条)。ほかにも、『國民学校體錬科教授要項』(1942年、文部省、3頁)や『中等学校體錬科教授要目実施細目』(1944年、文部省、2頁)においても、同様の方針が示されています。

22 城丸章夫『体育と人格形成』(青木書店、1980年、146頁)。

23 前掲1、1090頁。

24 前掲15、251頁。

25 清水貢『熱球甲子園』(文芸社、2009年、247-249頁)。

26 濱田義明『学校体育運動に関する法令並通牒』(目黒書店、1939年、274-276頁)。

27 前掲14、233-234頁。

28 岸野雄三ほか編『近代体育スポーツ年表(三訂版)』(大修館書店、1999年、179頁)。

29 拙稿「部活動の教育課程化に関わる論議過程の分析―2001年から2008年までの中央教育審議会の議論に注目して―」(筑波大学大学院人間総合科学研究科学校教育学専攻『学校教育学研究紀要』第2号)。

運動部活動の教育学入門
歴史とのダイアローグ

# 第2章
# 運動部活動の教育課程化と競技力向上の相克

　第2章では、1945〜60年代の運動部活動に注目します。この時代においては、戦前の教育制度や、運動部活動で発生していた問題をふまえて、学校教育に運動部活動を位置づける原理や方法が追求されます。また、戦前から運動部活動の過熱化の要因とされていた対外試合も規制されていきます。しかし一方で、日本がスポーツの国際大会に復帰したことや、東京オリンピックの開催が決定したことを背景に、運動部活動を「エリート選手養成の場」として位置づける方針も示され始めます。このような経緯から、私たちは何を教訓とすべきでしょうか。

## 第5回

# クラブ・部活動の教育課程化

　日本は第二次世界大戦に敗北し、それまでの思想、政治、そして、教育の民主化が求められました。今回は、このような民主化政策の中で、学校教育のクラブ・部活動がどのように位置づけられたのか（クラブ・部活動の教育課程化）に注目していきます。

　運動部活動の民主化や教育課程化は、今日的な課題でもあります。例えば、今日においても、体罰やいきすぎた練習の問題が発生すると、「運動部活動を民主化すべき」という言説が繰り返されますが、そもそも民主化とは何を意味するのでしょうか。

　また、第1回においても指摘しましたが、2008（平成20）年に改訂された中学校学習指導要領（高校は翌年に改訂）の総則には、部活動と教育課程の諸活動（教科及び特別活動）を関連づけて実施する方針が示されていますが、具体的な方法に関しては詳しく書かれていません。

　これらの課題に迫るためにも、当時の取り組みについて知ることが大切です。

## 1――試案としての学習指導要領

　第二次世界大戦の敗北から1ヶ月が経過した9月15日、文部省は「新日本建設の教育方針」を発表し、軍国主義の払拭を掲げました。

　さらに、1947（昭和22）年に刊行された学習指導要領一般編でも、これまでの管理・統制による教育が反省され、「下から」「みんなの力で」教

育実践を積み上げていくことが重視されました。そこでは、以下のように書かれています。

「いまわが国の教育はこれまでとちがった方向にむかって進んでいる。…略…このようなあらわれのうちでいちばんたいせつだと思われることは、これまでとかく上の方からきめて与えられたことを、どこまでもそのとおりに実行するといった画一的な傾きのあったのが、こんどはむしろ下の方からみんなの力で、いろいろと、作りあげて行くようになって来たということである」（1頁）

また、このような考えから学習指導要領が「試案」として刊行され、それは「教師自身が自分で研究して行く手びき」（2頁）と説明されていました。

## 2──校内スポーツの振興

このような教育の民主化の渦中において、体育やスポーツは、どのように捉えられたのでしょうか。

まず、先に取り上げた「新日本建設の教育方針」の中で、「明朗闊達なる精神を涵養する為め大いに運動競技を奨励し純正なスポーツの復活に努め」ることや、スポーツの日常生活化を図る方針が示されました。

その後、1946（昭和21）年「新教育指針」においても、「公民教育の出発点ともなり、またつねに土台となるものは、実際生活の指導」であるという考えから、校友会（文化部や運動部などが含まれる連合組織）における自治集団活動が重視されました。さらに、その実践に向けた論点を示した「研究協議題目」には、以下のように記されています。

①校友会の活動を一そうさかんにする方法につき協議し実行しよう。
②各学年生徒の発達程度に応じて、どんな事柄を自治に委ねたらよいかを教師が研究し、これを生徒に実行させよう。
③運動会について、上級生徒を役員に任命し、計画を立てさせ運営させよう。

このような方針は、「体育の改善」という章においても示されています。そこでは、「体育指導はややもすれば、正科体育の指導に限定される傾向

がある。今後はこのような弊害を改め、国民学校においては課外運動、中等学校以上の学校にあっては校友会の活動に適正な指導を与え、その運営を通して生徒の自発的活動を活かし、学校教育の一環たるのはたらきを発揮せしめ、明朗なスポーツの実践を通して健康の増進と道義心の昂揚とに資せしむべきである」[6]と書かれています。そして、ここでも以下のような「研究協議題目」[7]が示されています。

①全生徒がいずれかのスポーツに参加することのできるように、その種目と方法とを研究し、かつこれを実行しよう。
②生徒各自に、その個性に最も適合した体育を計画させ、実行させよう。
③スポーツの大会などに参加する方法につき、これまでの欠陥を反省し合理的に改めよう。

このように、公民教育や体育の一環として、校内のスポーツを振興することがめざされ、校友会や体育行事の指導が重視されるようになりました。

## 3──教育課程化に向けた模索

これらの方針は、クラブの教育課程化に影響を及ぼしました。

まず、1947（昭和22）年学習指導要領一般編において、「児童の活動をのばし、学習を深く進める」(13頁) ために「自由研究」が制度化され、その中でクラブも「学年の区別を去って、同好のものが集まって、教師の指導とともに、上級生の指導もなされ、いっしょになって、その学習を進める組織」(14頁) と説明されました。

その後は、子どもの自発的活動を重視した「教科以外の活動」（小学校）[8]と、「特別教育活動」（中学校[9]、高校[10]）に位置づけられるようになります。そこでは、「全生徒が参加して自発的に活動するものの一つにクラブ活動がある。クラブ活動は、教室における正規の教科の学習と並んで、…略…生徒の学校生活のうちで重要な役割を果たすべき分野である」[11]と説明されていました。

## 4──体育行事を通して「自治」を学ぶ

　クラブが「自由研究」や「特別教育活動」に位置づけられたことによって、学習活動と関連づけた指導や、子どもの自治集団活動が求められるようになりました。

　具体的な方針として、まず、体育、行事（校内の競技会）、クラブを関連づけて指導する方針が示されました[12]（これを行事単元と言います）。とりわけ、1953（昭和28）年小学校学習指導要領体育科編は、そのような方針を強く打ち出した点において注目されます。

　そこでは、「体育科は、クラブ活動や児童会などの教科以外の活動と関係することなく行うことはできない」（4頁）と記され、指導方法に関しても「クラブの計画・運営ということも必要になり、チームを作れば、そのメンバーとして活動するための一定の技術水準が要求せられる。したがって、教科時の指導は、クラブ活動を望ましくするために方向づけなければならないのである」（64頁）と説明されました。具体的には、校内の競技会に向けて、子どもたち自身が問題を解決していく過程が重視されるようになりました（66-67頁）。その背景には、小、中、高校を通して、「他校に打勝つチームをつくり上げることにあるのではなく…略…楽しいレクリエーションの方法を学ばせる[13]」という考えがありました。

　当然のことながら、運動部員も、このような活動を経験することになりましたが、一方で専門的な立場から校内のスポーツを振興していく方針が示されました。例えば、校内スポーツの振興に向けた全校的な組織を発足させ、「校友会体育部と密接な人的連絡を保ち終始共同の目標のもとに運営する[14]」といった方針や、各運動部主催の校内大会[15]が提案されました。その背景には、「（クラブ活動は）学校全体を豊かに楽しくするものでなければならない。そのためには、それぞれのクラブに属する人々が、単にその属するクラブのことだけでなく、…略…いろいろな計画を立てるにあたっても、常に学校生活全体を考慮に入れるようにしなければならない[16]」という考えがありました。

＊

　これまで見てきたように、終戦後の教育政策においては、とりわけ「み

んな」（一人一人の権利）を尊重することが重視されていました。そして、当時の民主的な運動部活動の実践も、運動部活動を通して「みんな」を追求するものでした。今日においても、「みんな」から愛される運動部活動を否定する人はいないでしょうから、運動部活動の現状を「みんな」という窓から眺めてみてはどうでしょうか。

　そうすると、一部の運動部活動において体罰やいきすぎた練習が行われ、子どもの人権が軽視されているのが見えるでしょう。また、一部の能力の高い子どもしか、練習に参加できていない実態もあります。さらに、部員以外の子どもが、放課後にスポーツをする環境も未整備です。日本も批准している国際条約「子どもの権利条約」の第31条には、「児童がその年齢に適した遊び及びレクリエーションの活動を行い並びに文化的な生活及び芸術に自由に参加する権利を認める」、さらに、それらの「適当かつ平等な機会の提供を奨励する」と書かれていますが、実際には有名無実化しています。これらの状況が示すように、「みんな」を追求する民主的な運動部活動の実践は、今日的な課題とも言えるのです。

　それでは、具体的に何ができるでしょうか。当時の教育政策に倣えば、運動部活動を「みんな」に開かれた組織にする必要があるでしょう。また、当時においては、「みんな」がスポーツを楽しめるように、体育、行事、クラブを関連づけた行事単元を実践し、その中で自治集団活動やレクリエーションの方法を学ばせようとしていました。さらに、運動部員による校内大会の自治的な運営も提案されていました。冒頭で述べたように、今日においても部活動と教育課程の諸活動を関連づけた指導が問われていることをふまえれば、当時の取り組みから学ぶべき点が多くあるでしょう。

　また、そのような実践は、「誰か」から与えられるものではなく、教師と子どもの力で「下から」つくりあげていく必要があります。終戦後の教育政策では、教育の民主化の前提として、教育現場で「自由に」「自分たちで」理論や実践をつくりあげる環境が重視されていました。今日においても、民主的な運動部活動の実践は、このような環境の中で育まれることを、私たちは忘れてはならないでしょう。

## 第6回

# 民主的な運動部活動の綻（ほころ）び

　前回は、終戦後、体育、教科外の体育行事（校内競技会）、そして運動部活動を関連づけた行事単元の実践によって、スポーツの生活化がめざされてきたことを解説しました。

　しかし、そのような方針は、徐々に綻び始めます。その要因の一つには、対外試合に関する基準（以下から対外試合基準）の緩和があります。そもそも、終戦後においては、教科外の体育行事をはじめとする校内のスポーツ活動を振興するために、対外試合が規制されていました。戦前のように運動部員の視線が対外試合ばかりに向くようになると、スポーツの生活化という目標や、行事単元のような取り組みが実現できなくなってしまうからです。しかし、終戦から10年も経たないうちに、対外試合基準は緩和されます。それは、これまで重視してきた、スポーツの生活化からの方針転換だったと言えます。

　今回は、このような民主的な運動部活動が綻び始める過程に注目していきます。前回も述べたように、「みんな」を追求する運動部活動の実践は、今日的な課題でもありますから、当時の歴史とのダイアローグが必要なのです。

## 1── 運動部活動の民主化

　終戦後まもない1945（昭和20）年9月に、文部省より「校友会新発足に関する件[17]」が出されました。そこでは、戦前の軍国主義教育の一環とし

て設けられた学校報国団を改組し、新たに生徒の自主的活動や自治の訓練を重視した校友会（文化部や運動部などが含まれる連合組織）を発足する方針が示されました。

その後、1946（昭和21）年5月に「新教育指針[18]」が出され、さらに具体的な方針が示されました。そこでは、①運動場を様々なグループが平等に使えるようにする、②代表チームだけが試合をするのではなく、第二チーム、第三チーム、さらには年齢や身長に応じた試合も行うようにする、③季節に合ったスポーツを実施する（シーズン制）といった提案がなされました。このように、戦後の運動部活動の出発点は「誰もが参加できる」ことにありました。

さらに、その翌月の「学校校友会運動部の組織運営に関する件[19]」においても「校友会運動部の適正な組織運営は民主主義的体育振興の原動力」と述べられ、その後の教育政策においても同様の方針が継承されていきました。[20]

しかし、終戦後の混乱もあり、すぐには、そのような運動部活動は実現しませんでした。1955（昭和30）年に文部省は校内競技や対外競技に関する調査を行っていますが、「実質的な部員数は20〜30%にすぎない」[21]という状態でした。その背景には、施設・設備、経費、そして指導者の不足がありました。

一方で校内の競技会（教科外の体育行事）は、徐々に活性化していきました。同調査によれば、ほとんどの学校が、教科の学習と関連づけた指導や、子どもの自治的な運営を推進しています。その回数も、小学校の平均が年間6.19回、中学校が7.51回、全日制高校が9.4回と報告されていますから、各学期に2〜3回は開催されていたことになります。

このように、スポーツの生活化に向けて校内競技会が活性化しつつあったため、さらにそれを「誰もが参加できる運動部活動」へとつなげることが、当時の課題であったと言えるでしょう。

## 2──対外試合基準による規制

校内スポーツの振興は、対外試合基準によって支えられていました。表

**表3 対外試合基準の変遷（1946〜54年）**

| NO | 年月<br>通達・通知などの名称 | 小学校 | 中学校 | 高校 |
|---|---|---|---|---|
| ① | 1946年6月<br>学校校友会運動部の組織運営に関する件 | 国民学校児童は主として校内大会に止め、対外的試合等への参加は年令、性別等によって厳選せねばならない。特に初等科の児童が試合参加のために特殊な準備をしたり、遠距離の旅行をすることはなるべく避けた方がよい。 | | 規模・範囲に関わる記述なし。 |
| ② | 1947年5月<br>学生野球の試行について | 原則として対外試合を行わない。 | 宿泊を要しない程度の地方的なものの範囲に止めることが望ましい。 | 規模・範囲に関わる記述なし。 |
| ③ | 1948年3月<br>学徒の対外試合について | 校内競技にとどめる。 | 宿泊を要しない程度の小範囲のものにとどめる。対外試合よりもはるかに重要なものとして校内競技に重点をおく。 | 地方的大会に重点をおき、全国的大会は年1回程度にとどめる。 |
| ④ | 1954年4月<br>学徒の対外競技について | 対外競技は行わない。親ぼくを目的とする隣接校との連合運動会は、その目的を逸脱しない限り行ってさしつかえない。 | 対外競技の範囲は、府県大会にとどめる（なるべく宿泊を要しないような計画とする）。宿泊を要しないでできる隣県およびブロックの大会も開催可能。個人競技では、世界的水準に達しているものおよびその見込みのあるものを、別に定める審議機関の審査を経て、個人として全日本選手権大会や国際競技に参加させることができる。 | 府県内で行うことを主とし、地方大会、全国大会の開催は、それぞれ年1回程度にとどめる。国民体育大会への参加は例外。 |

3は、各基準で示された方針を整理したものです。まず、1948（昭和23）年の基準を見てください。小学校では対外試合を行わないこととし、中学校の対外試合は「宿泊を要しない程度の小範囲のものにとどめる」としながらも、「対外試合よりもはるかに重要なものとして校内競技に重点をおく」と示されています。また、高校は「地方的大会に重点をおき、全国的大会は年1回程度にとどめる」とされています。これ以前においても、ほぼ同様の方針が示されています。

このように規制された理由は、1948年の基準の前文に書かれています。すなわち、「(対外試合は、筆者)運用の如何によっては、ややもすれば勝敗にとらわれ、身心の正常な発達を阻害し、限られた施設や用具が特定の

選手に独占され、非教育的な動機によって教育の自主性がそこなわれ、練習や試合のために不当に多額の経費が充てられたりする等教育上望ましくない結果を招来するおそれがあ」るからでした。

実際に、戦前から運動部活動の過熱化の背景には、対外試合の回数や規模の拡大がありました（第3回）。また、終戦直後においても、大小様々な競技会が氾濫し、会社の宣伝や広告にまで利用されていました。このように対外試合が過熱化すると、行事単元において志向されていた、校内スポーツの振興や「誰もが参加できる運動部活動」が実現できなくなってしまうため、対外試合基準が設けられたのです。

## 3──対外試合基準の緩和

しかし、それは1954（昭和29）年に緩和されます。再び、表3を見てください。小学校では、校内競技に限定されていたのが、隣接校との連合運動会が認められました。中学校では、「宿泊を要しない」範囲とされていたのが、「なるべく宿泊を要しない」範囲に変更され、府県大会とともに近隣県とのブロック大会が認められるようになりました。さらに能力が高い者は、全国大会や国際大会への道が開かれました。高校では、新たに国民体育大会（以下から国体）への参加が認められています。

このように緩和された背景には、1950（昭和25）年の全日本少年野球大会の開催がありました。先ほど解説したように、当時の対外試合基準において、中学生の参加する大会の規模は小範囲に限定されていたのですが、文部省は長期休暇中のレクリエーションの大会として開催を認めてしまいました。その結果、当時の基準と矛盾することになり、後に緩和されるに至ったのです。

この他にも競技団体からの要請がありました。日本は、1952（昭和27）年のヘルシンキオリンピック大会に、戦後、初めて参加しました。しかし、結果は惨敗であり、日本水泳連盟（以下から水連）をはじめとする競技団体が、基準の緩和を要求していました。それは、低年齢から選手養成を行わなければ、国際大会で勝てる選手が育たないという理由からでした。結果的には、このような競技団体の要請が受け入れられ、基準が緩

和されたのです。

　それは、学校の体育や体育行事にも影響を及ぼす出来事でした。スポーツの生活化に向けて、校内の競技会が数多く開催されるようになった矢先に、基準が緩和されてしまったからです。そのことによって、運動部活動の視線が対外試合に向くようになり、スポーツの生活化や「誰もが参加できる運動部活動」という方針との間に、溝が生じることになったのです。[26]

＊

　戦後、運動部活動を多くのスポーツ愛好者に支えられた組織・集団にするために、対外試合が規制されていました。このような措置は、今日においても見直されて良いのではないでしょうか。

　過去に野球の特待生が問題になったときには、残念ながら部外の生徒から特待生を守るムーブメントが起こりませんでした。多くの学校では、部外の生徒に「そっぽを向かれた」と言えるでしょう。それは、これまで運動部活動が、部外の生徒との関係構築よりも対外試合の勝利を重視してきたツケなのではないでしょうか。

　プロ野球に目を転じれば、2004（平成16）年に球団経営者間で1リーグ制が議論されたときに、選手会は反対の声明を出しました。しかし、その声は届かず、最終的には日本プロ野球史上初のストライキとなってしまいます。その際、多くのファンは彼らの行動を支持し、最終的には2リーグ制が維持されました。しかし「プロ野球は、もっとファンの育成も考えるべき」[27]という指摘もあり、選手会は以前にも増してファンとの交流イベントを大切にしています。「試合ばかりではいけない」という自覚が芽生えたのだとも言えるでしょう。

　運動部員にも、そのような自覚が必要なのではないでしょうか。彼らもクラスメイト、父兄、地域住民に支えられています。終戦直後のように校内スポーツ、さらには、地域スポーツの振興に一役買うことによって、そのような支えを確固たるものにし、「そっぽを向かれてしまう」現状を変えていく必要があると思うのです。

　残念ながら戦後においては、対外試合基準の緩和に見られるように、この視点が堅持されませんでした。この問題は、次回においてさらに検討したいと思います。

## 第7回

# 対外試合基準をめぐる迷走

　前回は対外試合の範囲や回数を規制することによって、校内競技会や運動部活動の振興をめざす政策が、綻び始めた過程を解説しました。

　今回は、その後の対外試合基準をめぐる迷走について扱います。大会の運営に関わって、選手の選抜・養成を目的とする日本体育協会（以下から日体協）や競技団体、そしてマスコミの関与が強くなっていきます。また、勝利至上主義やいきすぎた練習の問題が発生するようになりました。

　以下ではこのような歴史を振り返ることで、今日における課題を検討していきたいと思います。

## 1――対外試合の主催団体の変化

　前回、解説したように、競技団体からの要請を受けて1954（昭和29）年に対外試合基準が緩和され、大会の範囲・規模が拡大されました。同時に、この基準では対外試合の主催者に関しても大きな変更が見られます。

　まず、表4①の基準を見てください。主語に「中学校以下の学校は」そして「高等専門学校以上の学校は」と書かれているように、各学校が対外試合の運営主体となって、競技団体などと話し合いながら大会を開催する方針が示されています。その後も同様の方針が続き（②～④）、⑤の基準では、これまで大会の主催者として認められていた新聞社を、後援に回すことが述べられました。

　しかし、⑥の基準において、教育関係団体に選手の選抜・養成を目的と

表4　対外試合基準における主催団体の変化（1946～57年）

| NO | 年月 通達・通知などの名称 | 小学校 | 中学校 | 高校 |
|---|---|---|---|---|
| ① | 1946年6月 学校校友会運動部の組織運営に関する件 | 対外的体育大会、競技会、試合等の運営の細部については<u>中学校以下の学校は都道府県</u>、<u>高等専門学校以上の学校は地域的又は全国的体育運動競技団体</u>と十分連絡すること。 | | |
| ② | 1947年5月 学生野球の施行について | 記述なし。 | 中等学校旧制度以上の対外的競技会その他これに準ずる対外的行事の施行については主として新たに組織された日本学生野球協会の自主的統制管理に一任する。したがって<u>地方、関係学校は、今後、同協会と緊密に連絡し、相協力してその運営の適正</u>を図られたい。 | |
| ③ | 1947年8月 学校体育指導要綱 | 校外の競技会に参加する場合は学業に支障がないようにするとともに主催者、…略…その他につき、<u>関係運動団体または相手校と協定</u>する。 | | |
| ④ | 1948年3月 学徒の対外試合について | 学徒の参加する競技会は<u>教育関係団体がこれを主催</u>しその責任において適正な運営を期する。なお対校競技は関係学校においてこれを主催する。 | | |
| ⑤ | 1949年2月 学徒の対外試合について | 記述なし。 | | 昭和23年内に限り例外として認められてきた新聞社の主催は、…略…<u>後援</u>となることになっております…。 |
| ⑥ | 1954年4月 学徒の対外競技について | 親ぼくを目的とする隣接校との連合運動会は、その目的を逸脱しない限り行ってさしつかえない。この場合主催者は教育関係者(学校、教育委員会)とする。 | 宿泊を要しないでできる<u>隣県およびブロック大会は、当該県の教育委員会の責任において開催される限りさしつかえない</u>。 | 記述なし。 |
| | | 学徒の参加する競技会は、教育関係団体または機関が主催し、その責任において運営されるものに限る。ここでいう教育関係団体とは、<u>日本体育協会、それに加盟している競技団体、それに準ずる競技団体、学校体育スポーツ団体およびそれらの下部組織</u>を指す。但し、スポーツ団体の最下部組織であるクラブ、学校は含まない。 教育関係機関とは、文部省、教育委員会等学校教育行政に関するものを指す。 対外競技(数校間のせまい範囲)は関係学校において主催する。 | | |
| ⑦ | 1957年5月 学徒の対外運動競技について | 1954年と同様。 | 中学校の対外競技は、都府県内の競技会にとどめる。 ただし、隣接県にまたがる宿泊を要しない小範囲の競技会で当該県教育委員会の承認を得たものはこの限りではない。 | 高等学校以上の学校の参加する競技会については、教育関係団体が中心となって自主的に構成される審議機関の審査を経て、<u>教育関係団体以外の団体を協力者として主催者に加えることができる</u>。 |

する日体協や競技団体を含む解釈が示されるようになります[29]。それにより、この基準以降においては、それらの団体が主催者として大会運営に関わるようになりました。

　さらに⑦の基準では、教育関係団体以外の団体を、協力者として主催者に加えることができるようになります（高校）。この背景には、朝日新聞社が1956（昭和31）年6月24日の朝刊において、全国高校野球選手権大会の主催者に復帰する声明を出したことがありました[30]。当時においては、⑤の基準の中で新聞社は後援団体とされていました。それにも拘わらず、先ほどの声明が出されたのですが、文部省はそれを⑤の基準に基づいて規制するのではなく、⑦の基準において新聞社が主催者になることを追認したのです。

## 2── 中学校の全国大会をめぐる混乱

　⑥の基準において、日体協や競技団体が教育関係団体として認められたことで、それ以降においてはこれらの団体の発言力が増していきました。

　前回、解説したように、同基準では、個人種目で世界的水準に達している（及びその見込みのある）中学生が、全日本選手権大会や国際競技会に出場できるようになりました。その後、水連は、この改正だけでは満足せず、中学生だけの全国大会を要望するようになります。この他にも、陸上競技、サッカー、スキー、スケート（フィギュアスケートを含む）からも同様の要望が出されるようになりました。それだけならまだしも、基準に違反するような大会が平然と行われることもありました[31]。

　ところで、このような中学生の全国大会を実施することに関して、社会の人々はどのように受け止めていたのでしょうか。1957（昭和32）年に実施された内閣審議室のスポーツ世論調査では、中学生の対外試合を67％が支持していますが、その中で県外の試合への参加を支持するのは27％、今のまま（県内のみ）を支持するのは36％でした[32]。すなわち、中学生の全国大会は、必ずしも世論の支持を受けたものではなかったのです。

　実際に、大会規模を拡大することには、不安な面がありました。例えば、戦前から続く運動部活動の過熱化の問題があります。文部省は1957（昭

和32）年に「中学校、高等学校における運動部の指導について」[33]の通達を出していますが、そこでは勝利至上主義や、いきすぎた練習の問題が指摘されています。つまり当時においては、既にこれらの問題が発生していたのです。この他にも、選手以外の生徒に及ぼす影響も検討課題でした。竹之下休蔵は1957（昭和32）年1月19日の朝日新聞の「論壇」において、「最も大きな問題点は、対外試合への関心が高まるにつれて、そのしわよせが選手以外の生徒になされないかということである」と述べ、「中学校では、まずすべての子どもに機会を与えることを考えた後、余力をもって対外試合を行うことが本筋であろう」と指摘しています。さらに、「日本人はとかく一部の選手の活躍を学校全体の向上と考えたり、自分の子どものことを忘れて大きな試合の結果にだけ関心を持つような傾向がある」ことを懸念し、一人一人の子どもにつながる身近な問題として、議論を進めることを提案しています。

このように不安材料を抱えた状況で⑦の基準が出されました。結局、そこでは中学生の全国大会の実施は見送られましたが、一方で教育的な立場から問題を是正するような具体的な対策も示されませんでした。

＊

これまで見てきたように日体協や競技団体が教育関係団体として認められたことによって、それらの団体の影響力・発言力が増していきました。それは東京オリンピック開催が近づくにつれて、さらに強くなっていきます。

今回の内容に関わって、最後に改めて検討しておきたいことは、学校教育で実施する対外試合とは、どのような内容をもつのかということです。対外試合基準の緩和は、その方針が揺らいだことによって生じました。

私の結論を先に述べれば、終戦後の教育政策において示された「全ての者が参加できる」という方針を堅持すべきであると考えます。言うまでもなく、学校教育の中で、子どもは平等に教育を受ける権利をもっています。そのため、各学校は教科や特別活動において、全ての子どもが平等に学べる・経験できる教育内容を用意しています。その視点を、対外試合にも貫くということです。もちろん、1〜3年生の中からベストメンバーを選出して参加する大会があっても構いません。ただし、メンバーに選ばれてい

ない子どもが試合をする機会も、同じように保障すべきでしょう。

そのことによって、これまでのような全国的規模の大会は、実施できなくなってしまうかもしれません。限られたメンバーで戦う全国大会が1つ増えれば、それに応じて予選や練習試合が増えることになります。そして、試合に勝てば勝つほど、限られたメンバーで戦う期間が増えて、他のメンバーの試合ができなくなってしまいます。学校教育としての対外試合は、そのようなことがないように、教育の機会均等を追求していくのです。そして、対外試合一辺倒の現状から離れて、戦前の大学運動部が行ったように、学校や地域のスポーツ振興に取り組むことも必要でしょう（第2、6回）。

私のこのような主張は極論でしょうか。しかし、アメリカにおいてはシーズン制で子どものスポーツが実施されており、そのような環境でプロの選手が育っています。つまり、大会の規模や回数を拡大しなくても（活動期間を限定しても）、一流の選手は育っているのです。[34]

日本でも、例えば東京都内で取り組まれているDUOリーグ（サッカー）は、"補欠ゼロ"のクラブライフをめざして、1チーム複数クラブや、複数クラブによる合同クラブの参加を認めるなど、ユニークな活動を行っています。[35] あるいは、このようなリーグをつくるのではなく、公式戦に出場できない選手のために、定期的な親善試合を行う学校もあります。[36] これらの取り組みは、現状の対外試合体制で当たり前とされている、限られた選手しか試合に出られない環境を変えていくものだと言えるでしょう。

それは、長い目で見れば、優れた選手を養成することにもつながるのではないでしょうか。例えば、サッカー解説者のセルジオ越後は、「日本サッカー界最大の課題とは何か。私は迷わず補欠の撤廃を挙げます。…略…補欠がなくなり、生徒たちがあちこちで自由に試合に出られる環境があれば、控えのまま埋もれていった選手も、どこかで頭角を現したかもしれません。若いうちは試合をすればするほど伸びるのです」と述べています。[37]

このような指摘をふまえれば、優れた選手の養成という面からも、誰もが参加できる対外試合について検討する必要があるのではないでしょうか。

# 第8回

# 学習指導要領の告示と
# クラブ・部活動の義務化

　前回は、対外試合基準が緩和されていく過程について解説しました。その後、スポーツの生活化に向けて実践されてきた戦後の行事単元は、1958（昭和33）年の学習指導要領改訂によって終焉を迎えます。それだけではなく、改訂された学習指導要領が法的拘束力をもって告示されたことで、クラブ・部活動の実施が各学校に義務づけられ始め、子どもの自主的な活動（自発的な参加）という本来の趣旨と矛盾するようになります。

　今回は、このような歴史を振り返ることで、今日に得られる示唆を検討していきたいと思います。

## 1──行事単元の終焉

　1958（昭和33）年（高校は1960［昭和35］年）に改訂された学習指導要領は、終戦後の教育政策の方針を根底から覆すものでした。

　その特徴の一つとして、法的拘束力をもって告示されたことが挙げられます。国の管理・統制を特徴とした戦前の軍国主義教育の反省から、戦後、学習指導要領は試案として示されてきました。そのことによって、教師の想像力を発揮させて、より良い教育課程を教育現場からつくり上げていくことがめざされていたのです（第5回）。

　しかし、朝鮮戦争の勃発などに見られる、国際情勢の緊迫化を背景に、教育の中央集権化を進める政策が次々と打ち出されていきます。さらに、

各学校を基盤にした教育課程編成が成果をあげていないという批判もありました[38]。このような状況下、学習指導要領が法的拘束力をもって告示され、再び国による管理・統制が強められるようになりました。

内容面に注目すれば、改訂前の学習指導要領では、教育課程が教科と教科以外の活動（中学校と高校は、教科と特別教育活動）で編成されていましたが、改訂後においては教科、道徳、特別教育活動、学校行事に分割されました（高校は教科、特別教育活動、学校行事の3領域）。

この改訂で新設された道徳では、運動会や、オリンピックなどの国際スポーツ大会の事例を通して、日の丸の美しさや尊さを教えることがめざされるようになります[39]。さらに学校行事でも「国旗を掲揚し、君が代をせい唱させることが望ましい」（小学校259-260頁／中学校281頁／高校383頁）と記されました。運動部活動の大会に限定してみても、日の丸の掲揚に関しては肯定的に捉えられない事例があるのですが（第4回）、改訂された学習指導要領では、そのような負の歴史が顧みられていません。

それだけではなく、教科、行事、クラブ・部活動の関係が分断され、体育の授業を自治的な校内競技会や運動部活動へとつなげる行事単元のような実践は、取り組みにくい状況となりました。具体的には、学校行事が「学校が計画し実施する教育活動」となり、子どもの自主的活動を中心とする特別教育活動とは、異なる領域として位置づけられていくのです。

また、これまで体育行事や運動部活動の実践を通して学ばせてきた、運動生活やレクリエーション生活の設計に関する内容は、主に「体育に関する知識」（小学校243頁／中学校161頁、184頁）や「体育理論」（高校106-108頁）の中に位置づけられ、教科の時間内で指導することがめざされるようになりました。

さらに、クラブ・部活動の「指導上の留意事項」の中では、「クラブ活動は教科の学習と深い関連をもつ場合もあるが、そのような場合には、単に教科の補習を目ざすようなものとならないように注意する必要がある」（中学校279頁／高校382頁／なお、小学校258頁にも同様の記述があります）と記され、行事単元に見られた教科とクラブ・部活動を関連づける指導が、否定的に捉えられるようになりました。

このように、改訂された学習指導要領において、様々な面から教育内容

の転換が進められたことによって、戦後の象徴的な体育実践であった行事単元は終焉を迎えたのです。

## 2──クラブ・部活動で露呈した矛盾

次に、特別教育活動に位置づけられたクラブ・部活動に注目していきましょう。

小学校では「クラブは、主として中学年以上の同好の児童が組織し、共通の興味・関心を追求する活動を行う」（256頁）、中学校では「クラブは、学年や学級の所属を離れて同好の生徒をもって組織し、共通の興味・関心を追求して、それぞれ文化的、体育的または生産的などの活動を行う」（277頁）と記されています。高校では、クラブ活動の目標が、1．健全な趣味や豊かな教養を養い、個性の伸長を図る、2．心身の健康を助長し、余暇を活用する態度を養う、3．自主性を育てるとともに、集団生活において協力していく態度を養うと整理され、それ以外は中学校とほぼ同様の説明がなされています（381-382頁）。

このようなクラブ・部活動の位置づけられ方に、疑問をもつ人は少ないかもしれません。しかし、そこには本質的な問題が含まれていました。

結論を先に述べれば、法的拘束力をもった学習指導要領にクラブ・部活動が位置づけられたことにより、その実施が各学校の義務とされ、クラブ・部活動のもつ自発的な参加という特質と対立するようになったのです。改訂された学習指導要領は、国の定める教育課程の基準として告示されており、それを逸脱するような教育課程を編成すれば、法令違反と見なされる可能性がありました。そのため、クラブ・部活動に関しても、学習指導要領（教育課程）に位置づけられた以上、それを指導すること（子どもから見れば参加すること）が、なかば義務化し始めたのです。

そのような矛盾は、既に学習指導要領や、同時期に出された指導書の中で露呈しています。例えば、学習指導要領の「指導上の留意事項」の中では、「どのクラブに参加するかは、児童の自発性にまつ」（小学校258頁）、「クラブ活動に全校生徒が参加できることは望ましいことであるが、生徒の自発的な参加によってそのような結果が生れるように指導することがた

いせつである」(中学校279頁／高校382頁)と記されています。ここでは、子どもの自発的な参加が重視されていますが、後に出された『中学校特別教育活動指導書』では、「少なくとも、卒業までにまったくクラブ活動に参加した経験をもたなかったというような生徒がないように配慮することがたいせつであろう」(30頁)と、全ての生徒に経験させる方針が示されています。[40]このように、学習指導要領上の教育活動だから全員が経験すべきである、そして、クラブ・部活動は自発的な参加であるという、2つの建前がぶつかっているのです。

実際には、当時のクラブ・部活動において、他の教育活動のように具体的な時間規定がなされなかったこともあり、全ての学校で必修化はされませんでした。そのため、この問題が深刻化するのは、1968(昭和43)年以降に制度化される「必修クラブ」からになりますが、その火種は学習指導要領が法的拘束力をもった、この時代に生まれていたのです。

＊

これまで見てきたように、学習指導要領の告示によって、スポーツの生活化に向けて実践されてきた、戦後の行事単元は終焉を迎えました。さらに、クラブ・部活動の実施が義務づけられるようになり、本来の自発的な参加との間に矛盾が生じました。

とりわけ後者の問題は、今日にも通じるものです。例えば「スポーツ立国戦略」の策定に向けたヒアリング(第3回、2010[平成22]年4月9日)において、全国高等学校体育連盟(以下から高体連)の梅村専務理事は、運動部活動を特別活動の中で明確に位置づけることを要請しました。これを受けて文部科学省の布村スポーツ・青少年局長は、「運動部活動を特別活動に位置づけるというのは、ある程度義務づけたいということにつながるお考えですか」と質問しましたが、梅村専務理事はそれを否定しています。[41]

このやりとりが示すように、今日においても学習指導要領の各領域にクラブ・部活動を位置づけるのであれば、原則的には、ほかの教育活動と同様に、全ての子どもに経験させることが求められます。現行の学習指導要領は、全国の学校で同じ教育活動を行うことを、法的拘束力によって強制しているからです。

確かに、クラブ・部活動を必修化すれば、教育の機会均等が実現すると考えることもできます。しかし、それではクラブ・部活動に含まれる自発的な参加という特質が軽視されてしまうのです。

このジレンマを乗り越えるには、どうしたら良いのでしょうか。まず、学習指導要領の性格そのものを再検討することが挙げられます。そもそも、学習指導要領の法的拘束力に関しては、教育法学会においても批判的な見解が多数であり、これまでの裁判でも解決していない問題です[42]。

次に、子どもが自発的に参加する運動部活動を含んだ教育計画を、自分たちで創り上げていくことがあります。他の教育活動では学べないクラブ・部活動の教育内容は何か、あるいは他の教育活動とどのように関係するのかについて意見を出し合い、学校の教育計画に反映させていくのです[43]。

今日においても、多くの人が運動部活動を学校教育の一環として実施すべきだと主張します。そして、学習指導要領上の位置づけの「不明確さ」が、問題にされることも少なくありません。第1回においても述べましたが、確かに現行の学習指導要領におけるクラブ・部活動の位置づけは曖昧です。

しかし、学習指導要領に位置づけることで、問題は解決するのでしょうか。むしろ、本質的な問題は、学習指導要領の性格そのものにあるのではないでしょうか。学校教育に位置づけようとすると、活動の義務化と子どもの自発的な参加が対立してしまうのはなぜか。子どもは、全員必修のクラブ・部活動を望んでいないのに、学校教育に位置づけようとすると、そのような発想になってしまうのはなぜか。私たちは、その原因を見抜いていく必要があります。

一方で、教育行政を批判するだけでは問題の解決にはなりません。運動部活動に関わる人たちも、学習指導要領に頼らなければ学校教育に運動部活動を位置づけられないのはなぜか、あるいは、運動部活動に具体的な教育論がないから、学習指導要領の拘束力に頼らざるを得ないのではないか、と自問する必要があるのではないでしょうか。

## 第9回

# 東京オリンピックと運動部活動

　前回は、1958（昭和33）年に学習指導要領が法的拘束力をもって告示され、行事単元が終焉を迎えたこと、そして、クラブ・部活動を義務的に実施する状況が生まれ始めたことを解説しました。ちなみに、当時においては、1954（昭和29）年以降の対外試合基準の緩和を背景に、運動部活動で暴力事件やいきすぎた練習の問題が発生しており[44]、文部省も通達の中でその問題を指摘していました[45]。

　しかしその後、1964（昭和39）年に開催される東京オリンピックを理由に、再び対外試合基準が緩和され、運動部活動の問題はさらに深刻化していきます。

## 1── 運動部活動と対外試合の関係

　まず、当時の教育政策において、クラブ・部活動と対外試合の関係が、どのように述べられていたのかを確認しておきましょう。

　1960（昭和35）年に出された『中学校特別教育活動指導書』においては、対外試合の意義が認められつつも、「その回数、時期を計画するのには、慎重でなければならない」（74頁）と述べられ、当時の対外試合基準に基づいて試合を計画することが求められています。そして、その理由が以下のように書かれています。

　「対外的な活動に優秀な成績を得ることを目ざして、クラブ活動の指導の中心をひたすらそこにおくというようなことをすれば、その代表となる

者（対外運動競技の場合には、一般に選手）にのみ活動の重点がおかれ、そのクラブに属する他の生徒の存在は、ややもすれば軽視されることになり、ときには、代表となった者が責任を感ずるあまり、過度の活動を行なって、結果的には健康を害するようなことになったり、または、ある一部の生徒だけが特権的な意識をもつようになって、学校の秩序を乱すなどの傾向が生じないともかぎらない」(78-79頁)

そして、このような問題を懸念して、1960（昭和35）年に改訂された高等学校学習指導要領においても、「指導にあたっては、生徒の興味や欲求の充足に留意するとともに、熱心さのあまりゆきすぎの活動に陥ることのないように配慮する必要がある」(382頁) と記されていました。

戦前から、対外試合をめぐって運動部活動は過熱化しており、それは当時においても無視できない問題でした。しかしその後、対外試合基準はエリート選手の選抜・養成のために緩和されてしまうのです。

## 2──東京オリンピックと対外試合基準

1961（昭和36）年に対外試合基準は緩和されますが、まず注目すべき点は、対外試合と学校の教育活動を切り離す方針が見られることです。

表5には掲載していませんが、②までの基準の前文には、「対外競技は、教科としての体育、クラブ活動、校内競技などとの関連をじゅうぶん考慮し、学校教育の一環として行わなければならない」という方針が書かれていました。しかし、改正された③の基準では、その文面が削除されてしまいます。

さらに、①と②の基準では、対外試合に出場する選手が固定化しないように配慮する方針が示されていましたが、それも「実情にそぐわない」との理由から削除されます。

では、改正された基準は、どのような実情に合わせようとしていたのでしょうか。③の基準に添付されている解説文には、「（前回の対外試合基準の）実施の経緯とオリンピック東京大会開催等の事情を考慮し、…略…いっそう実情に応じた運営を図るため」に、基準を改正したと記されています。

ここでは、東京オリンピック開催という実情に合わせることが一つの動

表5 対外試合基準の変遷（1954〜61年）

| NO | 年月<br>通達・通知などの名称 | 選手の選抜・養成に関わる記述 |
|---|---|---|
| ① | 1954年4月<br>学徒の対外競技について | 個人競技では、世界的水準に達しているものおよびその見込みのあるものを、別に定める審議機関の審査を経て、個人として全日本選手権大会や国際競技に参加させることができる。 |
| | | 選手は、できるだけ固定することなく多くのものが参加できるようにする。 |
| ② | 1957年5月<br>学徒の対外運動競技について | 中学校または高等学校の生徒を次に掲げる競技会に参加させようとする場合は、文部省に協議するものとする。<br>中学校生徒の個人競技において、世界的水準に達している者またはその見込のある者が、全日本選手権大会または国際的競技会に参加する場合 |
| | | 対外競技に参加する選手の決定にあたっては、特定の者に固定することなく、本人の意志、健康、学業、品性等をじゅうぶん考慮しなければならない。 |
| ③ | 1961年6月<br>学徒の対外運動競技について | 中学校生徒の個人競技については、特にすぐれた者を国際的競技会または全日本選手権大会もしくはこれに準ずる大会に参加させることができる。なお、水泳競技については、その特殊性にかんがみ、一定の水準に達した者を選抜して開催される全国中学生選抜水泳大会に参加させることはさしつかえない。<br>中学校生徒または高等学校生徒を、国際的競技会または全日本選手権大会もしくはこれに準ずる大会に参加させようとする場合は下記による。<br>ア　国外で行われる国際的競技会に参加させようとする場合は、文部省に協議するものとする。<br>イ　国内で行われる競技会に中学校生徒が参加する場合は、都道府県の教育委員会の承認を得るものとする。 |
| | | 対外競技に参加する選手の決定にあたっては、本人の意志、健康、学業、品性等をじゅうぶんに考慮しなければならない。 |

機になっていますが、そもそも対外試合基準は、学校内の競技会や「誰もが参加できる運動部活動」を実践するという、学校教育の実情から設けられたものでした。しかし、それが日体協や競技団体の要請によって徐々に緩和され、ついには表だってオリンピックのために緩和したと述べられるに至りました。そのため、この基準では、これまで以上に選手の選抜・養成が意識されています。以下では具体的な変更点を確認しておきましょう。

　かねてから各競技団体は、中学生の全国大会を熱望していました。その

要求が通りだしたのが①の基準からであり、そこでは個人競技で「世界的水準に達しているものおよびその見込みのあるもの」を「別に定める審議機関の審査を経て、個人として全日本選手権大会や国際競技に参加させることができる」ようにしました。その後、②の基準において、参加資格の審査に関わって文部省と協議するとしていたのを、③の基準において、国内で行われる大会に関しては、都道府県教育委員会の承認を得るだけにしました。つまり、参加資格の審査方法が簡素化されてきたのです。

また、③の基準では、能力の高い中学生や高校生が参加できる大会として、国際的競技会や全日本選手権大会に準ずる大会が加わります。このことにより、これまで以上に大会数が増えるようになりました。さらに、水泳においては「全国中学生選抜水泳大会」と具体的な大会名が記され、実際に同年から全国大会が開かれるようになります。

そのうえ、①と②の基準では、これらの大会に参加できる条件が「世界的水準に達しているものおよびその見込みのあるもの」でしたが、③の基準では「特にすぐれた者」と変更されます。これまでの「世界的水準」では、厳しく適用するとほとんどの中学生が該当しないため、「特にすぐれた者」に変更して「全日本的な水準またはその見込みのある者」を参加できるようにしたのです。[50]

また、表5には掲載していませんが、そもそも1948（昭和23）年の基準では、中学校の対外試合を「宿泊を要しない程度の小範囲」に止めていましたが、①の基準において「なるべく宿泊を要しないような計画とする」とされました（第6回）。これが、③の基準において「経費面での負担が増大しないよう配慮する」と変更されます。ここでは、宿泊費の上限などは記されていませんので、事実上、宿泊は公認されたのです。

このような基準の緩和を、先頭に立って要請していたのが水連でした。[51] 水連は、③の基準が出された後にも、中学生の国体参加を要請し、実際に翌年から東京オリンピックまでの特例として認められていきます。[52] ここでも、競技団体の要請に基づいて、基準の拡大解釈が行われたのです。

## 3——運動部活動問題の発生

　このようにして、運動部活動は競技力向上体制に組み込まれていきましたが、その過程においていくつかの問題が発生しています。

　例えば、2ヶ月間にわたって実施された、水連のオリンピック直前の強化合宿を、高校生が辞退することがありました。同校の校長は、「長期にわたって学校を離れ、合宿に参加することは学業がおろそかになる」と理由を述べましたが、水連会長は「みんなが力を集めてやらねばならないときにこんな事態が生じたのは残念だ。…略…しかし大した問題ではない。合宿に参加しない場合、候補選手から除外するという点については、水連で取り決めたことだから仕方がない」と述べています。そして、これを報道した新聞記事には、「この問題をつきつめると、候補選手の一部には水連の長期合宿、強化コーチに対する不満と不信があるようだ」「とにかく、水連の強化策が、現在の段階では選手の一部に不安を与えていることは事実である」と記されています。文部省関係者は、対外試合基準の緩和に関する議論が「学校教育に支障を来さない範囲において、できるだけこれ（対外競技）を奨励する立場」で行われたと説明していましたが、実際には学校教育として放置できない状況が生じていたのです。

　さらに、暴力問題も深刻化していきます。法務省人権擁護局によれば、1963（昭和38）年ごろから学生・生徒間の私的制裁が急増しました。これを受けて同局は、「私的制裁がふえているのは東京オリンピックを契機に叫ばれた『根性養成』がはき違えられた結果、個人差を無視して錬成が行き過ぎたためだ」というコメントを出しています。このような実態を受けて、文部省も1966（昭和41）年の通達「学校の体育行事等における事故防止について」の中で、「生徒のけが、死亡等の事故が発生していること」を懸念し、「生徒の健康状態や体力等の差異を考慮した内容とし、画一的な計画をさけること」を求めました。

　このようにして、対外試合基準の緩和を背景に、運動部活動問題が発生する歴史は、再び繰り返されたのです。

＊

　これまで見てきたように、当時の運動部活動政策の方針は、一貫してい

ませんでした。学習指導要領やその『解説』及び『指導書』においては、対外試合をめぐる運動部活動の過熱化が懸念されていました。しかし、それを防ぐ意味で設けられた対外試合基準は緩和され、学校の教育活動と関連づけて実施する方針も削除されていました。その一方で問題が発生すると、再び通達を出して「適切に指導せよ」と求めていました。

　第3回でも述べましたが、運動部活動を学校教育の一環として実施するのであれば、運動部活動と対外試合に「教育の論理」を貫く必要があります。もちろん、技術の向上や大会での勝利を無視することはできません。しかし、それらに特化することで問題が発生してきたのであり、異なる観点から新たな「教育の論理」を見出すことが求められているのです。

## 注／引用・参考文献

1　当時の教育政策においては、「部活動」ではなく「クラブ」という用語が使われているため、本稿でも教育政策の文書を紹介・引用するときには「クラブ」という語を用います。
2　文部省『学制百年史　資料編』（帝国地方行政学会、1972年、52-53頁）。
3　同上、53頁。
4　伊ヶ崎暁生・吉原公一郎編『戦後教育の原点①―新教育指針』（現代史出版会、1975年、92頁）。
5　同上、93-94頁。なお、ここでは校友会や部活動に関わる内容だけを抜粋しています。
6　同上、109頁。
7　同上、111-112頁。
8　文部省『学習指導要領一般編』（1951年）。
9　文部省「『新制中学校の教科と時間数』の改正について」[1949年]（近代日本教育制度史料編纂会編『近代日本教育制度史料　第23巻』講談社、275-280頁）。
10　前掲8。
11　同上、36頁。
12　①文部省『学校体育指導要綱』（1947年、19-20頁）、②『学習指導要領小学校体育編』（1949年、9頁）、③『中学校高等学校学習指導要領保健体育科体育編』（1951年、23頁）、④『高等学校学習指導要領保健体育科編』（1956年、43頁）。
13　文部省『新制中学校新制高等学校望ましい運営の指針』（1949年、95頁）。他に、前掲8の68頁においても同様の指摘が見られます。
14　前掲12①、20頁。
15　文部省『わたくしたちの生徒会』（1952年、46頁）。
16　同上。
17　近代日本教育制度史料編纂会編『近代日本教育制度史料　第26巻』（講談社、1964年、107-108頁）。
18　前掲4、110-112頁。
19　木下秀明監修『戦後体育基本資料集　第5巻』（大空社、1995年、103-106頁）。
20　前掲12①、『中学校・高等学校管理の手引』（1950年、245-247頁）、前掲8、36-37頁、前掲12③、29-31頁。
21　文部省中等教育課「対外競技校内競技に関する調査報告（1）」（『中等教育資料』第5巻7号、11、14頁）、「対外競技校内競技に関する調査報告（2）」（『中等教育資料』第5巻8号、17、20-21頁）。
22　表3の各基準は、以下の文献から引用しました。①前掲19、②同、115-117頁、③体育・スポーツ法令研究会監修『体育スポーツ総覧　例規編』ぎょうせい、4755頁、④同、4756-4758頁。なお、この他にも、1947年「文部省訓令第6号」（前掲19、113頁）、前掲12①、20頁において対外試合に関する方針が示されていますが、1948年の方針と同様であるため割愛しました。

| | |
|---|---|
| 23 | 弘中栄子「新体育の出発」(前川峯雄編『戦後学校体育の研究』不昧堂、1973年、31頁)。 |
| 24 | 当時の議論については、梅垣明美「運動部の活動」(『戦後体育実践論第1巻　民主体育の探究』創文企画、1997年、348-349頁)を参照。 |
| 25 | 当時の議論については、関春南『戦後日本のスポーツ政策─その構造と展開』(大修館書店、1997年、107-115頁)を参照。 |
| 26 | 丹下保夫「体育の生活化」(城丸章夫ほか編『明治図書講座・学校教育・第10巻　体育・保健』明治図書、1956年、85-89頁)。 |
| 27 | 古田敦也・日本プロ野球選手会編『決意！　合併・1リーグ制NO！宣言』(双葉社、2004年、62、67頁)。 |
| 28 | 表4は以下の資料に基づいています。①前掲19、103-106頁、②同、115-117頁、③前掲12①、20頁、④前掲22③、⑤同、4756頁、⑥同、4756-4758頁、⑦同、4789-4791頁。 |
| 29 | これまでの研究においては、日体協や競技団体が教育関係団体に含まれるようになったのを、1957年の対外試合基準とする説が見られますが(丹下保夫『体育技術と運動文化』[復刻版]大修館書店、1985年、129-130頁、前掲25、152-153頁)、本文中で示したように、その規定は1954年の対外試合基準から示されています。 |
| 30 | 今村嘉雄「学徒対外競技の基準はどうなる」(『体育科教育』第4巻8号、22-23頁)。 |
| 31 | 体育局体育課「児童生徒の対外運動競技について」(『文部時報』第1007号、38頁)。 |
| 32 | 同上、40頁。 |
| 33 | 前掲22③、4828-4830頁。 |
| 34 | 山口泰雄「北米の生涯スポーツ」(川西正志ほか編『生涯スポーツ実践論─生涯スポーツを学ぶ人たちに─[改訂2版]』市村出版、2006年、15-16頁)。 |
| 35 | 中塚義実「DUOリーグの実践─スポーツの生活化のために」(菊幸一ほか編『現代スポーツのパースペクティブ』大修館書店、2006年、173-189頁)。 |
| 36 | 朝日新聞[名古屋]2007年6月12日朝刊(中京大中京高校と大府高校で実施している親善試合)。 |
| 37 | セルジオ越後『日本サッカーと「世界基準」』(祥伝社、2006年、192-197頁)。 |
| 38 | 前川峯雄編『戦後学校体育の研究』(不昧堂、1973年、200-204頁)。 |
| 39 | 藤田昌士『学校教育と愛国心　戦前・戦後の「愛国心」教育の軌跡』(学習の友社、2008年、174-179頁)。 |
| 40 | この他に、同様の方針は、①『小学校学習指導要領解説』(文部省調査局[文部時報別冊]、1958年、66-67頁)、②『小学校特別教育活動指導書』(文部省、1960年、26頁)、③『高等学校学習指導要領解説　特別教育活動編　学校行事編』(文部省、1962年、63-64、68頁)の中で示されています。 |
| 41 | 文部科学省ホームページ内、http://www.mext.go.jp/a_menu/sports/rikkoku/detail/1293134.htm(最終アクセス2011年8月16日)。 |
| 42 | 高津芳則「教育課程行政と教科書」(勝野正章ほか編『教育行政学』学文社、2005年、 |

134-135頁)。
43 教育現場の発想や実践を基盤にして教育課程を編成する試みとして、学校体育研究同志会教育課程自主編成プロジェクト編『教師と子どもが創る 体育・健康教育の教育課程試案 第1巻―すべての子どもに豊かな運動文化と生きる力を―』(創文企画、2003年)があります。同書では、「スポーツの組織・運営を学ぶ場」として運動部活動を位置づけることが提案されています(156-170頁)。
44 朝日新聞朝刊、1957年5月14日。
45 文部省「中学校、高等学校における運動部の指導について」[1957年](前掲22③、4828-4830頁)。
46 なお、前掲40③、69頁にも同様の記述があります。
47 表5は以下の資料に基づいています。①前掲22③、4756-4758頁、②同、4789-4791頁、③同、4816-4818頁。
48 なお、学校教育から運動部活動を切り離す記述については、久保正秋「わが国の『学校教育における運動部活動』の二重構造に関する研究」(『東海大学紀要 体育学部』第26号、5-6頁)においても整理されています。
49 西田剛「学徒の対外運動競技の基準改訂について」(『中等教育資料』第10巻8号、15-16頁)。
50 同上、14頁。
51 前掲25、153頁、朝日新聞朝刊、1961年4月13日。
52 朝日新聞朝刊、1962年2月23日、3月2日、8月9日。
53 同上、1964年4月24日。
54 前掲49、12頁。
55 朝日新聞朝刊、1965年12月3日。
56 体育・スポーツ指導実務研究会監修『体育・スポーツ指導実務必携[平成13年版]』(ぎょうせい、2001年、597頁)。

運動部活動の教育学入門
歴史とのダイアローグ

# 第3章
# 必修クラブの制度化と運動部活動の地域移行をめぐる迷走

　　第3章では、1960〜70年代の運動部活動に注目します。この時代になると、教師の職務や手当との関連で、運動部活動のあり方が問われるようになります。学習指導要領ではクラブが時間割に位置づけられ（必修クラブ）、それ以外の活動（課外の部活動）は学校管轄外の自発的な労働と見なされていきます。この地域移行の方針は、日本教職員組合の労働運動の方針とも一致していきますが、教師に支払われる手当や、学校と地域の役割分担をめぐって、かえって混乱が起こります。このように迷走してしまった原因は、どこにあったのでしょうか。

## 第10回

# 運動部活動の地域移行の背景

　前章で解説したように、1958（昭和33）年以降の学習指導要領をはじめとする教育政策では、運動部活動の過熱化が懸念されていました。しかし、東京オリンピックを理由に対外試合基準が緩和され、さらに問題が深刻化しました。

　それ以降においても、競技団体から基準の緩和を求める要請が続き、当時の文部大臣もそれを認めるようになります。一方で、対外試合が増えたことによって、教師の負担が大きくなりました。そのため教育行政は、教師に支払う手当を整備する必要がありましたが、十分な財源は確保されませんでした。これらを要因にして、1969（昭和44）年以降、運動部活動の地域移行が進められるようになります。

　今回は、このような地域移行が進められた背景に注目していきます。

## 1──文部省と競技団体の対立

　1958（昭和33）年に改訂された学習指導要領の「体育」では、これまでの生活目標に代わって「基礎的運動能力」や「運動技能の向上」が重視されるようになりました。その後、東京オリンピックの影響もあり、これらの目標は「体力づくり」を重視する方針へと変化していきます。このような変化は、運動部活動にも影響を及ぼしました。例えば1966（昭和41）年に文部省が刊行した『青少年の健康と体力』には、積極的に参加しない部員がいることや、「中学校、高等学校、大学と上級の学校に進む

にしたがって部員数が減少し、特に女子にその傾向が著しいことは、青少年の体力の向上のために適切な運動を継続して行なうことが効果的であることからみると、改善されなければならない課題である」（107頁）と記されていました。つまり、「体力づくり」の観点から運動部活動が注目されるようになったのです。

さらに、その方針は、対外試合基準を緩和する理由としても注目されていきます。例えば、東京オリンピックで成績がふるわなかった水連は、「文部省が小、中学生の対外試合を制限しているため、小、中学生の体力強化がはばまれている。この規制をゆるめてほしい」と要請するようになりますが、当時の文部省はそれを拒否しました。その後も水連は、東京オリンピックまでの特例として認められてきた中学生の国体参加を、今後も認めるように要請し続けましたが、それも叶いませんでした。

さらに、日本室内水泳選手権への参加を予定していた小学生が、文部省の指示によって大会を辞退することもありました。そもそも当時の対外試合基準では、隣接学校間の連合運動会までしか認められていませんでした。しかし、辞退をした小学生は学校の代表ではなく、民間の水泳クラブとして参加する予定だったため、クラブの代表は「文部省の圧力」と批判しました。これ以降も、このような対立は続き、競技団体は対外試合基準の撤廃を求め続けました。

## 2──文部大臣による答弁の影響

1967（昭和42）年6月6日の国会で、剱木文部大臣が「札幌オリンピックの選手強化策の一環として、小中高校生の対外試合制限を、ある程度、緩和したい」と発言したことで、基準を改正する議論が熱を帯びるようになります。例えば、同年6月15日の朝日新聞朝刊では、日体協と日本中学校体育連盟（以下から中体連）の間で紙上討論が行われています。

日体協の言い分は、①優秀選手を育成するためには、基礎体力（正しい体力づくり）とスポーツの底辺拡大が必要、②小、中学生を直ちにオリンピック選手に仕込める競技は限られている、③全国大会に出場するのは少数のすぐれた体力と素質に恵まれた者なので、基準を改正しても問題はな

いという内容でした。

　それに対し、中体連の言い分は、①中学生の体格は良くなっているが、体力や運動能力は今なお戦前の状態より劣っている（だから対外試合基準の緩和は認められない）、②教育の機会均等が失われる（試合に参加するために生徒は授業を放棄しなければならず、教師も少数の生徒の引率で、授業ができなくなる）、③子どもの経済的負担が増大する（義務教育は本来無償であるべきだが、生徒会費やPTA会費に依存している）ということでした。

　両者の①では、子どもの体力が焦点になっていますが、それ以外については議論がかみ合っていません。とりわけ、中体連が問題にしていた②と③の論点は、学校教育と競技力向上の関係を問うものであり、それはどれだけ体力について論じても、解決できない問題でした。

## 3──保健体育審議会の議論

　このような状況を背景に、1967（昭和42）年7月8日に、剱木文部大臣は保健体育審議会（以下から保体審）に「学徒の対外運動競技の基準の改善について」の諮問をします。その席上で、同大臣は「めざましい時代の発展と生活環境の著しい変化に対処することができる健康つくり、体力つくりを全国民的な視野に立って、促進しなければならない」と発言しています。

　翌年、灘尾文部大臣も保体審に「体育スポーツの普及振興に関する基本方策」について諮問します。ここでも重視されていた方針の一つに、学校だけでなく社会体育でも「体力づくり」に取り組むことがありました。さらに、ここで諮問された学校と社会体育の連携に関しては、対外試合基準の議論にも影響を及ぼしていきました。というのも、その議論をしていた保体審のメンバーには、5人の日体協理事が入っていたからです。

　そのこともあり、3月4日に出された答申の「中間まとめ」では、対外試合基準を大幅に緩和する方針が示されました。詳細は次回において検討しますが、大きな変更点を挙げれば、地域（学校外）で全国大会を実施することによって、小、中学生の参加を認める方針が含まれていました。

## 4——手当の問題

　このような保体審答申の「中間まとめ」が出された背景には、教師に支払う超過勤務手当（以下から超勤）の問題がありました。

　戦後、多くの判例で教師に対する超勤の支払いが認められてきました。また、国際的に見ても、1966（昭和41）年には、教員の専門職としての地位について明記した「教員の地位に関する勧告」が、ユネスコの特別政府間会議において採択され、教員の身分保障について社会の関心が高まっていました。

　特に、部活動に関しては、勤務時間外に及ぶことがほとんどであり、その金銭的な補償が課題になっていました。文部省も「教職員の勤務状況調査」を実施し、超勤の中でも部活動の指導が大きな割合を占めていることを認識していました。そのため剱木文部大臣は、手当を支給する方針を示し、文部省も教師1人あたり週2時間の超勤をすると想定し、その手当約120億円の半額を国庫負担とする計画を立て、1968年度予算の概算要求の中で63億円を計上していました。しかし、政権与党であった自由民主党内での反発もあり、最終的には当時の大蔵省において15億円に減額されてしまい、部活動指導に関わる手当の財源は確保できませんでした。このような状況下、1969（昭和44）年2月13日に東京高裁において、教師に超勤手当を支払う判例が出されます。これは、初めての高裁の判例であり、当時の国会においても取り上げられ、政治的な問題として深刻化する恐れがありました。また、この判例が出されたのが、保体審の審議が進められていた最中であり、対外試合基準の議論にも影響を及ぼすことは必然であったと言えます。

　いずれにしても、文部省の立場からすれば、危機的な状況でした。超勤手当の支払いは避けられない状況でしたが財源は確保されておらず、一方で、このまま放置すれば問題が深刻化することは目に見えていたからです。そこで設けられたのが、次回で扱う必修クラブでした。時間割（教師の勤務時間内）に組み込んだクラブ活動を実施し、それ以外の活動は地域（社会体育）で行うようにしたのです。この方策によって、これまでの勤務時間外の部活動指導は、教師のボランティアの活動、あるいは、地域で実施

する活動として位置づけることができ、また、手当の支払いも避けることができました。そして、学校外・地域で運動部活動を実施するのであれば、その責任主体は日体協や競技団体になり、これまでのように対外試合基準で厳しく制限する必要もなくなります。そのような見通しのもと、保体審答申の「中間まとめ」の段階において、基準は緩和されたのです。

＊

　これまで解説してきたように、体力づくりや社会体育における競技力向上の要請、そして手当の問題を背景に、運動部活動の地域移行が進められていきました。とりわけ手当の問題は、地域移行を決定づけた要因でしたので、最後にその問題について考えておきましょう。
　言うまでもなく、運動部活動指導に手当が支払われるためには、それが学校の教育活動であるのか、すなわち、教師でなければ指導できない教育内容をもつのかが、議論されなければなりません。その内容が選手の選抜・養成や体力向上の指導であれば、学校の教員でなくても可能であり、地域に移行しても良い訳です。しかし、当時において、そのようなことが議論されませんでした。[13]
　別の見方もしてみましょう。そもそも学校で教育活動をするためには、公的に認められた教員免許が必要です。それを取得するためには、様々な講義、演習、実技の科目を履修しなければなりません。しかし、現状の教員免許取得に必要な科目を見れば明らかなように「運動部活動指導法」や「運動部活動の教育学」といった科目はありません。いわば、保健体育科教育法の単位を取得しないで体育の授業をしている「無免許状態」が、現状の運動部活動指導なのではないでしょうか。このように考えると、学校で運動部活動を指導する（それに関わる手当を支払う）条件は、既にその養成段階から崩れていることになります。「学校の教師でなければ指導できない」と主張するための条件が、整備されていないのです。
　私は、運動部活動は学校で実施し、その手当も正当に支払われるべきだと思います。しかし、それには、なぜ学校で運動部活動を指導するのか、学校の教員でなければ指導できない内容は何かを、解明しなければならないのです。それが曖昧だったことによって、地域移行が進められた歴史があることを、忘れてはならないでしょう。

## 第11回

# 必修クラブの制度化と
# 2つの対外試合基準

　前回、確認したように、1960年代後半から、部活動の地域移行が進められました。その後、実際に必修クラブが制度化され、学校内・外の対外試合基準が設けられていきます。今回は、それらをめぐる混乱に注目して、ダイアローグを試みましょう。

## 1──性急な必修クラブの制度化

　1968（昭和43）年に小学校学習指導要領が改訂されましたが、そこでは「クラブは、主として第4学年以上の同好の児童をもって組織し、共通の興味・関心を追求する活動を行なうものとする」（206頁）とされ、内容の取り扱いに関しては、「毎週1単位時間を充てることが望ましい」（207頁）と記されていました。

　ここでは、全ての子どもがクラブ活動を経験するように「毎週1単位時間」という目安が示されましたが、当初、中学校にはそのような方針が示されていませんでした[14]。同年の12月に出された中学校学習指導要領「改訂案」でも、「クラブは同好の生徒をもって組織し、文化的、体育的および生産的な活動を通して、広く友情を深め、共通の興味や関心を追求する活動を行なう」と書かれ、その取り扱いについても「毎週、一定の時間を充てることが望ましい」と書かれているに過ぎなかったのです[15]。

　しかし、翌年の4月に告示された中学校学習指導要領では、「学年や学

級の所属を離れて共通の興味や関心をもつ生徒をもって組織することをたてまえとし、全生徒が文化的、体育的または生産的な活動を行なうこと」（246頁）と記されるようになります。つまり、僅か4ヶ月の間に、同好の生徒が自発的に参加することが「たてまえ」になるとともに「全生徒」という文言が加わり、クラブが必修化されたのです。[16]

このように必修クラブを制度化して、勤務時間内で（公務として）クラブ活動を実施する一方で、これまで取り組まれてきた部活動を教育課程外の活動（教師の私事的な活動）として位置づけることで、手当の問題を解決しようとしたのです。

## 2──クラブらしきもの

前改訂の学習指導要領では、「クラブ活動に全校生徒が参加できることは望ましいことであるが、生徒の自発的な参加によってそのような結果が生れるように指導することがたいせつである」（中学校279頁／高校382頁）と記されていました。当時、文部省の中等教育課教科調査官であった飯田も、「たいせつなのは、クラブ活動を尊重するあまり、むやみにいわゆる全員参加制を強制して、クラブ活動たる本質を喪失してしまうようなことにならないように注意しなければならない」と述べていました。[17]ここで述べられている「クラブ活動たる本質」が、「子どもの自主的な参加」であることは言うまでもないでしょう。

しかし、必修クラブが制度化されるとその主張はトーンダウンし、「もし『本来生徒の自発的な意志によって参加し、実施すべきもの』のみをクラブ活動と呼ぶとするならば、これは（必修クラブは、筆者）むしろ『クラブ活動らしきもの』というべきなのかもしれない」と述べるようになります。[18]かつて「クラブ活動たる本質」とまで言い切っていた「子どもの自発的な参加」が、必修クラブでは実現できない状況があることを認め、それでもやむを得ないと述べているのです。第8回でも述べましたが、子どもの自発的な参加と活動の義務化の矛盾は、学習指導要領が法的拘束力をもった1958（昭和33）年から生じていました。それが、性急に制度化された必修クラブによって、表面化したのです。

## 3──2つの対外試合基準

　部活動が学校外・地域へと移行されたことによって、対外試合基準も作り直す必要がありました。既にそのことを見通して、保体審で議論が重ねられ、1969年6月24日に答申が出されます[19]。そして翌月には、その方針に基づいて学校教育としての対外試合基準が示され（表6②）[20]、12月には日体協を中心に発足された、青少年運動競技中央連絡協議会（以下から青運協）によって、学校外・地域の基準が出されました（表6③）。

　しかし、注意しなければならないことがあります。改訂された学習指導要領の完全実施は中学校が1972（昭和47）年、高校はその翌年でした。そのため完全実施までの移行期間中は、これまでと同様に運動部活動を実施し、新たに設けられた2つの基準の大会（学校内・外の両方の大会）に参加できたのです[21]。そのことに留意して、前回の基準からの変化に注目しましょう。

　まず、小学校に関しては①の基準で「親ぼくを目的とする隣接学校間の連合運動会」が認められていましたが、②の基準では「対外運動競技は行なわない」と書かれており、規制が強められたように見えます。しかし、同時期の③の基準では、都道府県大会まで認められています。

　中学校では、①の基準において「隣接県にまたがる小範囲の競技会」（県境に近い学校間の対外運動競技のみ）が認められていました。しかし、②の基準では「小範囲」の部分が削除され、「隣接都府県程度」と記されます（県大会と隣接都府県程度の大会が、それぞれ年1回ずつ開催可能）。つまり、県境という地理的な条件とは関係なく、全ての学校が県をまたいで対外試合を実施できるようにしたのです。また同様に③の基準でも、地域的大会が認められています（年1回）。先ほど述べたように、運動部活動はどちらの大会にも参加できたので、大会数は増加したことになります。

　高校に関しては、①の方針が②にも継承されています。しかし、③の基準で、地域的大会は年2回、全国的大会は年3回と規定されていますから、ここでも学校内・外の大会を合わせると、その数は増えたことになります。

　さらに注目しなければならないのは、③の基準のなかで「体力に優れ、競技水準の高いものを選抜して行なう全国的大会については、この協議会

## 表6　対外試合基準の変遷（1961～69年）

| NO | 年月<br>通達・通知などの名称 | 小学校 | 中学校 | 高校 |
|---|---|---|---|---|
| ① | 1961年6月<br>学徒の対外運動競技について | 小学校では対外競技は行わないものとするが、親ぼくを目的とする隣接学校間の連合運動会は行なってもさしつかえない。 | 中学校の対外競技は、都府県（北海道の場合は、支庁の管轄区域内程度とする。以下「県」という。）内で行なうこととするが隣接県にまたがる小範囲の競技会は、当該県の教育委員会（北海道にあっては、北海道教育委員会とする。）の責任において開催される限りさしつかえない。この場合、経費面での負担が増大しないよう配慮するものとする。 | 高等学校の対外競技は、都道府県内で行なうことを主とし、地方的および全国的大会の開催は、各競技種目についてそれぞれ年1回程度にとどめる。 |
| ② | 1969年7月<br>児童生徒の運動競技について | 小学校においては、校内における運動競技を原則とし、対外運動競技は行なわないものとする。 | 中学校の対外運動競技の行なわれる地域の範囲は、都府県内を原則とする。ただし、隣接都府県程度の地域における対外運動競技については、関係都府県の教育委員会が適当と認めた場合においてはこの限りでない。なお、この場合における参加の回数は、各競技についてそれぞれ年1回程度にとどめるものとする。 | 高等学校の対外運動競技の行なわれる地域の範囲は、都道府県内を原則とする。なお、地方的および全国的大会への参加の回数は、各競技についてそれぞれ年1回程度にとどめるものとする。 |
| ③ | 1969年12月<br>児童生徒の参加する学校教育活動外の運動競技会の基準 | 12歳以下の児童を主たる対象として行なう競技会については、都道府県までにとどめて、地域的大会および全国的大会は行なわない。 | 12歳以上、15歳以下の生徒を主たる対象として行なう競技については、原則として地域的大会までにとどめて、全国的大会は行なわない（15歳以下の児童・生徒が参加する地域的大会は年に1回）。 | 15歳以上の生徒が参加する地域的大会は年2回、全国的大会は年3回。 |
| | | | ※体力に優れ、競技水準の高いものを選抜して行なう全国的大会（年に1回）は開催可。 | |

にはかり適正と認められたものに限り実施することができる」と記され、事実上、小学生から全国大会の開催が認められるようになったことです（15歳以下の全国的大会は年1回）。実際に、この基準が適用されてから、様々な種目で全国大会が行われるようになります[22]。

また、表6には掲載していませんが、①の基準の中では「国外で行なわれる国際的競技会に参加させようとする場合は、文部省に協議する」とされていましたが、②の基準で「都道府県教育委員会に協議するものとし、都道府県教育委員会は文部省に報告する」と変更されました。つまり、国際大会に関わる参加手続きも簡素化されたのです。

このように学習指導要領の完全実施を待たずして、これまで以上に緩和された条件の下、運動部活動の大会が開かれるようになりました。そして、多くの運動部活動は学校内・外の大会に参加し、学習指導要領が完全実施となった後も、それは続きました。

しかし、第9回でも触れたように、既に東京オリンピックに向けて対外試合基準が緩和され、運動部活動は過熱化していました。1968（昭和43）年にも、「中学校、高等学校における運動クラブの指導について」の通達の中で、文部省は「規律が乱れたり、勝敗にとらわれてゆきすぎた練習や暴力行為が行われたりする」実態を懸念し、各学校に指導の徹底を求めていました[23]。

その矢先に、部活動の地域移行が進められ、対外試合基準も緩和されたのです[24]。そのため、その後の運動部活動は、さらに過熱化していくのです。

＊

これまで見てきたように、当時においては、学校教育の必修クラブと、地域に移行した運動部活動が明確に区別されました。具体的には、必修クラブでは全員の参加が、運動部活動では競技力向上がめざされました。

しかし、必修クラブで重視された全員参加の方針は、対外試合基準には貫かれておらず、むしろ選手の選抜・養成のために緩和されていました。また、実際には、学校内・外の対外試合に運動部活動が参加でき、必修クラブのための対外試合は実現しませんでした。第7回でも述べましたが、全ての者が参加できるクラブ・部活動をめざすのであれば、対外試合でもそれが実現できるような環境を築いていく必要があります。必修クラブは

性急に制度化されたため、このようなことが議論されず、学習指導要領の方針と対外試合基準との間に、一貫性が見られませんでした。

　子どものスポーツ活動に関する学校と地域の役割分担は、今日においても課題ですが、両者の目的の違いや、それぞれの目的を実現する環境が整備されなければ、当時のように混乱を引き起こすことになるでしょう。

## 第12回

# 必修クラブの制度化後に生じた混乱

　前回は、教師の勤務時間内に行われる必修クラブが制度化されるとともに、学校内・外の対外試合基準が設けられた経緯について解説しました。

　今回は、必修クラブの制度化後に生じた混乱状況に身を置いてみましょう。必修クラブや、部活動の地域移行は、当初から行き詰まりを見せていました。今日においても、部活動の地域移行は、たびたび議論の俎上に載せられますから、当時の経緯について理解しておくことが大切です。

## 1──熊本地裁における判例の影響

　1969（昭和44）年の中学校学習指導要領において必修クラブが制度化された後、勤務時間外の部活動指導は学校外・地域に移行されました。しかし、翌年には、その方針を揺さぶる判例が熊本地裁によって出されます。同判例では、「クラブ活動は、正規の教育活動に含まれているから、勤務時間外でも、指導教諭は生徒の生命、身体の安全に十分の注意を払う職務上の義務がある」と述べられました。文部省によれば、「教師の時間外勤務のクラブ活動の事故で、損害賠償を訴えられたのは初めて」であり、同省の石川体育課長は「このような場合（教師の勤務時間外、筆者）のクラブ活動が学校教育内とみるか、その境が釈然としていないのが現状で、またどこまでが学校管轄下とみなすか、責任の範囲がはっきりしていない」と発言しています。また、指導に関わる教師からは「本務の合間をぬって奉仕と犠牲の上に成立しているのに、現状を無視した判決で割り切れない」

と述べられ、事故が発生した熊本県教育委員会の永田教育長も「このままでは、先生たちは萎縮してしまう。時間外における先生たちの注意義務などもっと、きめ細かい論議があってもよかった」と述べています。[26]

その後、熊本県では教育長通達が出されて、部活動が学校教育から切り離され[27]、地域で実施する体制が整備されていきます[28]。また、他の自治体も対応に追われていきますが、全てが熊本県のように地域移行を推進した訳ではありませんでした。増田によれば、当時においては、①従来通りに部活動を実施している、②一部の部活動だけを継続して行う、③従来の部活動だが名前だけを社会体育にして実施している（育成の主体は学校）、④部活動を廃止し、社会体育のクラブを組織する（育成の主体は社会体育）、⑤学校の部活動が廃止され、それに代わる組織が生まれていない、といった様々な状況が見られたのです。[29]

## 2――必修クラブの行き詰まり

なぜ、部活動の地域移行が進まなかったのでしょうか。その要因の一つには、必修クラブの実施方法をめぐる混乱がありました。[30]

必修クラブの制度化後、教育現場では①できるだけ子どもが参加したい種目を選べるように、入部前にオリエンテーションやアンケートを実施したり、②子どもの主体性を尊重するために自治集団活動として運営する方法が模索されていました。他にも、③どのように評価するのかを検討した学校や、④必修クラブと部活動を区別するために、意図的に所属を変える取り組み（課外で運動部に所属している子どもは、文化系の必修クラブに所属するなど）も行われていました。

しかし、限られた時間、場所、種目、そして、必修（全ての子どもが参加しなければならない）という特殊な条件下で、これらの取り組みを推進するのには限界がありました。当時、挙げられていた問題を要約すれば、①活動時間が短い、②施設・設備、経費が不十分、③屋外で行うクラブに関わる雨天時の活動の問題、④必修という形態とクラブの特質（子どもの自主的活動）との矛盾、⑤指導方法の問題（子どもの能力差への対応など）、⑥部活動との違いが不明確、といったことでした。

とりわけ、施設・設備の問題は深刻でした。1972（昭和47）年の保体審答申「体育・スポーツの普及振興に関する基本方策について」でも、「中学校および高等学校における必修クラブ活動の充実を図るため、指導者の確保とその資質の向上、施設・設備の整備充実等について格段の配慮をする必要がある」と指摘されていました。このような状況を改善すべく、文部省は1972（昭和47）年度から、中学校の必修クラブに関わる教材の整備費として、5年間で30億円を国庫負担とし、高校に対しても中学校の翌年度から33億円を計上していましたが、それでも状況は変わりませんでした。そのため、教育現場では「必修化当初、多くの学校はクラブ活動と部活動を切り離して」実施していましたが、やがて両活動を一本化するようになっていきました。

　つまり、教育現場では、制度化から僅かな期間で、必修クラブの実践に限界が生じ始めていたのです。このような状況では、必修クラブが部活動に代わる教育活動にはなり得ず、部活動を地域に移行することもできなかったのです。

## 3── 対外試合をめぐる混乱

　前回、解説したように、必修クラブの制度化に伴って、学校内・外の対外試合基準が設けられました。これまでの基準では、競技団体の単独開催が認められておらず、この点に日体協や競技団体は不満をもっていました。しかし、新たに設けられた学校外の基準では、学校体育団体が辞退したときには、話し合いのもとで競技団体の単独主催が可能になりました。そして、大会名に関しても「中学校○○大会」だと学校対抗の大会と誤解される恐れがあるため、「中学生○○大会」と変更し、学校を基盤とした大会からの脱却がめざされていました。

　しかし、このように学校外の対外試合が設けられても、実際に参加していたのは学校の運動部活動でした。また、当然のことながら、指導者の多くは学校の教員でした。そのため、当初は学校外の対外試合の主催者から中体連は外れていましたが、すぐに加わるようになります。このような状況でしたから、学校内・外の対外試合の区別は、必修クラブの制度化当初

から、意味をもたなくなっていたとも言えます。

　また、学校外の対外試合で、中学生の全国大会が認められたこともあり、中学校期から過熱化の問題が見られるようになります。例えば、日体協発行の『体協時報』の中では、ある中学生が全国大会に出場するまでに年間80試合をこなしてきたことが報告されています。これは、単純計算で4日に1回以上のハイペースで試合をしてきたことを意味しています。また、「1週間の学校授業時間以外の大部分を練習に注ぎ込まない限り、全国大会に出場しうるだけの強いチームが育たない」ような現状や、「出場している子供たちよりも、父兄の方が興奮している」実態が指摘されています。[36]

　そのため、先ほど引用した保体審答申でも、部活動が勝利至上主義化している実態が指摘されるとともに、「一部の選手を中心としたものでなく、生徒の自発性、自主性のもとに、より多くの生徒が運動を実践し、親しめるようにすることに重点をおき、学校教育活動としてふさわしい範囲内において効率的に行なうべきである」と指摘されていました。[37]

＊

　これまで見てきたように、必修クラブが制度化されて以降、地域に移行した部活動との区別が進められてきましたが、教育現場では当初から両者の関係がボーダーレスでした。その背景には、学校と地域の役割分担を明確にするだけの条件整備（施設・設備、指導者などの整備）の見通しが甘かったことがありました。そのような状況で必修クラブを制度化し、部活動の地域移行に踏み切ったのには、無理があったと言えるでしょう。

　今日においても、部活動の地域移行を求める意見があります。しかし、現状の運動部活動を担えるだけのスポーツ環境が、地域に整備されているのでしょうか。また、地域移行に必要な予算の見通しは立っているのでしょうか。これらの議論を抜きにした地域移行は空論であり、必修クラブが制度化されたときのように、混乱を引き起こすことにつながります。

　また、学校教育で部活動を実施するとしても同様です。必修クラブがめざした「全ての者が参加できる」という方針は素晴らしいものでしたが、これを実現するだけの条件整備がなされず、方針に教育現場がついていけない状況が生じていました。

　このような当時の経緯から、私たちが得るべき教訓は、お金をかけずに

（財政的な裏付けなしに）子どものスポーツ環境を創造することはできないということです。前回においても解説したように、そもそも必修クラブが制度化された背景には、教師に対する超勤手当の問題がありました。つまり、部活動指導に関わる費用を抑え、できるだけお金をかけずに、子どものスポーツ環境を維持しようとした実態があり、それが混乱を招いた一因でした。

　また、教師の勤務時間内・外といった視点で、学校教育と社会体育を区別したのにも無理がありました。学校で教師が指導をしているのに、勤務時間を超えたら学校外・社会体育の活動に切り替わるというのは、あまりにも機械的な措置だったと言えるでしょう。当時の判例で、そのような措置が理解されなかったのは、当然のことだったとも言えます。そして、今日においても、学校と地域で子どものスポーツ活動を保障していく必要がありますが、教師の勤務時間の視点から両者を区別するのには限界があります。そのため、第10回でも触れましたが、学校の教師でなければ指導できない内容（学校として責任をもつべき教育内容）の議論が不可欠になるのです。性急に制度化された必修クラブには、そのような議論が欠けていました。

　今日においても、運動部活動と地域スポーツ活動に関わる条件整備、そして、それぞれが担うべき活動内容を議論しておかないと、同じ問題を繰り返すことになるでしょう。

# 第13回

# 日教組と文部省の奇妙な一致

前回は、必修クラブ制度化後の混乱状況について解説しました。

今回は、そのような必修クラブの制度化に対して、教育行政を批判的に監視する立場にあった日本教職員組合(以下から日教組)が、どのように対応したのかについて解説していきます。結論を先に述べれば、「本来、部活動は社会教育の活動である」「勤務時間内の部活動指導だけを本務として位置づける」という、必修クラブ制度と同様の方針を打ち出していきます。なぜ、このような奇妙な一致が見られたのでしょうか?

## 1——教師の聖職者論と労働者論

教職員組合とは、「教職員が、経済的社会的地位の向上、および教育労働条件の改善や教育の質の向上を目的として団結する労働組合組織」を意味しますが、日教組は1947(昭和22)年に結成された教職員組合の連合体です。つまり、他の職業と同様に「教師は労働者である」という前提に立って、手当などの条件整備を進めていく全国組織だと言えます。

教師は労働者である。今日から見れば、当たり前のように思えますが、この宣言には重要な意味がありました。というのも、かつて教師は聖職者として位置づけられていました。聖職とは「神聖な職業、職務」を意味しますが、戦前の軍国主義教育では、天皇が神としてあがめられていました。そのため、聖職者たる教師には、天皇や国を守るための教育が求められ、その結果、多くの子どもを戦場へと送り出すことになりました。そのよう

な歴史と決別するためには、「教師は労働者である」と宣言することが不可欠だったのです。

この労働者たる教師という主張は、行政にとって無視できないものでした。それを認めれば、国や自治体は労働に見合う賃金を支払わねばならず、しかもそれは巨額でした。そのため、手当の支給を拒む与党や行政からは、戦後においても「教師は聖職者である」と主張されました。戦前の聖職者たる教師は、神聖な職務を賃金に換算せず、国や行政への批判も許されていませんでした。つまり、聖職者たる教師の存在は、国や行政にとって都合が良かったのです。一方で、労働者たる教師を基本姿勢とする日教組は、そのような聖職者論を厳しく批判してきました。

## 2───教育研究全国集会の動向

さて、日教組が教師労働者論に立脚して条件整備を進めるには、職務の内容を明確にしなければなりません。そのことによって、職務ではない雑務を排除せよとか、職務を遂行しているのに手当が支給されていないという主張が、はじめて正当性を帯びるからです。

そのような職務の内容を明らかにするうえで、全国から様々な実践を持ち寄って教育内容などを議論する、教育研究全国集会（以下から教研）が重要な役割を担っていました。言うまでもなく、教師は子どもに何かを教える労働者ですから、教えるべき内容の議論は、職務の範囲を明確にすることと深く関係していました。そのため日教組では、1951（昭和26）年から、年に1回のペースで教研を行ってきました。以下では表7の資料を用いて、議論の内容にふれたいと思います。

まず、労働時間や手当の問題が論じられてきました。既に第1次から、職務の範囲が不明確な現状や超勤手当について議論され、第3次においても、同様の課題が指摘されています。保健体育の部会が設けられた第4次以降からは、徐々に対外試合の問題が自覚され始め、第5、6次においては対外試合の増加が教師の過重負担につながっている現状が指摘されています。その後も、教材研究の妨げとなっている実態などが指摘され（第10、12、13、14、16次）、これらの問題と超勤手当を関連づけて議論す

表7　日教組の教研に関わる資料（1951〜70年）

| 開催年（次数） | 分科会 | | 雑誌・文献資料 | 日教組教育新聞 |
|---|---|---|---|---|
| 1951（第1次） | 第4分科会　教職員の職場生活における障害とその打開策を如何にするか<br>第5分科会　学校教育と社会教育との関連統一を如何にするか | | 教育評論<br>臨時特集号<br>（1952年） | 143号 |
| 1954（第3次） | 第2分科会　学校・家庭・社会における教職員の生活実態と民主的なありかた | | 日本の教育・第3集・II | 250号 |
| 1955（第4次） | 第3部会　情操を豊かにし創造的で健康な青少年を育てるための教育<br>（第3分科会　保健体育科の指導をどのようにすすめるか） | | 日本の教育・第4集 | 299号 |
| 1956（第5次） | 第3目標　情操を豊かにし、創造的で健康な青少年を育てるための教育<br>（第2分科会　健康な青少年を育てるための教育活動はどのように進めるか） | | 日本の教育・第5集 | 347号 |
| 1957（第6次） | 第9分科会 | 保健体育 | 日本の教育・第6集 | 395号 |
| 1958（第7次） | 第9分科会<br>第10分科会 | 保健体育<br>生活指導 | 日本の教育・第7集 | 441号 |
| 1960（第9次） | 第9分科会 | 保健体育 | 日本の教育・第9集 | 530号 |
| 1961（第10次） | 第9分科会 | 保健体育 | 日本の教育・第10集 | 575号 |
| 1963（第12次） | 第9分科会<br>第10分科会 | 保健体育<br>生活指導 | 日本の教育・第12集 | 661号 |
| 1964（第13次） | 第10分科会 | 保健体育 | 日本の教育・第13集 | 702号 |
| 1965（第14次） | 第10分科会 | 保健体育 | 日本の教育・第14集 | 744号 |
| 1966（第15次） | 第11分科会 | 生活指導 | 日本の教育・第15集 | 789号 |
| 1967（第16次） | 第10分科会 | 保健体育 | 日本の教育・第16集 | 839号 |
| 1968（第17次） | 第10分科会 | 保健体育 | 日本の教育・第17集 | 891号 |
| 1969（第18次） | 第10分科会<br>第11分科会 | 保健体育<br>生活指導 | 日本の教育・第18集 | 939号 |
| 1970（第19次） | 第10分科会<br>第11分科会 | 保健体育<br>生活指導 | 日本の教育・第19集 | 992号 |

ることが、課題として挙げられるようになります（第18次）。

　また、後に問題となる社会教育と学校教育の関係についても、第1次から議論され、「教師は進んで社会教育に乗り出すべきではあるが、現状においては結局教師の労働過重を招来するものであり、この矛盾をどう解決すべきかは、今後の大きな研究課題である」と述べられています。その後も、同様の議論は続き（第3次）、徐々にそれは部活動の問題として自覚されていきます（第14次）。しかし、第17、19次では、部活動の地域移行に関して否定的な見解が示されていました。

　この他にも、指導上の問題点も議論されてきました。第4次では、「野球などの選手制度にするどい批判」があったと報告されています。その後も、勝利至上主義の問題が挙げられ（第5次）、第6次以降は、マスコミによる英雄扱い、多額な経費、施設・用具の独占、受験体制との関連性といった、具体的な問題点が挙げられていきます（第10、12、13、16、18次）。さらに、これらの問題と学校外の組織（PTAや後援会、中体連、高体連、日体協）や、体育・スポーツ政策（国体、オリンピックに向けた選手強化政策）との関係が注目されていきます（第9、12、14、16、17、18、19次）。

　また、具体的な指導方法に関する議論もありました。第5次では、課内と課外を関連づけて指導することで校内大会を推進したり、シーズン制で活動をする事例が報告され、第7次では部活動における人間関係を部外に広げていくことが課題として挙げられています。その後も、同様に集団づくりの必要性が指摘され（第12次）、第13次では群馬県教組から「技術を学ぶ、民主的生活を身に付ける、全生徒に利益をかえしていく」実践が報告され、その問題意識は引き継がれていきます（第14、18、19次）。

　この他にも、勝利至上主義の克服という課題に日常的に立ち向かっていくべきであること（第16次）、そのためには教科で体育理論を教える必要がある、あるいは、対外試合ではなく定期戦を創造していくことが指摘されていました（第17次）。

　このように、教育制度と指導方法の両面から、学校教育としての部活動のあり方が議論されてきました。しかし、例年、明確な結論を導くには至らず、今後の検討課題とされてきました。それは「問題が大きく多面的な検討を必要とする課題ばかりでありそのうえ参会者相互の間に問題のとら

え方、考え方にかなりの落差」があったためでした（第19次）。

## 3──定期大会の動向

　最終的に労働組合として、どのように条件整備の運動を進めていくのかは、定期大会・臨時大会における議決を通して決められます。これまで見てきたように、教研において部活動のあり方が議論されてきましたが、明確な結論を得るには至っていませんでした。そのため、部活動に関わる条件整備については、しばらくの間、労働運動の方針には組み込まれてきませんでした。

　しかし、課外で取り組まれている部活動の実施方法は、放置できない問題でもありました。それは、日教組が要求していた超勤手当や、労働時間の短縮の問題と密接に関わっていたからです。実際に、大会の質疑においては、「超勤の原因などは課外にあるのではないか？」という質問に、執行部は「原則は超勤をしない体制をつくりあげていくという態度だ。しかし事実上超過労働が多い実態の中では、当然の賃金を支払われることは必要であるので、超勤手当を支給させる制度をつくっていこうと考えている」と答えています（第28回定期大会）[39]。その後も、「職場闘争が前進するなかで生徒会活動、クラブ活動との関係が問題になってきている。本務でないクラブ活動は生徒にまかせ教師は帰ろうという意見もでてきた。しかし、そうなると大変なことになる。先生は自分だけの権利を主張してどんどん帰る、面白くないと言うことで聖職教師線（教師聖職者論、筆者）を生徒側から求めることにもなりかねないからだ」という意見が出されています（第36回定期大会）[40]。つまり、部活動を雑務として排除すれば、生徒からの反感を買い、「賃金とは無関係に熱意と情熱を持って指導せよ」という、かつての教師聖職者論の推進につながる恐れがあったのです。

## 4──賃金時短専門委員会の方針

　このような状況下、賃金時短専門委員会を設置する方針が提案・決定されました（第36回定期大会）[41]。そして、翌年に同委員会は「教職員の労働

時間と賃金のあり方」という方針を出します。[42]そこでは以下のように書かれていました。

「課外のクラブ活動指導は…（略）…当面時間外にわたる指導を排除し、時間内については本務として位置づけ、授業の準備・整理、教材研究…略…等、他の本務遂行が阻害されぬよう適正な自主規制をはかる」「課外のクラブ活動指導については本来社会教育の範囲に属するものであるという基本にたって、検討をすすめ、学校教育の本務労働確立をはかるべき課題である。しかしこの問題は、単に現に行われている、課外のクラブ活動指導を、学校教育の領域から社会教育に移管することで解決される問題ではなく、学校における、教育課程の自主編成と民主的教育体制確立の一翼を担う社会教育のあり方や制度の検討と密接に関わるものである」

このように、社会教育に移管すれば問題が解決するというものではないと指摘されていましたが、その一方で部活動が本来社会教育で行われるもので、その指導は教師にとって雑務であることが明確にされました。そして、第38回定期大会の議決を経て、それは労働運動の方針となっていきます。[43]

＊

日教組は、「課外の部活動指導は雑務であり、本来、社会教育の活動である」という方針を出しましたが、そこには本質的な問題がありました。

本来であれば、どのような活動が学校教育に含まれるのかを明らかにする教育課程の自主編成運動、そして、教研における議論を待たなければ、部活動の指導が職務に含まれるのかの結論は出せません。当時、教研では、そのような議論が進められていた最中でしたから、本務あるいは雑務として位置づける根拠は整っていませんでした。実際に、定期大会や教研において、地域移行に否定的な見解も見られました。

そのような状況で「部活動は本来社会教育の活動である」という方針を打ち出したのは、強引であったと言わざるを得ません。また、その結果、勤務時間内における指導だけを本務として位置づけるという、学習指導要領上の必修クラブと同様の方針になってしまいました。これは、教育行政のあり方を批判的に検討する役割を担う日教組にとって、致命的でした。

これまでの回では、部活動に関わる教育論を軽視してきた教育行政の姿勢を批判してきましたが、それは当時の日教組にも当てはまるのです。

## 第14回

# 給特法の成立と部活動の雑務化

　前回は、日教組が必修クラブの制度化に対して、「本来、部活動は社会教育の活動である」という、文部省と同様の方針を打ち出したことについて解説しました。

　その方針は、後に部活動の雑務化を一層進めることになります。結論を先に述べれば、1971（昭和46）年に「国立及び公立の義務教育諸学校等の教育職員の給与等に関する特別措置法」（以下から給特法）が成立し、部活動の指導が教師の一般的な職務から外されていくのです。今回は、当時の議論に身を置いてみましょう。

## 1──労働基準法と日教組の主張

　当時の議論を振り返るうえで、まず、労働基準法（以下から労基法）について理解しておく必要があります。その第36条では、労働組合などと書面により協定を結べば、使用者が労働時間を延長できること（通称36協定）、また、その際には2割5分以上の割増賃金を支払うことが定められています（第37条）。

　日教組は、この法律に基づいて超勤手当を求めてきました。その運動が本格化するのは1960（昭和35）年以降であり、第22回定期大会の運動方針には、「超勤に対する基本的方向は、超勤に反対し、一方的超勤を拒否して定員を増加させる闘いにあるが現在の『教職員の奉仕的』勤務実態を排除し、労働時間短縮の闘いと結合して闘う」「そのため36協定を結び、

**表8　日教組の定期大会・臨時大会に関わる資料（1947～70年）**

| 回 | 開催年月日 | 日教組機関紙の号数 | 回 | 開催年月日 | 日教組機関紙の号数 |
|---|---|---|---|---|---|
| ① | 1947. 6. 8 | 53、54号 | ⑳ | 1959. 2. 16～17 | 488号 |
| ② | 1948. 3. 6～8 | 94号 | ㉑ | 1959. 6. 10～15 | 499、502号 |
| ③ | 1948. 5. 30～31 | 106号 | ㉒ | 1960. 5. 24～28 | 541、546号 |
| ④ | 1949. 2. 3～5 | 144号 | ㉓ | 1961. 6. 19～23、7. 21～24 | 588、591～2、594号 |
| ⑤ | 1949. 5. 20～22 | 5～7号 | ㉔ | 1962. 7. 23～27 | 634、638号 |
| ⑥ | 1949. 11. 11～13 | 30、32号 | ㉕ | 1963. 1. 17～18 | 655、659号 |
| ⑦ | 1950. 5. 1～3 | 65号 | ㉖ | 1963. 5. 27～31 | 672、675号 |
| ⑧ | 1951. 5. 29～6. 1 | 121号 | ㉗ | 1964. 5. 6～9 | 712、716号 |
| ⑨ | 1952. 6. 16～18 | 172号 | ㉘ | 1965. 5. 6～10 | 752、755号 |
| ⑩ | 1953. 6. 11～14 | 219、221号 | ㉙ | 1965. 9. 29～30 | 771、774号 |
| ⑪ | 1954. 5. 31～6. 3 | 264、267号 | ㉚ | 1966. 6. 6～9 | 804、809号 |
| ⑫ | 1955. 5. 19～22 | 308、313号 | ㉛ | 1966. 9. 19～20 | 819、821号 |
| ⑬ | 1956. 2. 20～21 | 349号 | ㉜ | 1967. 5. 15～19 | 852、855号 |
| ⑭ | 1956. 5. 10～14 | 357、360号 | ㉝ | 1967. 9. 27～28 | 868、872号 |
| ⑮ | 1957. 6. 5～8 | 408、411号 | ㉞ | 1968. 5. 7～10 | 899、903号 |
| ⑯ | 1957. 12. 22 | 437～8号 | ㉟ | 1968. 9. 18～19 | 919、922号 |
| ⑰ | 1958. 6. 6～10、7. 27 | 454、457、460、464号 | ㊱ | 1969. 6. 16～20 | 955、959号 |
| ⑱ | 1958. 7. 28～29 | 462、464号 | ㊲ | 1969. 9. 29～30 | 971、974号 |
| ⑲ | 1958. 10. 14～16 | 471、473号 | ㊳ | 1970. 6. 2～5 | 1002、1006号 |

※各機関紙の名称は、①～③が「週刊教育新聞」、④が「教育新報」、⑤～⑧は「教育新聞」、⑨以降が「日教組教育新聞」です。

協定の中で止むを得ない超勤については超勤手当を支給させる」と書かれています。ここで述べられている、やむを得ない超勤には、部活動の指導も含まれていました。

　この方針や運動の進め方をめぐってたびたび疑問も出されましたが（表8第㉒、㉓、㉖、㉗、㉘、㉞、㊱回）、当時、多くの組合員に読まれてい

た『教職員の権利と労働条件』(日教組、1964年)では、以下のように解説されていました。

「超勤をすれば超勤手当を必ず請求されるのだということを使用者にわからせ、予算に計上していない超勤は次第にやめさせ、定員を増加させ、超勤廃止の方向にむかわざるをえなくすることができる」「現に、超勤手当請求訴訟をおこした東京の例をみてみると、訴訟提起以来、職員会議が時間をすぎると、校長はあわててその終了を宣言するという状況が相当数の学校でみられる」(119頁)

ここで述べられているように、日教組の最終的な目標は、労働時間の短縮や定員の増加であり、その手段として超勤手当の運動が位置づけられていました。同時に、この運動は「教師聖職者論」の問題(第13回)とも関係しており、「労基法37条の適用を排除することは、教師の労働者性を否定し、『教師は労働者である』とする日教組の倫理綱領に対する挑戦」と考えられていました。

## 2──西岡試案と日教組内の混乱

1970(昭和45)年に入ると、その問題に関わって、文部省の西岡政務官より「本俸を平均8千円(二号俸アップ分)引き上げる事によって解決する」案が報道されます。それは、超勤手当を含む形で教員の給与を引き上げることで、労基法の適用を除外する(時間に応じた超勤手当を支払わない)というものでした。

一方で、日教組内においても、運動方針の修正がありました。同年の12月2、3日に第82回中央委員会が開かれ、①部活動などの測定可能な時間外労働に対しては、労基法第37条に基づく割増賃金を要求する、②教育労働の特殊性にかんがみ、前項以外の自主性、自発性に基づく超過労働に対しては特別手当(定率4～8%)を要求する方針が示されたのです。

この段階で、測定できる超勤とできない超勤が区別され、②の方針が新たに加えられたのですが、その発想は敵対していた文部省の西岡試案と類似していました。そのため当日の議論は紛糾しますが、最終的には原案が承認されました。

## 3──人事院勧告と給特法の成立

　翌年の2月8日には、人事院勧告が出されました。この勧告は、全公務員の給与に影響を及ぼすものであり、政治家、文部省、日教組にとって無視できないものでした。

　その内容を要約すると、①給与の4％に相当する教職調整額を支給する、②臨時または緊急の公務がある場合は、時間外及び休日勤務を命ずることができる。ただし、超勤を命ずる範囲について、文部大臣は人事院と協議して規制しなければならない、③労基法36、37条の適用を排除し、超勤手当は支給しない。ただし、非常災害勤務など、臨時で長時間にわたる業務については、別途、特殊勤務手当を検討する、というものでした[49]。すなわち、この勧告は、教師に対して超勤手当を支給せずに、文部大臣と人事院が定めた業務を求めるものでした。

　日教組は、この勧告を批判するとともに、3月5、6日の第83回中央委員会において、運動方針を修正していきます[50]。これまでは、測定できる全ての時間外労働に対して超勤手当を求めてきましたが、「時間外労働の業務と時数の限定は、使用者（文部省・県教委）と労働組合（日教組・県教組）との協議によって決定させる」「双方の協議によって決定した業務のうち、特定業務の時間外労働に対しては労基法第37条に基づく手当を支給させる」という方針に切り替えたのです。

　これは、超勤の範囲を決める場に教職員組合を加える要求であるとともに、手当が支払われる超勤と、そうでない超勤があることを暗に認めるものでした。そのため、従来の方針に戻す修正案が出されますが1票差で否決され、ここでも原案が承認されていきます[51]。

## 4──給特法成立後の交渉

　国会では、人事院勧告に基づく給特法の準備が急ピッチで進められていきました。2月16日には閣議決定が行われ、与党であった自由民主党は4月28日に衆議院、5月21日に参議院で強行採決を行い、法案を押し通していきます。その間、日教組も動員やストライキなどで抵抗をしますが、

最終的には24日の本会議で給特法が可決されます[52]。これによって、労基法37条に基づく超勤手当が支給されなくなりました。

その後、日教組は6月2日に第84回臨時中央委員会を開いて、今後の対応について検討しました。そこでは、この間における方針転換の妥当性を問う意見も出ましたが、最終的には超勤を命ずる範囲をできるだけ限定・減少する方針などが承認されていきます[53]。超勤手当が支給されない状況では、超勤を少なくするための議論しか残されていなかったのです。

既に超勤の範囲については、文部省が給特法に関わる国会審議において、①児童または生徒の実習、②学校行事、③学生の教育実習の指導、④教職員会議、⑤身体検査、⑥入学試験、⑦学校が計画し実施するクラブ活動、⑧図書館事務、⑨非常災害時に必要な業務、という9つの試案を示していました[54]。日教組は、この案を「授業以外の日常業務の全てが含まれており、これら全てを命令の対象としていることは極めて不当だ[55]」と批判し、その範囲を絞ることに精力を注いでいきます。

その交渉の過程で、教師にできるだけ多くの業務を担わせたい文部省からは、先ほどの9項目に「生徒指導」や「教員の研修」を加える案が出されます。また、⑦にあるクラブ活動の指導には「特定の選手養成は含まれない」という提案もありました[56]。それに対して日教組は、先の9項目のうち、①、②（修学旅行のみ）、⑨に限定すること、さらには「クラブ活動についての解釈を限定せよ」と主張していきます[57]。当時の日教組は、クラブ活動を社会教育の活動と捉えており（第13回）、その雑務に対して超勤命令が出されてしまうと、労働時間が長くなってしまうからです。

その後、文部省（13回）と人事院（9回）との交渉を経て、7月1日に文部省と日教組の間で議事録を取り交わすに至りました[58]。そこでは超勤の範囲が、当初の9項目の中から①、②、③、④、⑨の5項目に絞られるとともに、代休措置などについても合意が得られました。そして、教師の労働時間を短縮するために、⑦のクラブ活動に関する項目も、日教組の要求で削除されることになりました[59]。

\*

当初、日教組は、部活動の指導などの「やむを得ず」行っている超勤に対して、手当の支給を求めていました。しかし、文部省や人事院に対応す

る過程で、方針を修正し続け、最終的には部活動の指導を教師の業務から排除しました。

　当時の日教組は、部活動の教育的意義を明確にして、超勤手当を求めていた訳ではありませんでした。本来であれば、定期及び臨時大会で指摘されていたように（表8第⑮、⑰、㉑、㉓、㉖、㉘回）、具体的な教育内容などを議論する教研と、労働環境の改善を求める運動は、統一的に進められる必要がありましたが、部活動に関してはそのような姿勢が貫かれていませんでした（表8第⑬回）。そのため、1971（昭和46）年の第20次教研でも、「雑務だからといって社会体育へ移行させることは、今日の状況からは、敵に子どもを渡すことにならないか」（第1分科会）、「教育労働の範囲を明確にして闘うことが子どもの学習権や学校・教師への期待とどうからむのか」（第14分科会）という意見が出されていました。[60]

　このような教研における教育論と噛み合わなかった運動を背景に、教師の労働条件の改善という、限られた観点から部活動の指導を雑務として位置づける、文部省との歴史的な合意が生み出されたと言えます。

　それは今日にも影響を及ぼしています。周知の通り、依然として学校教育における部活動の位置づけは曖昧なままであり、超勤手当や長時間労働の問題も深刻化するに至っています。

　このような経緯をふまえると、確かに教師の労働条件の整備は大切なことですが、教育論を曖昧にしたままでそれを語っても、結局は子どもと教師のためにならないと言えるのではないでしょうか。

# 第15回

# 教員特殊業務手当と対外試合をめぐる混乱

　前回は、給特法に関わる議論の過程で、日教組と文部省が、部活動の指導を教師の一般的な職務から外すこと（雑務として位置づけること）で合意した経緯について解説しました。

　しかし、その合意はすぐに修正されていきます。1972（昭和47）年から、対外試合の引率や指導に、教員特殊業務手当（以下から特殊業務手当）が支払われるようになるのです。給特法において一度は部活動の指導が雑務とされたのに、その翌年には、対外試合の引率・指導に対して、手当が支払われるようになったのですから、それは矛盾していました。実際に、このような措置は、対外試合をめぐる混乱に拍車をかけることになります。

## 1──日教組の運動方針の修正

　日教組は1970（昭和45）年に、「教職員の労働時間と賃金のあり方」の中で、部活動を社会教育として位置づける方針を示していました（第13回）。実際に給特法をめぐる議論の際には、その方針に基づいて、部活動の指導を教師の本務から外すように働きかけていました（第14回）。

　しかし、給特法成立後、「教職員の労働時間と賃金のあり方」の増補改定版が出され、部活動に関する内容が書き足されていきます[61]。そこでは、これまでの部活動の歴史や問題点が整理されるとともに、教研の議論にも言及されています。

このような変化の背景には、教研からの反発がありました。教研では、部活動の教育的意義や指導方法が議論されてきましたが、当時の運動方針にはその内容が全く反映されていなかったからです。

　さらに、増補改定版で示された生徒への意識調査では、中学校1、2年生の多くが、「クラブ活動（の時間）がもっとほしい」という要望をもっていました。また、指導時間に関する調査でも、週に3時間未満が小学校ではほとんどであり、中学校と高校でも約半数という結果でした。この結果からは、部活動の指導が本務を阻害する大きな要因であるとは言い切れません。それは、1970（昭和45）年10月の「組織強化、権利、労働条件点検調査」からもうかがえます。そこでは、職場で排除したい代表的な業務として、平日の部活動の指導は挙げられておらず、「日曜・休日の対外試合引率」に関しても23.3%に過ぎませんでした。[62]

　これらの事情により、増補改定版において部活動に関する項目が加えられ、第39回定期大会において承認されていきます。確かに、これまでの「部活動は社会教育の活動である」という結論を変えるまでには至りませんでしたが、その方針は揺らいでいたと言えるでしょう。

## 2────特殊業務手当の制度化と矛盾

　このような状況下、特殊業務手当の議論が差し迫っていました。給特法の背景にあった人事院勧告では、原則的に超勤手当を支払わない方針が示されていましたが、その一方で「非常災害勤務等、臨時で長時間にわたる業務については、別途、特殊業務手当を検討する」ことが示されていたからです（第14回）。

　日教組の大会でも、それに関わる質問が出されますが、当初、執行部は「人事院に要求していくという方向はとらない」と述べていました。[63]しかし後に、その前提を守りながらも、「命令の伴うものについては請求せざるをえない場合もある」、あるいは、「さまざまなケースがあり検討して対処する」と、歯切れの悪い回答になっていきます。[64]実際に、人事院との交渉では、遠足などの指導に手当を求める一方で、部活動に関しては「社会教育に入るものであり、要求しないが、支給には反対しない。しかし公務

災害の適用は行なうべきだ」と曖昧な態度を示します。

最終的に、人事院は、1971（昭和46）年12月28日に人事院規則9-30を改正し、①学校の管理下において行う非常災害時などの緊急業務、②修学旅行、林間・臨海学校などの指導業務で泊を伴うもの、③人事院が定める対外運動競技などの指導業務で泊を伴うもの（もしくは勤務を要しない日・休日に行うもの）、④入学試験における監督・採点・合否判定の業務に特殊業務手当を支給する方針を示しました。ちなみに、③で示されている「人事院が定める対外運動競技など」とは、学校により直接計画・実施されるもので、中体連や高体連が開催（共催）する対外試合を意味しています。その引率・指導で泊を伴う場合は8時間程度、泊を伴わない休日の場合は、終日の勤務で千円が支払われることになりました。この金額の妥当性はともかく、手当が支給される以上、対外試合の引率が雑務とは言い切れなくなりました。

しかし、それは給特法の方針と矛盾していました。そもそも、給特法においては、教師に時間外勤務を命じうる場合を、①非常災害時に必要な業務、②学校行事、③児童または生徒の実習、④学生の教育実習の指導、⑤教職員会議の5つに限定していました。つまり、部活動に関わる指導（対外試合に関する引率・指導を含む）は、時間外労働の対象に位置づけられていなかったのです。そのため、対外試合に関する引率・指導に手当を支払うことになると、公務として認めてこなかったものに手当を支給することになり、新たな混乱を生じさせたのです。

## 3──対外試合をめぐる混乱

このような教育制度上の曖昧な方針は、対外試合の実施方法をめぐる混乱に拍車をかけました。

そもそも、必修クラブの制度化と部活動の地域移行を念頭において、1969（昭和44）年には、学校内・外の2つの対外試合基準が設けられていました。それは、教師の勤務時間外に行われる対外試合の運営を、地域に移行することを意味していました（第11回）。

しかし、先の人事院規則では、地域の対外試合に参加する場合でも、一

定の条件を満たせば手当が支給されることになり、教師の業務として捉えることが可能になります。そうなると、対外試合をめぐる学校と地域の役割分担は、ボーダーレスになってしまうのです。既に、中体連は1971（昭和46）年から地域の対外試合の主催者に名を連ねていましたが[70]、特殊業務手当が制度化されてからは、さらに関与が強くなっていきます。

　1973（昭和48）年から、中体連は選手強化のための大会運営を改める方針を示し、競技団体との共催を拒否する態度も示すようになります[71]。その理由は、①全国大会のエスカレートは一部選手中心の指導と勝利中心主義を出現させ、多くの生徒の体育スポーツの実践活動を阻害する、②過熱、過度な専門的スポーツが行われることにより、中学生の心身に及ぼす悪影響が危惧される、③参加に必要な経費負担や災害補償などの問題も生じているといったことでした[72]。その後、中体連は規模の縮小や、参加者による経費負担の全廃などを条件に全国大会を認める方針へと転換し[73]、その問題を協議する機関であった青運協もそれを承諾しましたが[74]、競技団体からは反論が相次いでいました[75]。

　このように中体連は、対外試合の引率・指導に特殊業務手当が支払われるようになったことを背景に、地域の対外試合への関与を強め、学校教育の立場を強く主張することが可能になりました。しかしそれは、勤務時間外の対外試合の主体を地域へと移行していた、当時の運営方針と矛盾することになり、新たな軋轢を生むようになったのです。

　また、高体連と競技団体の関係も悪化していました。高体連は1962（昭和37）年に全国高等学校総合体育大会（通称・インターハイ）の構想を示します[76]。それに対して、日体協や競技団体は「正式な話を聞いていない」と、高体連に不信感を示していました[77]。このような状況だったため、1963（昭和38）年の開催は危ぶまれていましたが、日体協との共催が決まり、何とか実施することができました[78]。しかし、その後も大会の運営方法、大会名、運営主体をめぐって対立し[79]、遺恨を残していました。

　その渦中において、先ほど触れた、学校内・外の対外試合基準が設けられたのですが、高体連はインターハイを手放しませんでした。当時、高体連会長であった新井紕之は、「高体連は学校体育の一環としてインターハイをとらえている。そこには青年の人間形成という面を重視し、あくまで

教育的な立場から運営しているわけだ。ところが体協は強い選手を育て、オリンピックに勝つことだけが目的。そんなところに運営をまかせるわけにはまいりません」と述べています。それに対して、競技団体は「大会は少なくとも学校活動内とはいえない。競技団体に主体を置く運営に改めるべきだ」と主張していました。一方で当時の文部省は、事態の収拾を図るのではなく、「学校教育の延長とも社会教育とも考えられる」という曖昧な態度をとってきました。

このような状況下、給特法では部活動の指導を雑務としながら、対外試合の引率や指導には特殊業務手当を支給するという、さらに曖昧な方針が「上塗り」されたのです。それは、これまでの中体連・高体連と日体協・競技団体との対立を解決するものではなく、さらに深刻化させるものだったと言えるでしょう。

*

揺れ続ける日教組の運動方針と交渉内容、給特法で部活動の指導を雑務とする一方で対外試合に関しては特殊業務手当を支給する教育制度、学校内・外の大会の運営主体を区別したのに、すぐにボーダーレスになってしまう対外試合体制、マスコミに「生徒そっちのけの主導権争い」と揶揄される高体連と日体協の対立……。

なぜ、部活動はこのような状況に陥ってしまうのでしょうか。かつて中村敏雄は、その場しのぎで部活動問題に対処する姿勢を「もぐら叩き的」と批判していました。その批判は的を射ており、当時の状況を見ると、まさに「もぐら叩き的」に部活動問題を解決してきたことによって、その実施方法は揺れ動き、本質的な解決にならないばかりか、問題をより深刻にさせてきたと言えるでしょう。

「もぐら叩き的」ではない解決には、何が必要でしょうか。当時において、そして、今日においても求められるのは、学校の運動部活動は何のためにあるのか、何を指導するのかを追究する、「運動部活動の教育学」ではないでしょうか。

### 注／引用・参考文献

1. 朝日新聞朝刊、1964年11月7日。
2. 同上、1965年2月5日、4月21日、7月6日。
3. 同上、1965年4月21日。
4. 同上、1967年3月15日、1969年2月19日。
5. 同上夕刊、1967年6月6日。
6. 『文部時報』(第1081号、72-73頁)。
7. 朝日新聞朝刊、1968年9月21日。
8. 同上、1969年2月23日。
9. 川本信正「青少年運動競技中央連絡協議会の課題」(『体育科教育』第18巻5号、21頁)。
10. 朝日新聞朝刊、1969年3月5日。
11. 保体審の審議委員であった川本は「教師の勤務時間の限定と超勤手当の支給拒否がクラブ活動指導を困難にしたこと」が保体審の議論に影響したと述べています(前掲9)。なお、本文中の超勤手当に関わる考察は、拙稿「必修クラブの制度化と変質過程の分析—クラブ、部活動に関する『判例』を中心に—」(『スポーツ教育学研究』第26巻2号)に基づいています。
12. 朝日新聞夕刊、1967年7月28日。
13. 近年においても同様の傾向が見られます。詳細は、拙稿「部活動の教育課程化に関わる論議過程の分析—2001年から2008年までの中央教育審議会の議論に注目して—」(筑波大学人間総合科学研究科学校教育学専攻『学校教育学研究紀要』第2号、21-39頁)を参照。
14. 奥田真丈「中学校教育課程の改善について—教育課程審議会の答申—」(『文部時報』第1091号、66頁)。
15. 『中等教育資料』(第17巻16号、249-251頁)。
16. なお、改訂された中学校学習指導要領では、本文中の方針の他に「クラブの種別や数は、生徒の希望、男女の構成、学校の伝統、施設設備の実態、指導に当たる教師の有無などを考慮して、適切に定めること」「各教科の単なる補習、一部の生徒を対象とする選手養成などのための活動となってはならないこと」「各生徒がそれぞれ個性を発揮し、協力し合う活動となるようにすること」が示されていました(246頁)。翌年に改訂された高等学校学習指導要領においても、必修をはじめとする、中学校と同様の方針が示されています(435-436頁)。
17. 飯田芳郎「特別教育活動・学校行事等」(『文部時報』第1028号、72頁)。
18. 飯田芳郎「必修化の意義は極めて大きい 新しいクラブ活動の展望(上)—性格論を中心として」(『内外教育』1973年11月6日、4頁)。
19. 文部科学省ホームページ内、http://www.mext.go.jp/b_menu/shingi/12/hoken/toushin/030223.pdf(最終アクセス2011年11月27日)。

| | | |
|---|---|---|
| 20 | 表6は以下の資料に基づいています。①体育・スポーツ法令研究会監修『体育スポーツ総覧　例規編』(ぎょうせい、4816-4818頁)、②同、4822-4824頁、③同、5071頁。 | |
| 21 | 内海和雄『部活動改革―生徒主体への道―』(不昧堂、1998年、63頁)。 | |
| 22 | 朝日新聞朝刊、1969年12月25日、1970年3月6日、牛木素吉郎「中学生のサッカーを盛んにしよう」(『サッカーマガジン』第5巻3号、47頁)。 | |
| 23 | 前掲20、4830-4831頁。 | |
| 24 | 同様の方針は学習指導要領(前掲16)や『中学校指導書　特別活動編』(文部省、1970年、131頁)にも見られます。 | |
| 25 | この判例をめぐる当時の状況は、前掲11の拙稿を参照。 | |
| 26 | 朝日新聞朝刊、1970年8月1日、4日。 | |
| 27 | 熊本県教育委員会『平成22年度学校体育資料』(28-30頁)。 | |
| 28 | 熊本県の事例については、白取義輝「熊本県水俣市のスポーツクラブ」(『体協時報』第241号、55-59頁)などで紹介されています。 | |
| 29 | 増田靖弘「青少年スポーツのプランニング　その2」(『体協時報』第226号、15頁)。 | |
| 30 | 以下で取り上げる、必修クラブ実践の詳細は、拙稿「必修クラブ実践の検討―特に運動クラブに注目して―」(『岐阜経済大学論集』第41巻3号)を参照。 | |
| 31 | 文部科学省ホームページ内、http://www.mext.go.jp/b_menu/shingi/12/hoken/toushin/030103.pdf(最終アクセス2011年12月20日)。 | |
| 32 | 早川芳太郎「学校における体育的クラブ活動」(『文部時報』第1169号、45頁)、「高等学校クラブ活動設備費補助金について(通知)」(『中等教育資料』第302号、85-89頁)。 | |
| 33 | 野崎耕一「必修クラブ活動の廃止と今後の部活動の在り方について」(『静岡産業大学国際情報学部研究紀要』第5号、97頁)。 | |
| 34 | 佐野雅之「決定した『児童生徒の参加する運動競技会の基準』」(『体協時報』第199号、4-13頁)。 | |
| 35 | 上柿和生・増田靖弘・伊藤公「中学生の全国大会　中学生よ　どこへ行く?」(『体協時報』第217号、4-10頁)。 | |
| 36 | 同上。 | |
| 37 | 前掲31。 | |
| 38 | 平原春好・寺﨑昌男編『新版　教育小事典』(学陽書房、1998年、90頁)。 | |
| 39 | 日教組教育新聞、1965年5月18日。 | |
| 40 | 同上、1969年6月24日。 | |
| 41 | 同上、1969年5月27日。 | |
| 42 | 同上、1970年5月26日。 | |
| 43 | 同上、1970年5月12日、6月16日。 | |
| 44 | 第28回定期大会議案(表8)より。 | |
| 45 | 槇枝元文「教特法改悪阻止を中心とする教育三法粉砕のたたかい」(『労働法律旬 | |

| | |
|---|---|
| | 報』第668号、38頁)。 |
| 46 | 朝日新聞朝刊、1970年9月30日。 |
| 47 | 日教組教育新聞、1970年11月16日(号外)。 |
| 48 | 同上、1970年12月8日。 |
| 49 | 同上、1971年2月8日(号外)。 |
| 50 | 同上、1971年2月16日(付録)。 |
| 51 | 望月宗明『日教組とともに』(三一書房、1980年、269-270頁)。 |
| 52 | 日本教職員組合『日教組四十年史』(労働教育センター、1989年、303-304頁)。 |
| 53 | 日教組教育新聞、1971年6月8日。 |
| 54 | 1971年5月20日参議院文教委員会(国会議事録検索システム　http://kokkai.ndl.go.jp/　最終アクセス2012年3月21日)。 |
| 55 | 前掲53。 |
| 56 | 日教組教育新聞、1971年6月22日。 |
| 57 | 同上、1971年6月29日、7月6日。 |
| 58 | 同上、1971年7月6日、前掲52、305-306頁。 |
| 59 | 尾山宏「特別教育活動における教員の責任とその限界」(『季刊　教育法』第4号、52頁)。 |
| 60 | 日教組教育新聞、1971年2月2日、日本教職員組合編『日本の教育20』(1971年、119-120、372頁)。 |
| 61 | 小川利夫・寺﨑昌男・平原春好編『日本現代教育基本文献叢書　社会・生涯教育文献集Ⅲ　27』(日本図書センター、2001年、40、47、70-79頁)。 |
| 62 | 日教組教育新聞、1971年6月14日(第39回定期大会運動方針草案)。 |
| 63 | 同上、1971年8月3日。 |
| 64 | 同上、1971年10月26日。 |
| 65 | 同上、1971年11月16日。 |
| 66 | 人事院給与局監修『給与小六法[昭和48年版]』(学陽書房、1972年、337-338頁)。 |
| 67 | 「対外運動競技等の定めについて(通知)」(『中等教育資料』第21巻3号、88-90頁)。 |
| 68 | 前掲66。なお、この経緯を解説した前掲21、64頁では、人事院規則の名称と金額に誤りが見られます。ちなみに、対外試合に関わる手当は1975年から1200円に増額されます(人事院給与局監修『給与小六法[昭和51年版]』学陽書房、1975年、345頁)。 |
| 69 | この矛盾に関しては、糟谷正彦『校長・教頭のための学校の人事管理』(学陽書房、1973年、286-291頁)の中でも指摘されています。 |
| 70 | 朝日新聞朝刊、1971年9月2日。 |
| 71 | 同上、1974年1月24日。 |
| 72 | 同上、1974年10月4日。 |
| 73 | 同上、1974年11月29日。 |
| 74 | 同上、1974年12月13日。 |

| | | |
|---|---|---|
| 75 | 同上、1975年1月25日。 | |
| 76 | 同上、1962年11月2日。 | |
| 77 | 同上、1963年5月22日、30日。 | |
| 78 | 同上、1963年7月3日、4日。 | |
| 79 | 同上、1964年3月27日、4月16日、28日、5月20日。 | |
| 80 | 同上、1970年4月12日。 | |
| 81 | 同上、1970年4月7日。 | |
| 82 | 同様の指摘は、中澤篤史「運動部活動のあり方に対する日本教職員組合の見解に関する考察―教育研究集会(1951-1989)における各都道府県報告書を資料として―」(一橋大学〈教育と社会〉研究会編『〈教育と社会〉研究』第21号)にも見られますが、本稿では日教組の運動方針を決める定期大会の議論には一切触れておらず、そのことによる誤読が見受けられます(16頁)。<br><br>[追記]なお、雑誌『体育科教育』(第60巻6号[2012年6月号])に掲載された、この筆者の指摘、及び、その後のメールによる指摘(2012年7月16日)を受けて、中澤は2014年3月に刊行した自著『運動部活動の戦後と現在　なぜスポーツは学校教育に結び付けられるのか』(青弓社、181頁)において、自身の研究方法の限界を認めています。しかし、筆者が本人に指摘した誤読(具体的には①日教組が、部活動の地域移行の方針を示した「教職員の労働時間と賃金のあり方」をもとに手当の支給を求めていたという解釈、②当初の特殊業務手当において、対外試合の他に運動部活動の指導が支給の対象になっていたという解釈、③同手当の支給の額が日教組にとって十分でなかったという解釈、に見られる3つの誤読)については修正されず、そのまま掲載されています。誤読であればそれを認め、修正する必要がありますし、そうでないのであれば具体的な事実をもとに、反論・批判をする必要があるでしょう。誤読の可能性を残した情報をそのまま文献に掲載するという姿勢には、疑問を感じざるを得ません。 | |
| 83 | 前掲81。 | |
| 84 | 中村敏雄『日本的スポーツ環境批判』(大修館書店、1995年、104-130頁)。 | |

運動部活動の教育学入門
歴史とのダイアローグ

## 第4章
# 学校教育への復帰と評価の問題

　第4章では、1970〜80年代の運動部活動に注目します。必修クラブと部活動の区別は教育現場に浸透しなかったため、学習指導要領では必修クラブの関連領域として、部活動が位置づけられるようになります。しかしそれは、必修クラブと同様に部活動までもが、評価の対象になることを意味しました。政権を担っていた保守政党は、道徳教育の観点からの評価と同時に、競技団体や日体協の要請を受けて競技成績の評価を推進し、それはスポーツ推薦入試の後ろ盾となっていきます。いったい運動部活動は、何を評価する教育活動なのでしょうか。

# 第16回

# 必修クラブと評価の問題

　1970年代に入ると特別活動の評価が全ての子どもに求められ、必修クラブに関わる評価の問題が起こります。今日においても、クラブ・部活動を学校教育で実施する以上、評価の問題は避けて通れません。その課題に迫るうえでも、当時の状況とのダイアローグが欠かせないのです。

## 1──指導要録の改訂

　学校が作成する、評価に関わる書類として指導要録（以下から要録）があります。それは「児童生徒の学籍、出欠、健康、各教科の学習、行動・性格などについて記録した書類の原簿」であり、進学時に必要となる内申書・調査書も、これに基づいています。以下ではまず、その歴史を概観しておきたいと思います。

　終戦後、クラブ活動は「自由研究」に位置づけられていましたが（第5回）、当時の要録（学籍簿と呼ばれていました）では、「自由研究についてはその性質上、題目、活動の内容等その事実を具体的に記入することとし、他の教科のような判定は行わない」とされていました。

　その後、1949（昭和24）年には、中学校や高校における特別教育活動の新設に伴って要録が出されます。当時においても、教科のような評定を書く欄はなく、所見を記入するようになっています。1955（昭和30）年、そして1961〜63（昭和36〜38）年の改訂においても同様の方法が取られました。すなわち、当時における評価の方法は、顕著なものがあった

場合に記入するものだったのです。実際に、文部省関係者も「この欄は、あくまで事実を記録するものであって、『よい、悪い』などの価値的な評価を直接行なうのではない」と述べていました。

　しかし、1971〜73（昭和46〜48）年の改訂において、特別活動（小、中学校）と各教科以外の教育活動（高校）の評価を、全員に記入することが求められるようになります。それに関わって、文部省関係者は「たとえばクラブ活動の場合、単に所属クラブ名のみを記入するというようなことはさけて、そのクラブへの参加意欲や態度、クラブ内での対人関係なども含めて、そのクラブでの活動状況が概括的にでもはあくできるような記入のしかたをくふうする必要がある」と解説していました。また、中学校に関しては「バレーボール部長としてまじめによく活動した。とくに長期休業中の練習など積極的に計画し、部員の指導もよくやった」という評価例を紹介しています。

　必修クラブを休業中に実施することは想定し難いため、ここで述べられているのは課外の部活動と考えられます。しかし、文部省刊行の『指導書』には、放課後の部活動は「学習指導要領に示された教育課程の基準としての内容のクラブ活動には含まれない」と書かれており、それを評価の対象にするのは矛盾していました。このような問題や課題を抱えたまま、必修クラブは評価の対象となったのです。

## 2——完全実施と弾力的運用の狭間

　要録の改訂に伴い、山形県教育委員会は、クラブ活動を「意欲、態度、活動状況」の観点から点数化して、内申書で評価する方針を示しました。これに対して同県の教職員組合は、「楽しい息抜きのクラブ活動まで入試評価の対象にするのはむごい」と撤回を求めました。また、子どもからは、「勉強がダメだからクラブ活動で内申書をよくしてくれ」という意見も出ていました。

　この他にも、鹿児島県のある高校では、現状の施設・設備では必修クラブの運営が難しいと職員会議で確認されていました。しかし、後に校長は、教育委員会の命令の下で完全実施の方針へと転換します。結局、この問題

で紛糾し、学校はしばらくの間、臨時休校となりました。この件に関わって教育委員会は、必修クラブの実施に反対していた組合員の教諭2名を、年度の途中にもかかわらず人事異動にする措置をとりました。

このように、要録の改訂に伴って教育行政の管理が強くなっていきました。その一方で、1972（昭和47）年には、改訂されたばかりの学習指導要領の一部改正が行われ、「それぞれの目標及び内容の趣旨を逸脱しない範囲内」で、「重点のおき方に適切なくふうを加え、指導の効果を高めるようにする」という方針が示され、学習指導要領の弾力的な運用が明示されました。それにより、必修クラブと部活動を関連づけて実施すること（いわゆる「一本化」）も認められる可能性がありました。しかし、先ほど取り上げた評価事例のように、そのような弾力的な運用によって、学校の教育活動から外されていた部活動までもが、評価の対象となる問題が残されていました。

当時の必修クラブは、完全実施と弾力的運用の狭間で揺れ動き、それは課外の部活動にも影響を及ぼすものだったのです。

## 3──日教組による必修クラブ反対運動

このような動向を背景に、日教組は、必修クラブの反対運動を展開します。それが運動方針として位置づけられるのは㊷大会（表9）からでした。日教組にとって、教育行政が完全実施を求めている必修クラブを骨抜きにすることは、「学習指導要領の法的拘束性撤廃の足がかり」であると同時に、各学校による教育課程編成を推進する意味をもっていました（㊸）。そのため、徐々に運動方針は具体化され、指導要録に評価・記入しない、実情を無視した画一的実施は行わないなどの項目に整理されていきます（㊻）。

しかし、運動の過程においては矛盾も見られました。㊺大会では、必修クラブを「時間表にくみこむことを余儀なくされた場合でも、…略…生徒の要求を基盤に、部活動と一体的にとりくみ、おしつけ排除の実質をとるようにねばり強くたたかいます」という方針が示されていました。かつて自らの手で学校から排除した部活動を（第14回）、批判的な総括をしないまま復活させる態度には一貫性が見られません。

表9　日教組の定期大会・臨時大会に関わる資料（1972〜77年）

| 回 | 開催日 | 日教組教育新聞の号数 |
|---|---|---|
| ㊵ | 1972. 3. 14〜15 | 1089、1093号 |
| ㊶ | 1972. 6. 19〜22 | 1972年5月25日号外、1106号 |
| ㊷ | 1973. 3. 1〜2 | 1973年2月7日号外、1139号 |
| ㊸ | 1973. 7. 10〜13 | 1973年6月11日号外、1156号 |
| ㊹ | 1974. 2. 25〜26 | 1974年2月5日号外、1184号 |
| ㊺ | 1974. 8. 27〜30 | 1197、1200、1208号 |
| ㊻ | 1975. 3. 10〜11 | 1975年2月26日号外、1233号 |
| ㊼ | 1975. 7. 1〜4 | 1242、1246号 |
| ㊽ | 1975. 11. 10〜11 | 1262号 |
| ㊾ | 1976. 6. 1〜4 | 1285、1289号 |
| ㊿ | 1977. 2. 28〜3. 1 | 1321、1325号 |

　そのような課題もあり、必修クラブの反対運動は十分に浸透しませんでした。日教組が実施した「教育闘争状況実態調査」の中間まとめによれば、クラブを全員必修にしている支部は小、中学校で61％、高校で46％でした（㊼）。すなわち、約半数の学校は、必修クラブを実施していたのです。そもそも日教組は、クラブの指導は勤務時間内に限るという方針を示しており（第13回）、必修クラブはそれを実現する制度でもありました。そのこともあり、全国的な運動に発展しなかったと考えられます。

## 4──教研における議論

　同時期に、日教組の教研では、必修クラブの批判に止まらずに、教育課程におけるクラブの位置づけ方や指導方法が議論されていました（表10）。そして、その成果や今後の展望が、各分科会の講師によってまとめられていきます。
　保健・体育分科会の議論は、中村敏雄らによって整理され、授業と部活動を関連づけて指導することで、文化を創造・変革する集団へと導く提案

表10　日教組・教研に関わる資料（1971～77年）

| 開催年(年次) | 分科会 | | 出典 |
| --- | --- | --- | --- |
| 1971(20次) | 第1分科会 | 子ども・生徒の集団的・自治的活動と学校行事・クラブ活動 | 日本の教育・第20集<br>日教組教育新聞1037号 |
| | 第14分科会 | 保健・体育 | |
| 1972(21次) | 第1分科会 | 生活指導と学校行事・クラブ活動 | 日本の教育・第21集<br>教育評論272号<br>日教組教育新聞1086号 |
| | 第14分科会 | 保健・体育 | |
| 1973(22次) | 第10分科会 | 保健・体育 | 日本の教育・第22集<br>日教組教育新聞1133号 |
| | 第11分科会 | 生活指導と学校行事・クラブ活動 | |
| 1974(23次) | 第10分科会 | 保健・体育 | 日本の教育・第23集<br>教育評論302号<br>日教組教育新聞1180号 |
| | 第11分科会 | 生活指導と学校行事・クラブ活動 | |
| 1975(24次) | 第10分科会 | 保健・体育 | 日本の教育・第24集<br>教育評論317号 |
| | 第11分科会 | 生活指導と学校行事・クラブ活動 | |
| 1976(25次) | 第11分科会 | 生活指導と学校行事・クラブ活動 | 日本の教育・第25集<br>教育評論332号 |
| 1977(26次) | 第10分科会 | 保健・体育 | 日本の教育・第26集<br>教育評論346号 |
| | 第11分科会 | 生活指導と学校行事・クラブ活動 | |

がなされました。具体的には、運動部活動の中心課題として、①運動技術の練習、②運動技術の研究、③競技会の組織、④父母・労働者との連携が挙げられていました。[13]

　さらに、教育制度検討委員会からは自主的・自治的な部活動指導の方針が示され[14]、後に中央教育課程検討委員会において具体化されていきます。後者の委員には、生活指導分科会の講師であった城丸章夫が加わっていたこともあり、そこでの議論が反映され、①クラブ集団の組織的側面におけるリーダーと専門的活動面におけるリーダーとを区別し、それぞれのリーダーが指導性を発揮できるように努める、②事前に計画した原案を、クラブ総会で討議し決定するように指導する、③全校の生徒集団に活動状況を報告したり、全校的活動に専門的力量を発揮して貢献するなどの方針が、各階梯（学年）で示されました。[15]

　これらは、クラブの教育目的や指導方針を明確にすることで、当時の要録に見られた態度や意欲の機械的な評価を批判する意味がありました。ま

た、全校集団との関わりを重視することで民主的な活動に導くという共通性をもっていました。しかし、教科との関連性を重視する立場（保健・体育）と、自治集団形成を重視する立場（生活指導）から方針が示されたことで、教育運動としての統一性に欠けたという課題も残されていました。

＊

　クラブと評価の問題は、今日においても問われています。私たちは、運動部活動の何を評価すべきでしょうか。対外試合の成績を評価の中核に据えるのであれば、戦前から続く勝利至上主義の問題（第3、9回）への対応が求められます。また、当時の要録で推奨されたように「態度」を評価するのであれば、戦前の軍国主義教育（第4回）との違いを示す必要があります。さらに、終戦後のように、「活動の事実」だけを示せば問題が解決するものでもありません。運動部活動の評価は、子どもだけではなく、教師の指導に対する評価でもあり、その観点が明確でなければ、教育活動としての発展は見込めません。学校で運動部活動を実施する以上、このような評価の議論は避けられないのです。

### 第17回

# 必修クラブの関連領域としての部活動

　前回は、要録の改訂に伴い、必修クラブが評価の対象になったことを解説しました。また同時期には、学習指導要領の弾力的運用が通達されており、必修クラブと部活動を関連づけて実施することが可能な状況にありました。その最中、次期学習指導要領改訂の話し合いが行われ、最終的には必修クラブの関連領域として部活動が位置づけられていきます。それだけでなく、部活動には道徳教育を推進する役割が期待されるようになりました。今回は、この経緯について検討していきたいと思います。

　ちなみに、教育課程の活動と部活動を関連づけることや、部活動で道徳教育を行う方針は、現行の（今日の）学習指導要領にも見られます（中学校19頁／高校23頁）。ですから、当時の問題とのダイアローグは、今日の運動部活動のあり方を考えるうえでも重要です。

## 1──必修クラブと部活動の実態

　1977〜78（昭和52〜53）年に学習指導要領は改訂されますが、まず当時の必修クラブと部活動の状況を、表11を用いて確認しておきたいと思います。

　必修クラブは概ね全ての学校に設置され、全ての子どもが参加していました（表11①、②）。部活動も、ほとんどの中学校と高校で設置しており（③）、その数は中学校、高校に進むにつれて増えています（④）。

表11　1977年度の必修クラブと部活動の実態

| NO | 設問 | 小学校<br>(4年生以上) | 中学校 | 高校 |
|---|---|---|---|---|
| ① | 必修クラブの設置率 | 99.5% | 100% | 100% |
| ② | 所属児童・生徒の割合 | 全ての子どもが少なくとも1クラブに所属している | | |
| ③ | 部活動の設置率 | 42.2% | 98.6% | 100% |
| ④ | 1校あたりの部活動設置数 | 4.3<br>(運動部2.1) | 11.5<br>(運動部8.4) | 26.3<br>(運動部13.5) |
| ⑤ | 部活動に所属している子どもの割合 | 23% | 74.5% | 72.6% |
| ⑥ | 部活動の指導者のうち学校の教員が占める割合 | 93.3% | 95.3% | 91.2% |
| ⑦ | 1週間あたりの部活動の活動日数 | 3.4日 | 3.9日 | 3.2日 |
| ⑧ | 部活動の平均活動時間(月～金曜日) | 1時間 | 1.7時間 | 2時間 |
| ⑨ | 部活動の平均活動時間(日曜日) | 3時間 | 4時間 | 4.4時間 |
| ⑩ | 大会への参加傾向 | 15% | 82.2% | 99.6% |
| ⑪ | 教員が大会の引率をしている部活動の割合 | 58.9% | 93.8% | 92.3% |
| ⑫ | 全員または大多数が必修クラブと「同一種目の部活動」に所属しているクラブ | 47.2% | 57.1% | 50.7% |

※文部省大臣官房調査統計課『小・中・高等学校における特別活動等に関する実態調査報告書　昭和52年度』をもとに作成しました。

　参加している子どもの割合も、中学校以降は7割を超えており（⑤）、指導をしているのも9割以上が学校の教員でした（⑥）。また、活動日数や時間も、必修クラブは週に1単位時間が標準的でしたが、部活動はそれ以上に活動していました（⑦、⑧、⑨）。

　そして、対外試合の引率には手当が支給されていたので（第15回）、中学校では8割以上、高校ではほとんどの学校が対外試合に参加しており、その引率も多くの場合は教員が担っていました（⑩、⑪）。

　さらに注目すべきは、「必修クラブと同じ種目の部活動に参加する割合」です（⑫）。中学校と高校では5割を超えるクラブが、課外で同じ種目の部活動に取り組んでいました。

この調査から、必修クラブの制度化当初に進められた部活動の地域移行が、最終的には実現しなかったことがわかります。教育制度・政策の紆余曲折を背景にして（第11〜16回）、学校で部活動は実施され続けていたのです。

　しかし、そもそも必修クラブは、勤務時間外の部活動を学校教育外へと移行する方針をもっており、実際に学校教育内・外の対外試合基準が設けられていました（第10〜11回）。そのため、次期学習指導要領の改訂においては、そのような必修クラブ制度化当初の方針と、部活動が学校で実施され続けている現状との「つじつま合わせ」が課題となっていきます。

## 2――文部大臣の諮問と教育課程審議会の議論

　必修クラブが制度化されてから間もない1973（昭和48）年11月に、文部大臣により「小学校、中学校及び高等学校の教育課程の改善について」の諮問が出されます。その中で、「児童生徒の人間として調和のとれた育成を目指し、国家及び社会の形成者として心身ともに健全な国民の資質を養う」という、教育課程の改善に向けた基本方針が示されました。

　ここで注目すべきは、傍点をふった部分にあるように、①道徳的な価値観に関わる課題が示されたことです。この背景には、経済界からの「規律ある労働力」の要請がありました。当時、経済界は「労働者が仕事や生活、社会に対する礼儀正しい態度を教えられること」や、「学校が若者を自らすすんで仕事や企業に貢献する『勤勉な』労働者となるよう訓練すること」を期待していたのです。

　さらに、具体的な検討課題として、②高校の普及に伴う教育内容のあり方や、③児童生徒の学習負担の適正化などが挙げられました。②の方針に関しては、当時、高校の進学率が90％に達したのに伴い、どのような教育を行うのかが問われていました。同様の課題は、既に1966（昭和41）年中央教育審議会（以下から中教審）答申「後期中等教育の拡充整備について」でも指摘されており、とりわけ答申の「別記」として付けられた「期待される人間像」では、様々な徳目が列挙されていました。その方針の具体化が、改訂に向けた検討課題となっていくのです。③の方針に関しては、

当時問題になっていた、いわゆる「詰め込み教育」の改善が意図されていました。

その後、諮問で示された①〜③の方針は、教育課程審議会（以下から教課審）で議論され、1975（昭和50）年10月に「中間まとめ」が出されます[19]。そこでは、まず①道徳教育に関わって、「これからの学校教育においては人間性豊かな児童生徒の育成ということが一層強調されなければならない」と述べられ、さらに、②高校教育のあり方に関しても、「ホームルーム等の各教科以外の教育活動において道徳的実践力の育成が十分に図られるように検討する」という方針が示されます。

なお、③学習負担の適正化に関しては、総授業時数・単位数を削減することで教育課程に「ゆとり」をもたせる方針が示されました。また、注目すべきは「特別活動・各教科以外の教育活動」の章で、「いわゆる部活動の在り方等に配慮して検討する」と書かれたことです。冒頭で述べたように、教育制度的条件が未整備なまま部活動は続けられていましたから、当初からその実施方法が議論の俎上に載せられていたのです。

そして、翌年10月には「審議のまとめ」が出されます[20]。そこでは、①道徳教育に関わって、自主自律と社会連帯、規律と責任、愛国心と国際理解などの徳目が列挙され、「道徳、各教科及び特別活動の相互の関連的な指導によってその徹底を図ることが必要である」と述べられます。さらに「中間まとめ」で示されていた、②高校における教科外における道徳教育や、③総授業時数・単位数の削減の方針も踏襲されました。

それだけに止まりません。「特別活動及び各教科以外の教育活動については、児童生徒の人格形成上重要な役割を果たすので、特に、各教科の授業時数の削減により生じた時間の活用なども考慮しながら、その一層の充実を図ることが必要である。この場合、これらの活動と関連の深いいわゆる部活動についてもその充実に努めるように配慮する」と記されました。すなわち、総授業時数・単位数の削減による「ゆとりの時間」を活用しながら、特別活動で人格形成に向けた指導（道徳教育）を行うこと、そして、それを強化するために、部活動を充実させる方針が示されたのです。

最終的に、これらの方針が同年12月に出された答申でも踏襲され[21]、学習指導要領改訂の指針となっていくのです。

## 3──学習指導要領の改訂と矛盾

　実際に、改訂された学習指導要領では、総授業時数・単位数の削減が行われ、各学校の判断で運用する「ゆとりの時間」が設けられていきます。そして、特別活動の時数が、中学校で50単位時間から70単位時間に増加されました（高校は「現行通り」とされました）。さらに、特別活動の場における道徳教育も重視され、「望ましい集団活動を通して、心身の調和のとれた発達を図り、個性を伸長するとともに、集団の一員としての自覚を深め、協力してよりよい生活を築こうとする自主的、実践的な態度を育て」る（小学校107頁／中学校121頁／高校155頁）という、小学校から高校まで共通の目標が設定されていきます。

　そして、部活動に関しても「学校において計画する教育活動でクラブ活動と関連の深いものについても、適切に実施できるように配慮する必要がある」（中学校123頁）、「特別活動との関連を十分考慮して文化部や運動部などの活動が活発に実施されるようにする」（高校157頁）と記され、学校で実施する根拠が与えられていきます。このようにして、必修クラブの関連領域として部活動を位置づけ、両活動を共存させること、そして、それぞれの場で道徳教育を推進する条件が整えられました。

　その一方で、共存させると言っても、実際には必修クラブと部活動は教育課程内・外にわたって別々に位置づけられていましたから、両活動を関連づけて指導するための方針が必要でした。例えば、体育授業と体育行事は、それぞれが固有の領域として教育課程に位置づけられています。その理由は、両活動において他には代えられない「独自の教育内容」があるからです。もし両活動が同じ教育内容であれば、どちらか一方で「事が足りる」のですから、別々に位置づけられる理由はありません。そして両活動を関連づける場合には、それぞれの「独自の教育内容」をふまえた上で、指導の方針が検討されます。具体的には、科学・文化・技術を教える体育の授業では基本的なスポーツのルールや技術を学ばせて、自治集団活動を目的とする体育行事では実践的にそれを活用させる、というように構想されるでしょう。

　そう考えると、必修クラブと部活動に関しても、それぞれが個別に位置づけられているのですから、「独自の教育内容」を前提にして、両活動を

関連づける方針を示す必要がありました。しかし、学習指導要領においては、そのような方針が明記されておらず、『中学校指導書　特別活動編』においても、「望ましい関連を図りながら教育的な効果を高めていくことが大切である」（63頁）という記述に止まっています。むしろ、「両活動は同じ教育内容を持つ」と捉えられていた節があります。例えば、『高等学校学習指導要領解説　特別活動編』においては、「指導の原理は同じでなければならない」（68頁）と記され、学習指導要領の改訂に関わった文部省関係者も「もし部活動を教育課程の中に含めるとすれば、クラブ活動と全く区別がつかなくなる」[22]と述べているからです。しかし、同じ教育内容をもつのであれば、なぜ、わざわざ部活動を実施する必要があるのか（必修クラブだけで良いのではないか）という新たな疑問が生じてきます。このように考えると、学習指導要領において両活動を共存させる方針が示されましたが、その「つじつま」は合っていなかったと言えるでしょう。

*

当時の経緯から、私たちは何を汲み取る必要があるでしょうか。まず、部活動で指導する内容が道徳で良いのかということです。歴史的な視点で捉えれば、部活動における道徳教育は戦前から見られ、軍国主義教育に利用されてきました（第4回）。学習指導要領が改訂された当時において、このような負の歴史を乗り越えるような論理は示されていませんでした。それは、現行の学習指導要領においても同様です。部活動には「責任感や連帯感の涵養」が期待されていますが（中学校19頁／高校23頁）、かつての道徳教育に陥らないような指導の方針は示されていないのです。

次に、教育課程の活動と、教育課程外の部活動を関連づける方法です。当時においては、部活動の「独自の教育内容」が示されておらず、必修クラブとの違いが不明確であり、関連づけて指導するための論理も示されていませんでした。この課題も今日に通じています。現行の学習指導要領においても、部活動と「教育課程との関連が図られるように留意すること」が求められていますが、やはり「独自の教育内容」については記されていません。これでは、教育課程の活動との関連性を築くことができないのです。

当時、そして今日においても、学校で部活動を実施する明確な根拠や、「独自の教育内容」が必要とされていた（る）のではないでしょうか。

## 第18回

# 学校内・外の対外試合体制の崩壊

　前回は、学習指導要領が改訂され、必修クラブの関連領域として部活動が位置づけられたことを解説しました。これを受けて、後に対外試合基準が改正されます。それ以前は、部活動の地域移行を念頭に学校内・外の基準が設けられていたのですが（第11回）、実際には学校の部活動がそれぞれの大会に参加していました。そのような実態や、学習指導要領における先の方針転換によって、基準は変更を余儀なくされていたのです。

　今回は、この経緯について検討します。これまでにも運動部活動の問題は対外試合をめぐって発生してきており、それは今日においても同様です。そのため当時の経緯は、今を生きる私たちと無関係ではないのです。

## 1── 手当の整備と勝利至上主義の懸念

　まず、対外試合基準の話に入る前に、学習指導要領改訂後の手当の整備についてふれておきましょう。

　1974（昭和49）年から「学校教育の水準の維持向上のための義務教育諸学校の教職員の人材確保に関する特別措置法」（以下から人材確保法）が施行され、教員の給与が一般の公務員よりも優遇されるようになりました。実際にその一環として、特殊業務手当の改正が行われます[23]。これまで対外試合の引率にだけ手当が支給されていましたが（第15回）、1977（昭和52）年から部活動においても「勤務を要しない日等又は土曜日若しくはこれに相当する日に行うもの」で、「正規の勤務時間以外の時間等にお

いて業務に従事した時間が引き続き5時間程度」の指導に500円が支給されることになりました。さらに翌年10月には、この手当の支給条件が「4時間程度」に緩和されていきます。そこには諸々の問題が残されていましたが、手当が支給されるようになったことで、それが学校で部活動を実施する理由になっていきます。そして、これまで地域移行を進めていた自治体も、学校の部活動に注目するようになるのです。

このように部活動を学校で実施する条件整備が進められた一方で、過熱化や勝利至上主義が懸念されていました。例えば、当時の学習指導要領の『指導書』及び『解説』には、「個人的な技能を高めることのみに終始する活動」は「望ましいものとは言えない」、「一部の生徒を対象とする選手養成などの活動になってはならない」、「対外試合やコンクールに出場することだけを目標にした過度の練習になり、教育的な価値が損なわれるようなことがないようにしなければならない」、「上級生や先輩による力の支配のような、好ましくない関係が入り込まないように留意すること」と記されていました。これらの中には、必修クラブに関して書かれたものもありますが、それは部活動においても無視できませんでした。部活動は必修クラブの関連領域として位置づけられていたので、これらの方針をふまえて、過熱化しないように指導することが求められていたのです。

## 2──基準改正までの経緯

対外試合をめぐる問題は既に発生していました。冒頭でも述べたように、必修クラブ制度化後、学校内・外の対外試合基準が設けられていましたが、そのことによって競技団体と学校関係者の間には軋轢が生じていました（第15回）。そのため中体連や、地域の対外試合を管轄する青運協から、基準の見直しが提案されるようになります。

まず、表12で改正される前の基準について確認しておきましょう。当時の学校内・外の基準では、原則的には中学生まで全国的大会が認められていませんでした（①、②）が、学校外の基準（②）において、「体力に優れ、競技水準の高いものを選抜して行なう」全国的大会（年に1回）が例外的に認められていました。それに伴い、実際には「社会体育」という

表12　対外試合基準の変遷（1969〜79年）

| NO | 年月<br>通達・通知などの名称 | 小学校 | 中学校 | 高校 |
|---|---|---|---|---|
| ① | 1969年7月<br>児童生徒の運動競技について | 小学校においては、校内における運動競技を原則とし、対外運動競技は行なわないものとする。 | 中学校の対外運動競技の行なわれる地域の範囲は、都府県内を原則とする。ただし、隣接都府県程度の地域における対外運動競技については、関係都府県の教育委員会が適当と認めた場合においてはこの限りでない。なお、この場合における参加の回数は、各競技についてそれぞれ年1回程度にとどめるものとする。 | 高等学校の対外運動競技の行なわれる地域の範囲は、都道府県内を原則とする。なお、地方的および全国的大会への参加の回数は、各競技についてそれぞれ年1回程度にとどめるものとする。 |
| ② | 1969年12月<br>児童生徒の参加する学校教育活動外の運動競技会の基準（一部改正） | 12歳以下の児童を主たる対象として行なう競技会については、都道府県までにとどめて、地域的大会および全国的大会は行なわない。 | 中学生を主たる対象として行なう競技については、原則として地域的大会までにとどめて、全国的大会は行なわない（15歳未満の児童・生徒が参加する地域的大会は年に1回。）。<br>※体力に優れ、競技水準の高いものを選抜して行なう全国的大会（15歳未満は年に1回）は、協議会にはかり適正と認められるものに限り、開催可。 | 15歳以上の生徒が参加する地域的大会は年2回、全国的大会は年3回。 |
| ③ | 1979年4月<br>児童生徒の運動競技について | 小学校においては、校内における運動競技を中心として行い、原則として対外運動競技は行わないものとする。ただし、同一市（特別区を含み、指定都市にあってはその中に設けられる区とする。以下同じ。）町村又は隣接する市町村程度の地域内における対外運動競技については、学校運営及び児童の心身の発達からみて無理のない範囲で実施して差し支えない。 | 中学校の対外運動競技の行われる地域の範囲は、都道府県内を原則とする。なお、地方ブロック大会及び全国大会への参加の回数は、各競技について、それぞれ年1回とする。この場合において、中学校の全国大会は、陸上競技、水泳のように個人の成績で選抜できる種目等を除き、地方ブロック大会において選抜された者が参加して行うものとする。 | 高等学校の対外運動競技の行われる地域の範囲は、都道府県内を原則とする。なお、地方ブロック大会及び全国大会への参加の回数は、各競技について、それぞれ年2回とする。 |

"抜け道"を使って全国的大会を開いたり、青運協の承認を得ずに大会が実施されたりすることがあり、基準は有名無実化していました[30]。また、1976（昭和51）年の文部省体育課の調査においても、小学校で基準（①）が守られていない実態が明らかにされていました[31]。

このような状況下、中体連は「学校教育外といいながら実際は学校教育を基礎として行われ、教育の現場にいろんな支障をきたしており、義務教育上望ましくない」との理由から、基準の改正を要望します[32]。さらに競技団体に対しても、団体競技についてはブロック予選を行い全国大会の参加チーム数を削減し、規模の縮小を図るなどの提案をしますが、競技団体からは「できるだけ多くのチームが参加することこそ教育的な意義も大きい」という反論が出されていました[33]。その後、青運協においても、全国大会が年々増える傾向にあるため、基準を再検討する必要があるという意見で一致し、文部省に改正を迫るようになります[34]。また、日体協は、中学生の国体への参加を認めるように文部省に要請しますが、それには中体連や全国校長会などが「授業日数不足などの支障をきたす」と反対していました[35]。

さらに、当時、政治家からの要請があったことも見過ごせません。自由民主党の幹事長であった橋本登美三郎は、文部省に「スポーツ振興へ新機軸を打ち出せ」と緊急指令を出しました[36]。そして、後の政府与党連絡会議において、義務教育における体育活動の強化の必要性を強調し、その一環として「とくに中学校については体位向上などの立場から学外対抗の競技会などに積極的に参加させる」構想を示していました[37]。

この経緯を解説した記事によると、当初、橋本は「道徳読本を作り、それを全国の中高校生に無償で配布すること」[38]を検討していたのですが、「時代錯誤と取られる恐れがある」とストップがかかり、先ほどのスポーツ振興の発言に至ったとされています。つまり、道徳教育を重視するという文脈で、体育・スポーツの振興や、対外試合基準の緩和について述べられたのです。これは政権与党の幹事長の発言ですから、後の部活動政策に影響を及ぼすことは必至でした。実際に対外試合の引率に関する手当や、全国大会の補助金（高校[40]）が、1975（昭和50）年から増額されます[39]。さらに、学習指導要領の改訂によって部活動における道徳教育が重視されており、それが対外試合基準を改正する追い風となっていくのです。

## 3——対外試合基準の一本化と規制の緩和

　最終的には、1979（昭和54）年2月20日に文部大臣から「児童生徒の運動競技の在り方について」の諮問が出され、保体審は3月26日に答申を出します[41]。

　再び、表12によって改正点を確認しておきたいと思います。小学校では、原則として対外運動競技は行わないとしながらも隣接する市町村程度の大会が、そして、中学校では年1回の地方ブロック大会と全国大会が、さらに高校では年2回の地方ブロック大会と全国大会が、学校教育の大会として認められていきます（③）。

　また、表には掲載していませんが、競技水準の高い生徒については、これらとは別に開催される社会体育の全国大会にも、学校教育活動の一環として参加できるようになりました。さらに、当初の基準（①）では、国際競技会に参加させるときに「都道府県教育委員会は文部省に報告する」とされていましたが、改正後（③）はそのような報告義務がなくなりました[42]。

　このようにして、これまでの学校外の基準（②）は廃止され、学校教育の基準に一本化されていきます。いずれにしても、当初の基準（①）と比較すれば明らかなように、改正された基準（③）は、これまでの学校外の基準（②）の方針をふまえて緩和されたと言えるでしょう。

＊

　これまで見てきたように、学習指導要領の『指導書』及び『解説』において、過熱化や勝利至上主義が懸念されながらも、対外試合基準は競技力向上に向けて緩和されました。このようなダブル・バインドは過去にも見られ（第6、9、11回）、歴史は繰り返されたと言えるでしょう。

　さらに、文部省の旗振りで学校体育団体と競技団体で構成する青運協という新たな組織をつくり、自分たちで合意して学校外の対外試合基準をつくったのにもかかわらず、それは十分に守られませんでした。それだけでなく、守れなかった状況を既成事実にして、新たな基準がつくられました。このような現状追認の姿勢もまた、これまでに見られたものでした（第6、7、9回）。さらに、政治家の「鶴の一声」が、対外試合基準の議論に影響を及ぼした実態も同様です（第10回）。

このようにして同じことが繰り返された背景には、過去の問題に対する認識の甘さがあったと言わざるを得ません。今日においても、運動部活動が置かれてきた歴史との「対話・ダイアローグ」を経ずに改善策を論じても、問題の本質的な解決にはならないでしょう。私たちには、「独白・モノローグ」から「対話・ダイアローグ」への転換が求められているのです。

# 第19回 「進学のための運動部活動」の背景

前回は、必修クラブ制度化当初につくられた学校内・外の対外試合体制が崩壊し、学校教育の対外試合基準に一本化された（緩和された）経緯について解説しました。

その後、新たな要録が出され、部活動に関わる記述が推奨されるようになります。そして、同時期に大学運動部活動の強化が「国策」として進められ、それがスポーツ推薦入試の追い風となっていきます。これらの影響から、運動部活動の成績を要録・調査書に記載して、それを受け入れ側の学校が評価するという、いわゆる「進学のための運動部活動」が制度的に確立されていきます。

今回は、この経緯について検討します。今日においても多くの学校でスポーツ推薦入試が実施されており、その影響は中学校にまで及んでいます。ですから、このような「進学のための運動部活動」が登場した経緯や、その問題とのダイアローグには重要な意味があります。

## 1──要録の改訂と部活動の評価

要録の歴史については、既に第16回において概観しました。1961～63（昭和36～38）年の要録まで、教科外の特別教育活動などの評価は、顕著なものがあった場合に記入する程度でした。しかし、1971～73（昭和46～48）年の要録において、子ども全員の評価が求められるようになり、必修クラブもその例に漏れませんでした。

その後、1977〜78（昭和52〜53）年に学習指導要領が改訂され、特別活動では集団活動を通した人格形成・道徳教育が重視されるようになります。そして、学校教育の活動として位置づけ直された部活動においても、同様の指導が求められるようになりました（第17回）。当然のことながら、このような方針は、1980（昭和55）年に改訂された小、中学校の要録、そして翌年の高校の要録に影響を及ぼしていきます。

　まず、小、中、高校のそれぞれで、特別活動を、
　1．活動の意欲（意欲をもって集団活動に参加し、熱心に自己の役割を果たした）
　2．集団への寄与（所属集団の活動の発展・向上に大いに寄与した）
の観点から評価し、該当する場合にそれぞれの番号に〇をつける方法へと改められます。文部省関係者は、その理由について、「従来、この欄の記入が所属のクラブ名、児童会や学級会での委員名や係名など、形式的な事実の記入に終わりがちで、児童生徒の活動の実態がよくわからないという指摘が多かった」と解説していました。しかし、2つに絞られた観点の内容を見る限り、実際には「自ら進んで仕事や企業に貢献する労働者を育成せよ」という、経済界からの要請に応えるものであったと言えます（第17回）。

　また、必修クラブに関わって言えば、多くの学校が抱えていた悩みは、施設・設備の不足でした（第12回）。このような根本的な問題が解決されぬまま、さらに評価が強調されるようになったのであり、今後も混乱を極めることは必至でした。

　なお、前回の要録では曖昧だった、部活動の記述方法も改善されていきます。小学校の要録では、「行動及び性格の記録」の「所見」欄において、地域のスポーツ活動（スポーツ少年団など）の成績を記入できるようになります。中学校でも、「行動及び性格の記録」の「趣味・特技」欄に記入することが求められました。

　そして高校では、中学校にあった「趣味・特技」欄に加えて、新たに「特記事項」の欄が設けられ、そこで部活動について記すようになります。この欄の新設に関わって、文部省関係者は「部活動や課題研究など…略…積極的に評価しようとするもの」と解説していました。

これらの欄には具体的な評価の観点は示されていませんから、記載する内容は各学校の判断に任されることになりました。しかも記入できるスペースは限られていたので、子どもの成長や進路に関わって有益な情報を、コンパクトに記す必要がありました。とりわけ高校においては、当時、3人に1人が大学に進学するようになっていたので、新設された「特記事項」において、部活動の「何を」記載するのかが問われ始めていました。

## 2——大学運動部の衰退

　高校の要録・調査書における部活動の記載内容には、受け入れ校（大学）のニーズが影響を及ぼします。そのため、以下ではまず歴史を少し遡って、大学の運動部活動の実態について確認しておきましょう。
　1964（昭和39）年3月8日の朝日新聞夕刊には「スポーツと学業」という記事が掲載され、「学生スポーツを正す道は、何よりもまず学力の裏付けのない"スポーツ特別待遇学生制度"をなくして、学生スポーツのプロ化の芽をつみとることであろう。高校スポーツの有名選手が入試の苦労もなく大学へ進み、講義を休み、白紙の答案を出し、卒業に際しては就職の上でも優位を占めるというのは、どうしてもいただけない」と書かれています。当時、運動部活動と学業が両立していない原因として、スポーツ推薦入試をはじめとする優遇措置が注目されていたのです。
　その後、そのような優遇措置の改革が、1960年代後半の学生運動を背景に進められていきます。当時の学生運動は、学費の値上げなどをめぐって行われていましたが、そこで問われていたのは学内の民主化・平等化でした。それをめぐって、運動部員は大学側に立って、学生側と対立することがありました。「われわれ体育会は学校から、合宿所やいろいろな施設をつくってもらっている。値上げに賛成ではないが、反対できる立場でもない」というのが理由でした。また、そのような保守的な行動は日常でも見受けられ、封建的な部活動運営の問題が目に余っていました[50]。
　このような実態に対する批判から、多くの大学において運動部活動をめぐる優遇措置が見直されていきます[51]。その結果、運動部活動は衰退する一方で、同好会が隆盛するようになるのです[52]。

## 3───大学運動部活動の強化に対する国庫補助とスポーツ推薦入試の復活

　このような大学運動部活動の衰退に危機感をもったのが日体協でした。1977（昭和52）年から国際競技力向上の国庫補助が始まったものの、同年に開催されたユニバーシアード夏季大会は惨敗でした。そして、大会後の反省会において「大学スポーツの振興策が早急に必要であるとの結論」に達し、本格的な調査が行われることになりました[53]。

　まず、大学運動部活動の実態調査が行われ、その結果は日体協が1978（昭和53）年に刊行した、『大学競技部の動向、現状について（大学競技部に関する調査報告書）』にまとめられています[54]。そこでは、運動部員数の調査も行われていますが、学生運動の後は一部あたり30.1人まで減ったものの、1977（昭和52）年度においては39人まで回復していました（9頁）。しかし、オリンピック選手における大学生の占める割合が大会ごとに減っており、「今後どのように推移するか危惧される状況である」と述べられています（2-3頁）。とりわけ、活動予算の不足と、素質のある選手が集まらないことが、深刻な問題として挙げられていました。そして、後者の問題に関しては、スポーツ推薦入試の要望が多く挙げられていました（6-7、47-48、70頁）。

　さらに日体協は、諸外国における大学との比較調査を行い、1980（昭和55）年に『大学スポーツの現状と振興策について』を刊行します。そこでは、
①大学現役選手のオリンピック出場は諸外国より少ない
②日本の大学生の競技成績の伸びが少なく、年度によって記録の増減が著しい
③運動部員数は同好会と比べて増加傾向が少ない
④大学生の奨学金は、アメリカや西ドイツに比べて少ない
と現状が分析され、「大学競技部やクラブをオリンピックあるいは国際競技力向上の拠点とし、効率的な強化システムをつくろうとするのが東欧圏、西ドイツ等の最近の動きである。日本の大学競技もこの方向へと針路を定めるべきであろう」と総括されています（78-79頁）。

　これらの調査や要望を背景に、同年から大学スポーツの強化費・1億

4000万円に対して国庫補助が出されるようになりました（4、26、76、86頁）。そして、「国策」となった大学運動部活動の強化は、学生運動で下火になったスポーツ推薦入試を復活させる、「後ろ盾」となっていくのです。

しかし、問題は山積みでした。推薦入試を実施している大学の中には、「4人無試験、4人は300点満点で35点とれば合格」という駅伝の有名校のケースや、募集要項で若干名と表記していながら500名もの入学者を推薦入試で受け入れている大学がありました。つまり、これまで問われてきた、「学業とスポーツ」の両立に向けた対策や展望をもたぬまま、運動部活動の強化に走り始めた大学もあったのです。また、しごきにみられる封建的組織運営の問題も、依然として残されていました。

このような種々の問題を抱えたまま、スポーツ推薦入試という受け入れ体制が整備され始め、要録・調査書における部活動の評価と結びついていきます。すなわち、受け入れ側の大学が求めているのは競技力向上ですから、当然のことながら要録・調査書で記載される内容も、子どもの競技成績に特化していくのです。その結果、競技成績を高くして大学に進学する状況、すなわち「進学のための運動部活動」が生まれることになり、後にそれは高校受験、中学受験にも広がっていきます。

*

これまで私は、運動部活動の過熱化の背景には、対外試合基準の緩和があることを指摘してきました。しかし、1980（昭和55）年に入ると、これに加えて「進学のための運動部活動」が制度的に確立し、過熱化の要因となっていきます。

今日においても、多くの学校でスポーツ推薦入試が実施されていますが、その際に重視されるのは子どもの競技成績でしょう。しかし、競技成績だけに重きを置いた評価になると、必然的に勝利至上主義の要因となっていきます。言うまでもなく、勝たねば（良い成績をあげなければ）希望する学校に入学できないからです。私たちは、競技成績に代わる評価基準として、何が用意できるでしょうか。今も、それは問われているのです。

# 第20回

# 「進学のための運動部活動」の浸透

　前回は、大学受験をめぐって、「進学のための運動部活動」が生まれたことを解説しました。

　なお、同時期には、高校や中学校の運動部活動の強化も進められ、大学を頂点とする国際競技力向上体制が整備されていきます。そして、中学校の要録・調査書においても、部活動（競技成績）に関わる記述が推奨されていたため、「進学のための運動部活動」が高校受験（中学校）にも浸透していきます。しかし、高校の運動部活動は、大学進学の手段となったことで過熱化しており、同様の問題が中学校でも発生する恐れがありました。

　今回は、この経緯に注目していきます。今日においても、運動部活動の競技成績は、要録・調査書に記載されています。そのため、それが徹底されたときにはどのような活動になっていくのか、また、どのような問題が生じるのかを検討しておく必要があるのです。

## 1——トップレベルの高校運動部活動の実態

　以下ではまず、前回扱った、高校における「進学のための運動部活動」の実態を確認しておきたいと思います。なお、ここで参照するのは、日本私学教育研究所の調査資料『高等学校運動部の実態調査（Ⅰ）—昭和59年度全国大会出場校を中心として—』（111号［1985年］）と、『同（Ⅱ）』（116号［1985年］）です（以下、調査Ⅰ、調査Ⅱと省略します）。これらは、対象を高校総体・夏の甲子園大会に出場した学校に限定しており、まさに

表13　1980年代におけるトップレベルの高校運動部活動の実態

| NO | 質問項目 | 回答・傾向 私立 | 回答・傾向 国公立 | 出典 |
|---|---|---|---|---|
| ① | 各学年の部員数 | 男子1年18.1人→2年15.2人→3年12.9人<br>私立・国公立、男・女ともに上級学年に進むにつれて所属部員数が少なくなる | 男子1年20.8人→2年16.5人→3年14.6人 | (I)18-19頁 |
| ② | 1週間の練習日数 | 週に6日以上97.5%（毎日67.5%、6日30.0%） | 週に6日以上95.9%（毎日64.2%、6日31.7%） | (I)19-20頁 |
| ③ | 年間で練習しない日数 | 28.3日<br>試験期間を除くすべてが練習日であるクラブが多い | 29.6日 | (I)20頁 |
| ④ | 1日の平均練習時間 | 2～3時間32.5%、3～4時間41.3%、4～5時間21.2% | 2～3時間35.0%、3～4時間43.3%、4～5時間12.5% | (I)20頁 |
| ⑤ | 1年間の対外試合数 | 87.8試合<br>例…私立女子バレー平均256.7試合、私立・国公立ハンドボール年間100試合以上33.3% | 71.9試合 | (I)21頁<br>(II)46、71頁 |
| ⑥ | 年間の予算 | 136.8万円 | 140.4万円 | (I)22頁 |
| ⑦ | 高校総体（夏の甲子園大会）参加経費 | 338.2万円<br>例…硬式野球（夏の甲子園大会）平均出場費用は1208万円（最高額4614万円、最低額192万円） | 339.2万円 | (I)2、49-51頁 |
| ⑧ | 顧問・部長の立場 | 保健体育の教諭53%、それ以外の教諭46%、その他1% | | (I)24頁 |
| ⑨ | 顧問・部長の運動部活動・同好会経験 | 高校時代所属81.3%<br>大学時代所属75.0% | 高校時代所属75.8%<br>大学時代所属71.7% | (I)25頁 |
| ⑩ | 監督の立場 | 保健体育の教諭58%、それ以外の教諭33%、その他9% | | (I)26-27頁 |
| ⑪ | 監督の運動部活動・同好会経験 | 高校時代所属92.5%<br>大学時代所属82.5% | 高校時代所属82.5%<br>大学時代所属78.3% | (I)28頁 |

※日本私学教育研究所・調査資料『高等学校運動部の実態調査(I)―昭和59年度全国大会出場校を中心として―』(111号)と『同(II)』(116号)をもとに作成しました。

　当時のトップレベルの高校運動部活動の実態調査と言えるものです。当然のことながら、ここで紹介されているような運動部活動の生徒が、後に大学運動部の担い手になっていきます。ちなみに、調査Ⅰによれば、対象校の過去10年間における高校総体・夏の甲子園大会出場回数は、私立4.7回、国公立4.1回でしたから（23頁）、この調査結果は、いわゆる全国大会常連校の実態を示しているとも言えるでしょう。以下では、これらの調査の

内容をふまえて作成した、表13を用いて解説していきます。

　まず、①運動部員数ですが、学年が進むにつれてドロップアウトしていきます。その理由に関しては、調査Ⅰにおいて「厳しい練習が課せられているが故の結果である」（19頁）と推察されていますが、その厳しさは②〜⑤の項目を見れば納得できるでしょう。

　②1週間の練習日数は「6日以上」がほとんどで、毎日練習という部も6割を超えています。当然のことながら、③年間で練習をしない日数も少なく、試験期間を除くすべてが練習日であるクラブが多いという実態でした。さらに、④1日の平均練習時間は、3〜4時間以上の部が半数を超えます。「全国大会出場レベルの学校においては、私立・国公立を問わず練習量は極めて多い」（調査Ⅰ、21頁）のです。⑤1年間の対外試合数も、私立が87.8試合、国公立が71.9試合でしたから、単純計算で5日に1回以上のペースで試合をしていました。なお、私立の女子バレー部の平均は256.7試合であり、ハンドボールでも年間100試合以上の部が33.3％というデータもありますから、種目や学校によっては、さらに多かったと言えるでしょう。

　⑥金銭的な要因も見過ごせません。部活動の年間予算の平均額は約135〜140万円でしたが、⑦全国大会に参加すると倍以上の負担になります。これも種目によって様々ですが、例えば硬式野球に関しては、平均で1208万円（最高で4614万円）もかかっています。全てを学校で負担するのには限界がありますから、必然的にそのしわ寄せは家計に及ぶことになるのです。

## 2　　保健体育教師による進路指導

　さらに、このような部活動を指導し、運営している顧問・監督の半数以上が、保健体育教師でした。そして、その多くが高校、大学で運動部活動や同好会に所属しています（⑧〜⑪）。このことから、教師自身の運動部活動や同好会の経験の中で、表13のような運動部活動を「良し」とする価値観が築かれてきたと見ることもできます。

　また、表13のような運動部活動の背景には、要録・調査書における競

技成績の評価がありました。すなわち、いきすぎた練習であったとしても、競技成績を上げれば進学できる可能性は高まる訳ですから、それは進路指導の一環として是認されていきます。指導の中心的な存在であった保健体育教師は、批判されるどころか、むしろ熱心に進路指導に取り組んだことになるのです。

　しかし、要録・調査書に、高い競技成績を記入できる人・学校は限られます。わかりやすく述べれば、表13の対象になっている、全国大会常連校を倒さなければなりません。それには、表に記した内容と同等か、それ以上の労力が必要になり、教師にはさらに熱心な進路指導が求められることになるのです。

## 3──高校受験（中学校）への浸透

　同様の現象は、中学校にも広がっていきます。文部省は、1978（昭和53）年以降、中、高校生がゴールドメダリストなどから直接指導を受ける「スポーツ功労者派遣事業」や、優れた資質を有している中、高校生を選抜して強化合宿や指導を行う「都道府県競技力向上ジュニア対策事業」、そして、優れた選手の発掘と指導にあたる「ジュニア強化コーチ」の設置に対して補助を行っていました[63]。これらの措置により、大学を頂点とする国際競技力向上体制は、中学校にまで浸透したのです。

　実際に、この補助を受けて、各都道府県の体育協会は、中、高校生の選手強化に乗り出していきます[64]。さらに、選手強化には、中学校にあがる前の小学校期が大切だということで、各県で小学校体育連盟の発足が検討されていきます[65]。その背景には、1979（昭和54）年に改正された対外試合基準において、隣接する市町村程度の小学校の対外試合が、学校教育の活動として認められたことがありました（第18回）。

　このような、小、中学校にまで広がった国際競技力向上の施策と、要録・調査書における競技成績の評価が相まって、「進学のための運動部活動」は高校受験にまで浸透していくのです。具体的には、私立高校においてスポーツ推薦入試が実施されるようになり、実施校が全国大会で好成績を上げるようになります[66]。そして、このような強豪校への入学を求めて、都道

府県内・外の中学生が、スポーツ推薦入試を受験するようになっていくのです。言うまでもなく、競技成績を高くして大学まで進学するのであれば、強豪校に入学することが近道だからです。

　実際に、私立高校は公立高校に比べて柔軟に教育課程を編成できたので、強化合宿のために時間割を変更する学校がありました[67]。さらに、大学附属の私立高校の中には、「成績は多少悪くても、クラブを汗みどろでやった子は、大学の授業にもついていく」との理由から、大半が大学に進学できる学校もありました[68]。

　この他にも、民間の水泳クラブと高校がタイアップし、水泳の指導はクラブのコーチに任せ、学校は高校総体などの費用を負担することで、競技成績を上げる学校も出てきます[69]。このような実態に対して、学校関係者からは「（学校の運動部活動は、筆者）ただ水泳が速くなればいい、というものではない。仲間とともに励まし合って泳ぐ、という経験が大切」という意見が出されていました。それに対してスイミングクラブは、「水泳という才能を伸ばし、記録を縮める喜びを教えてやることこそ、子どものため。学校に任せておいては、一流選手に育たない」と反論していました[70]。

　しかし、このような軋轢は、国際競技力向上と、要録・調査書における競技成績の評価（進路指導）という建前のもとで見過ごされていきます。そして、限られたスポーツ推薦の枠を求める中学生は、「進学のための運動部活動」に身を投じ、教師もまた、その期待に応えるべく、運動部活動を通した進路指導に取り組むことになるのです。そこでの活動が高校（表13）と同様に過熱化するのは、時間の問題だったと言えるでしょう。

＊

　これまで見てきたように、大学を頂点とする国際競技力向上の施策と、要録・調査書における競技成績の評価により、「進学のための運動部活動」は中学校にまで広がっていきました。また、高校の運動部活動は、進学の手段となったことで過熱化しており、その影響が中学校にまで及ぶ恐れがありました。

　このような経緯から、私たちは何を汲み取るべきでしょうか。まず、学校教育に依存した体制で、本当に国際競技力向上につながるのかということがあります。当時のように、要録・調査書をもとにして、競技成績の高

い生徒を入学させるという方法をとる限り、中学校期、高校期における競技成績がシビアに問われることになり、じっくりと時間をかけた選手養成の弊害になります。目先の競技成績にこだわる「早期栽培的な選手養成」により、表13で取り上げたような運動部活動になり、選手を潰してしまっては元も子もないでしょう。

　次に、今日において改めて問わなければならないのは、大学の運動部活動のあり方です。日本の運動部活動は大学から始まり、後に高校以下へと広がった歴史があります（第2回）。また、「進学のための運動部活動」も、大学受験を背景に浸透していきました（第19回）。このような大学の運動部活動の影響力をふまえれば、先に述べた「早期栽培的な選手養成」を改善していくうえでも、まずは大学入試において、競技成績に特化した評価基準を改める必要があるのではないでしょうか。

　さらに、大学の運動部活動の経験者が高校や中学校の指導者になるケースは、今日においても考えられます。大学での経験は、教師になったときの指導に少なからぬ影響を及ぼすでしょう。そのため、中学校や高校における運動部活動指導を改善していくうえで、大学の運動部活動で何を経験させるのか、あるいは、教員をめざす学生に対して、運動部活動に関わる教養として何を身に付けさせるのかを、これから論じていく必要があるでしょう。

# 第21回

# 中学生の国民体育大会への参加

　前回は、国際競技力向上の施策と、要録・調査書における競技成績の評価が相まって、「進学のための運動部活動」が高校受験（中学校）にも浸透していった実態を解説しました。

　今回は、同時期に議論されていた、中学生の国体への参加について検討していきます。結論を先に述べれば、これまで見送られてきた中学生の参加が認められるようになり、低年齢からの選手強化体制が、さらに整備されていきます。そのことにより、前回でふれた「進学のための運動部活動」や、それに伴う過熱化の問題が、一層深刻になっていくのです。

　今日では、中学生の国体参加が「当たり前」のように考えられていますが、それを学校教育の一環として認めた根拠はどこにあったのでしょうか。今日の国体のあり方を考えるうえでも、当時の議論は無視できないものだと言えるでしょう。

## 1 ── 国体をめぐる問題状況

　以下ではまず、中学校の問題に入る前に、当時の国体をめぐる問題状況を確認しておきます。[71]

　まず、国体には第3回から第35回大会まで「教員の部」があったことから、優秀な選手を教員として大量に採用し、しばらく新規の採用ができなくなる問題が発生していました。さらに、「高校の部」（現在の「少年」の部）もあったので、採用された教員の中には、この強化を担当する者も

いました。教育制度においても、それを補完するために「強化指定校」を設け、優秀な高校生を転校させたり、時には筆記試験を免除にして優秀な中学生を入学させていきます。さらに、「強化指定校」には予算が重点的に配分され、他の運動部活動との間に格差が生じていきました。

　これらの施策は、全て国体で優勝するためのものであり、必然的に勝利至上主義の問題を引き起こすことになります。「人と金を使って勝てなかった、では済まされない」のであり、実際に国体で優勝した水球部の実態は、「早朝練習、放課後は6000m前後泳いだ後、チームプレーを9時ごろまで。こんな日が年間200日を超えた」という有様でした。

　中学生の国体参加はこのような問題が広がることを意味していたのです。

## 2——中学生の参加が抑制されてきた歴史

　かつて、東京オリンピックに向けた特例として、中学生の国体参加が水泳に限って認められましたが、オリンピック終了とともに再び禁止されていました（第9、10回）。

　しかし、その後も日体協からの要請は続き、1977（昭和52）年6月には、中学生の国体参加について国体委員会に諮問を行い、翌月の理事会で「第35回栃木国体から中学生の参加を認めるように文部省に働きかける」ことを決定します。その理由は、「一流選手の年齢は、次第に低くなってきており、実情にそぐわなくなっているため年齢制限を撤廃すべきだ」というものでした。同様の要請はその後も続きましたが、中体連や全日本中学校長会（以下から全日中）は、「長期休暇外に開かれる国体に義務教育の指導生徒を参加させることは、授業日数不足などの支障をきたす」と反対していました。そして、文部省も「コンセンサスが得られない限り話し合いに応じない」方針を示しており、最終的に日体協の主張は認められませんでした。

　実際に、1979（昭和54）年3月の保体審答申で、「国民体育大会への中学生の参加については、別途検討する」と議論の先送りが示されたこともあり、同年に改正された対外試合基準でも国体に関しては明記されませんでした（第18回）。

## 3——ソウル・ショックと政治家の「鶴の一声」

 その後も日体協は、1983（昭和58）年の答申「2巡目以降の国体のありかた」の中で、陸上競技、水泳、体操、スケート（フィギュア）の4競技に限って中学生の参加を認める方針を示し、関係機関に働きかけていきます。[74]

 そのような努力は、1986（昭和61）年のアジア大会（ソウル）で日本が惨敗したことを受けて、実を結んでいきます。すなわち、塩川正十郎文部大臣が、「体協（日体協、筆者）側から（中学生の国体参加に関わる、筆者）検討の要望があった。中学生も高学年になれば体格も立派だし、役所で相談したい」と発言するに至るのです。日体協も「ジュニアが頑張れば、上の層の刺激になる」と、塩川発言に期待を寄せていました。[75]

 これに対し、同年11月に開催された中体連の常任理事会では、出席した理事のほとんどが「中学生の国体参加は、学校教育の立場から賛成出来ない」と主張していました。しかし、翌年の3月に開かれた同理事会では、条件付きで参加を認める方針へと転換します。その具体的な内容は、先ほどの日体協の提案にあった4競技の参加を認め、「5年間を試行期間とする」といったものでした。このように態度を変えた理由に関しては、「五輪強化などにつながる競技力向上のためでなく、あくまで学校教育の枠内でスポーツの能力を伸ばしていくため、時代的変化も勘案して弾力的に対処していく方向づけをした」と述べていました。[76]

 なお、その後に開催された全日中の全国理事会でも、約60人の出席者のほとんどが反対意見だったと報道されています。しかし、鈴木誠太郎会長は、「今日出た条件が受け入れられたら国体出場はさせてもいいと考えており、その点では条件付き賛成、という受け止め方だ」と述べ、中学生の参加に前向きでした。

 その背景には、当時、彼が中体連と全日中の両方で会長を務めていたことがありました。既に中体連では参加を認める方針が示されていましたから、彼は「この趣旨を説明して理解していただくほかない」という立場で、全日中の議論に参加していたのです。

 このような経緯もあり、全日中からは反対の声明ではなく、「要望書」

が文部省に提出されることになりました。そこには、「引率教師の出張扱いやその補充」「参加生徒は学校長が認めた場合、出席として扱う」「強化のための特別な練習、強化事業への参加などは認めない」「国体出場の予選会は行わない」といった内容が含まれていました。[77]

最終的に文部省は、これらの意見をふまえ、①日体協の案にあった４競技に限り、②体力に優れ、著しく競技水準の高い者（第３学年に限る）について、③学校教育活動の一環として参加させることができ、④３～５年間試行するといった「試案」をつくり、保体審に提出します。[78]

## 4──参加の承認と臨教審の議論

1987（昭和62）年６月26日に、保体審は文部省の「試案」を承認しますが、その背景には臨時教育審議会（以下から臨教審）の議論がありました。

そこでは当初、「一部に、個性を無視した過度の鍛錬が行われたり、学校の名声を挙げることに意を用いたり、学校教育活動としては行き過ぎの事例（運動部、筆者）がある」「対外運動競技の基準については、交通機関の発達、特定スポーツにおける若年層の活躍などを踏まえ、その緩和を図るべきであるとの意見と、児童・生徒の発育発達段階からみて現行程度が適当とする意見がある。したがって、今後、関係者の意見を求めつつ、慎重に検討する」とされていました。[79]

しかし、同年４月１日に出された第３次答申では、「今後、基準緩和の方向で検討することを望みたい」という結論に至っており、保体審もこの既定路線から外れることはできず、文部省の「試案」がそのまま承認されたのです。[80]

これを受けて、12月２日には文部省から通知が出されます。ここでは、「授業は『出席』扱いとすること」「日本体育・学校健康センターの災害共済給付の対象となること」「経費は、原則として各都道府県の選手団派遣母体によって支弁される」という方針が加えられ、全日中の要望の一部が汲み取られていきます。[81][82]

この基準が適用されてから、国体の「少年B」（中学３年生と高校１年生

対象）では、中学生が優勝するようになりました[83]。そして、「後に続け」とばかりに、他の競技団体も日体協に中学生の参加を求めるようになっていきます[84]。

しかし、1で述べたように、既に国体における勝利至上主義の問題は高校にまで浸透しており、中学校においてもそれが懸念される事態になりました[85]。

＊

当時の新聞では、「ついこの間まで『義務教育のもとでの国体参加なんてとんでもない』と禁令を出していた文部省が、ソウル・アジア大会で日本勢が中国、韓国に負けたとたん『国を挙げての国際競技力向上を』と、アッという間の方針転換[86]」と報道されていましたが、このような指摘は中体連や全日中にも当てはまります。

方針転換の背景に、政治家の「鶴の一声」や、臨教審における議論があったことは言うまでもないでしょう[87]。政治的な圧力や競技力向上という方針に、教育関係団体が屈する事例は過去にも見られましたが（第18回）、当時においても中体連や全日中は種々の問題が発生していることを理解しつつも、最終的には中学生の国体参加を認めたのであり、これでは教育関係団体としての「自立性」が疑われても仕方がないでしょう。

そもそも、政治的な圧力から運動部活動を守るためには、学校の運動部活動は何のためにあるのか、具体的な教育内容は何かといった教育論が不可欠でしたが、当時の論議過程を見る限り、それに関わる主張は見られませんでした。

今日においても、何か問題が発生したときに具体的な教育論がなければ、現状肯定的に議論が進められるか、政治的な圧力に屈し続けることになるのではないでしょうか。

## 注／引用・参考文献

1. 柴田義松他編『教職基本用語辞典』(学文社、2004年、63頁)。
2. 「小学校学籍簿について[1948年]」(布村幸彦編『「平成13年改善指導要録」の基本的な考え方』ぎょうせい、2002年、165-172頁)。なお、後に出される「学籍簿の名称並びにその取扱について[1949年]」において、小、中、高校の全てで「指導要録」の名称に改められます(前掲1、182頁)。
3. 「中学校、高等学校生徒指導要録について[1949年]」(同上、173-181頁)。なお、当初、中学校と高校の要録は「累加記録摘要」と呼ばれていました(文部省初等中等教育局編『中学校・高等学校の生徒指導』日本教育振興会、1949年、241-246頁)。
4. 「小学校、中学校および高等学校の指導要録の改訂について[1955年]」(前掲2、184-198頁、『中等教育資料』第4巻10号、1-11、25頁)。
5. 「小学校児童指導要録および中学校生徒指導要録について[1961年]」(前掲2、199-224頁)。「高等学校生徒指導要録の改訂について[1963年]」(文部省初等中等教育局初等教育課編『教育課程関係法令集』1968年、215-237頁)。
6. 青木孝頼「行動および性格の記録」(『初等教育資料』第132号、22頁)。
7. 「小学校児童指導要録および中学校生徒指導要録の改訂について[1971年]」(前掲2、224-246頁)、「高等学校生徒指導要録の改訂について[1973年]」(『中等教育資料』第298号、117-155頁)。
8. 諸沢正道・吉本二郎『新指導要録必携──その解説と記載例』(第一法規、1971年、124、126頁)。
9. 文部省『中学校指導書　特別活動編』(1970年、76-77頁)。
10. 朝日新聞夕刊、1972年12月27日。
11. 日教組教育新聞、1974年7月9日、23日。
12. 「小学校、中学校、高等学校等の学習指導要領の一部改正ならびに運用について(通達)」(『教育委員会月報』第24巻8号、66-79頁)。
13. 日本教職員組合『私たちの教育課程研究　保健体育』(一ツ橋書房、1973年、108-132頁)。
14. 教育制度検討委員会編『日本の教育改革を求めて』(勁草書房、1974年、110-159頁)。
15. 日本教職員組合編『教育課程改革試案』(一ツ橋書房、1976年、267-291頁)。
16. 『初等教育資料』(1977年2月号臨時増刊、92-96頁)。
17. レオナード・J・ショッパ(小川正人訳)『日本の教育政策過程　1970～80年代教育改革の政治システム』(三省堂、2005年、106-108頁)。
18. 文部科学省ホームページ内、http://www.mext.go.jp/b_menu/shingi/chuuou/toushin/661001.htm (最終アクセス2012年6月6日)。
19. 『初等教育資料』(第329号、65-80頁)。
20. 同上、第342号、54-85頁。

| | |
|---|---|
| 21 | 前掲16、62-92頁。 |
| 22 | 堀久・金井肇・水戸谷貞夫『高等学校新学習指導要領の解説　特別活動』(学事出版、1978年、196頁)。 |
| 23 | 文部省『学制百二十年史』(ぎょうせい、1992年、382頁)。 |
| 24 | 人事院給与局監修『給与小六法[昭和54年版]』(学陽書房、1978年、334、346頁)、『同[昭和55年版]』(1979年、349頁)。 |
| 25 | 例えば、平日の指導に手当が支払われない、金額の妥当性、そして、給特法(第14、15回)において部活動の指導が時間外勤務に含まれていないことが挙げられます。 |
| 26 | 内尾亨「社会体育から学校体育への"逆行"―苦悩する熊本県の運動クラブ部活動」(『体育科教育』第27巻8号、43-45頁)。 |
| 27 | 文部省『小学校指導書　特別活動編』(東洋館出版社、1978年、77-78頁)、同『中学校指導書　特別活動編』(大阪書籍、1978年、34、62頁)、同『高等学校学習指導要領解説　特別活動編』(ぎょうせい、1979年、65頁)。 |
| 28 | 前掲22、100頁。 |
| 29 | 表12は以下の資料に基づいています。①体育・スポーツ法令研究会監修『体育スポーツ総覧　例規編』(ぎょうせい、4822-4824頁)、②同、4821-4822頁、③文部省体育局監修『体育・スポーツ指導実務必携[平成8年版]』(ぎょうせい、503-504頁)。なお、②の基準は、1975(昭和50)年1月24日に一部改正されており、表12で示しているのは改正された基準です。主な変更点は、⑴「15歳以下」の表記を「未満」にする、「12歳以上、15歳以下の生徒」という表記を「中学生」にするといった文言の修正(第11回、表6を参照)、⑵体力に優れ、競技水準の高いものを選抜して行う大会から、当初は入っていた地域的大会を外す(全国的大会のみとする)、そして、表には掲載していませんが、⑶当初は全国的大会と地域的大会の主催者を、原則として競技団体と学校体育団体の共催としていたのを、改正後は全国的大会のみを共催とする、という点に見られます。 |
| 30 | 朝日新聞朝刊、1975年3月28日、1978年7月16日、1979年3月27日。 |
| 31 | 大木昭一郎「児童生徒の運動競技の在り方を求めて―保健体育審議会の答申と関連して―」(『体協時報』第308号、28頁)。 |
| 32 | 朝日新聞朝刊、1974年3月15日。 |
| 33 | 同上、1975年1月25日。 |
| 34 | 同上、1975年3月28日、1976年3月27日。 |
| 35 | 同上、1977年6月30日、7月14日、10月19日。 |
| 36 | 同上、1974年8月23日。 |
| 37 | 産経新聞朝刊、1974年8月31日。 |
| 38 | 「橋本自民幹事長の"緊急指令"―次年度予算に朗報?―」(『体協時報』第253号、10頁)。 |
| 39 | 人事院給与局監修『給与小六法[昭和51年版]』(学陽書房、1975年、345頁)。 |
| 40 | 創立50周年記念誌編集委員会編『全国高体連五十年史』(全国高等学校体育連盟、 |

| | |
|---|---|
| 41 | 「『児童生徒の運動競技の在り方について』保健体育審議会の答申決まる。」(『体協時報』第308号、25-26頁)。 |
| 42 | 前掲31、29頁。 |
| 43 | 「小学校児童指導要録及び中学校生徒指導要録の改訂について(通知)」(現代日本教育制度史料編集委員会編『現代日本教育制度史料47』東京法令出版、1990年、559-618頁)。 |
| 44 | 「高等学校生徒指導要録の改訂について(通知)」(『中等教育資料』第443号、127-165頁)。 |
| 45 | 初等中等教育局小学校教育課「指導要録の改訂について」(『文部時報』第1237号、38頁)。 |
| 46 | 宮野禮一・熱海則夫編『小学校新指導要録必携　解説と記載例』(第一法規、1980年、173頁)。 |
| 47 | 新井賢一編『中学校新指導要録・通信簿の記入文例』(文教書院、1980年、61-63頁)。 |
| 48 | 前掲44、146頁、堀久「行動及び性格の記録」(前掲44、102頁)。 |
| 49 | 初等中等教育局高等学校教育課「高等学校生徒指導要録の改訂」(『文部時報』第1257号、86-87頁)。 |
| 50 | この段落の内容は、朝日新聞朝刊の連載記事(1968年4月1日〜5日)「大学スポーツの周辺(全5回)」を参照。 |
| 51 | 朝日新聞朝刊・連載(大学スポーツ　国内キャンパスの実態)、1981年2月19日(第2回)。 |
| 52 | 朝日新聞朝刊、1974年1月19日、夕刊、1986年4月18日、前掲51、2月23日(第6回)、28日(第11回)。 |
| 53 | この段落の内容は、本文中の『大学競技部の動向、現状について』(2頁)と、『大学スポーツの現状と振興策について』(1-6頁)に基づいています。 |
| 54 | なお、この調査は1964年以降の各オリンピック大会(夏季・冬季)に選手を多く輩出した上位40校の大学(及び監督)を対象にしています(1頁)。 |
| 55 | 朝日新聞朝刊、1980年4月11日。 |
| 56 | 前掲51、3月5日(第16回)。 |
| 57 | 朝日新聞朝刊、1981年2月28日。 |
| 58 | 前掲51、3月13日(第23回)。 |
| 59 | 同上、3月8日(第18回)。 |
| 60 | この問題に関わって、私は「技術の還元」という視点からの評価を提案したことがあります。詳細は、「学校は特待生の何を評価すべきなのか」(『たのしい体育・スポーツ』第210号、8-11頁)を参照。 |
| 61 | これらの調査は、全国337校に質問紙を配布し、200校から回答を得ています(回収率59.4%)。ここで取り上げられている運動部活動の種目は、①硬式野球、②ソフト |

| | |
|---|---|
| | ボール、③バレーボール、④ハンドボールです。調査Iにおいて①と②、調査IIにおいて③と④の実態が個別に分析されています。 |
| 62 | ただし、61で述べたように、限定された種目の調査であることも念頭に置いておく必要があります。なお、「進学と運動部活動」に関わる研究には、甲斐健人『高校部活の文化社会学的研究』(南窓社、2000年)があります。 |
| 63 | 体育局スポーツ課「我が国における国際競技力向上策」(『文部時報』第1284号、37-38頁)。 |
| 64 | 『体協時報』(第312号、20頁、第313号、20頁、第316号、60頁)。 |
| 65 | 同上(第365号、54頁、第371号、77頁)。 |
| 66 | 朝日新聞朝刊、1982年1月28日(連載「はばたけ青春」第22回)。 |
| 67 | 同上、1988年5月29日(連載「ニッポンの選手強化 ソウル五輪を前に」第6回)。 |
| 68 | 同上、1987年8月4日(連載「部活動」第21回)。 |
| 69 | 同上、1982年2月14日(連載「はばたけ青春」第37回)。 |
| 70 | 同上、1986年4月11日(連載「当世スポーツ考 曲がり角のスイミングクラブ」)。 |
| 71 | 本文中1の内容は、以下の文献・新聞を参照し、まとめています。権学俊『国民体育大会の研究―ナショナリズムとスポーツ・イベント―』(青木書店、2006年、97-102、155-158、230-235、248-257、343-355頁)、朝日新聞朝刊、1982年3月11日(連載「はばたけ青春」第59回)、3月12日(同、第60回)、1987年5月28日(連載「国体第2世紀へ」第2回)、5月30日(同、第4回)。 |
| 72 | この段落の内容は、朝日新聞朝刊、1977年6月30日、7月14日、10月19日に基づいています。 |
| 73 | 体育局体育課「『児童生徒の運動競技の在り方』について答申」(『文部時報』第1224号、76-78頁)。 |
| 74 | 「『2巡目以降の国体のありかた』に関する骨子まとまる!!」(『体協時報』第356号、44-45頁)、「『2巡目以降の国体のありかた』に基づき国体開催基準要項・同規則を改訂」(同、第364号、12-13頁)。 |
| 75 | 朝日新聞夕刊、1986年11月11日、及び、朝刊11月12日。 |
| 76 | 同上、朝刊、1986年11月29日、1987年3月25日、6月23日。 |
| 77 | 同上、1987年3月25日、5月21日、22日、6月27日。 |
| 78 | 体育局体育課「保健体育審議会の審議状況について」(『文部時報』第1325号、90頁)。 |
| 79 | 臨時教育審議会「審議経過の概要(その4)」(教育政策研究会編『臨教審総覧〈下巻〉』第一法規、1987年、324、327頁)。 |
| 80 | 教育政策研究会編『臨教審総覧〈上巻〉』(第一法規、1987年、275頁)。 |
| 81 | 文部省「中学生の国民体育大会への参加について」(文部科学省ホームページ内、http://www.mext.go.jp/b_menu/hakusho/nc/t19871202002/t19871202002.html(最終アクセス2012年9月30日)。 |
| 82 | なお、予選大会を行わないという全日中の要望に関しても、文部省、日体協、中体連と |

83 同上、1988年9月6日、8日、1989年9月20日、22日。
84 同上、1989年6月2日。
85 当時、その問題は①藤田和也・広畑成志「スポーツと教育」(『教育』第484号、102-109頁)、②武藤芳照「『中学生の国体参加』を考える」(同、第485号、122-125頁)で指摘されています。
86 朝日新聞朝刊、1987年6月3日(連載「国体第2世紀へ」第7回)。
87 文部省の方針転換に関しては、日体協の首脳が「アジア大会で中国に負けたのはまだしも、韓国に抜かれたことだけは我慢ならんと、政府首脳も含めた政財界からの厳しい注文がつけられた事情もある」と述べています(同上、1987年6月24日)。なお、全日中に関しては、当初、理事のほとんどが反対だったのにもかかわらず、その意見が反映されていないことから、「(全日中の、筆者)『役員側が押し切るかたちで』中学生の国体参加を認める方向で意見をまとめた」という指摘もあります(前掲85①、108頁)。また、長谷川貢「中学生の国体参加問題──心身に大きな影響」(『あすの農村』第152号、69頁)においても、「こうした背景(臨教審の議論、筆者)もあり、消極的にではあるが参加の道を開く方向を決めた」という中体連のコメントが紹介されています。

運動部活動の教育学入門
歴史とのダイアローグ

# 第5章
# 運動部活動における道徳教育と管理の強化

　第5章では、1980〜90年代の運動部活動に注目します。この時代は、校内暴力が社会問題化していたこともあり、道徳教育という建前による部活動の必修化、体罰・シゴキ、そして子どもへの管理が見られるようになります。しかし、それらの問題点やオルタナティブが、教育関係団体から積極的に主張されることはありませんでした。そして当時、首相であった中曽根康弘や、彼が発足させた臨教審が道徳教育を重視したことによって、同様の傾向や実践がその後も続くことになります。果たして運動部活動における道徳教育には、問題がないのでしょうか。

# 必修クラブと部活動のボーダーレス化

今回は、1980年代の必修クラブと部活動の実態を解説していきます。1977〜78（昭和52〜53）年に改訂された学習指導要領では、道徳教育を徹底するために、部活動を必修クラブの関連領域として位置づけていましたが（第17回）、そのことで両活動の固有性及び相違が不明確となり、教育現場ではそれらのボーダーレス化が進みます。今日においても、部活動は「責任感、連帯感の涵養」（道徳教育）の場として位置づけられています（第1回）。そのことに問題はないのでしょうか。当時の状況から考えてみましょう。

## 1──高校の実態

まず、運動部活動の加入率に関しては、文部省が1987（昭和62）年に実施した調査において、男子48％、女子33％と報告されています。以下では、さらに文部省の委託調査（表14）に注目していきたいと思います。

まず、必修クラブの実施状況（①）ですが、「設置しているがあまり活動していない」が15％、そして「設置していない」が8％であり、2割以上の学校で活動が停滞・停止していました。つまり「必修クラブ離れ」が進んでいたことを示しています。

その一方で、全校生徒に部活動の加入を求める学校が9割を超えています（②）。必修クラブは、制度化当初から施設・設備や活動時間が不十分だっ

**表14　公立高校の必修クラブと部活動の実態（1987年）**

| NO | 質問項目 | 回答・傾向 | 頁 |
|---|---|---|---|
| | **必修クラブと部活動の実施状況** | | |
| ① | 必修クラブ | ①設置し活動している74％、②設置しているがあまり活動していない15％、③設置していない8％ | 11-12頁 |
| ② | 部活動（文化部を含む） | ①学校の方針として、全校生徒が加入し、活動している92％、②生徒が任意に加入し、自主的に活動している4％ | 13頁 |
| | **部活動の運営方法** | | |
| ③ | 教師の立ち会い（運動部） | ①顧問が必ず立ち会う44％、②顧問が必要に応じて立ち会う40％、③顧問と指導者のうちどちらかが立ち会う11％ | 24-25頁 |
| ④ | 生徒の責任者の決め方（運動部） | ①顧問が決める8％、②生徒が決める29％、③顧問と生徒が相談して決める61％ | 23-24頁 |
| ⑤ | 退部者に対する指導（文化部を含む） | ①残留を強くすすめる50％、②保護者と相談して対処する27％、③別に指導しない10％ | 53頁 |
| ⑥ | ＊運営スタイル | 男子…①顧問先導型74％、②生徒自主運営型24％（文化部では①が34％、②が65％）<br>女子…①顧問先導型76％、②生徒自主運営型23％（文化部では①が58％、②が40％） | 37、43頁 |
| | **部活動の運営費用** | | |
| ⑦ | 生徒会費・部費以外に使用できる費用（文化部を含む） | ①学校会計5％、②PTA費36％、③各部の父母会16％、④各部の後援会14％、⑤各部のOB(OG)会10％ | 30頁 |
| ⑧ | ＊父母会・後援会の有無 | 男子…①運動部の67％が父母会をもつ（文化部は97％がない）、②運動部の79％が後援会をもつ（文化部は97％がない）<br>女子…①運動部の86％が父母会をもつ（文化部は98％がない）、②運動部の95％が後援会をもつ（文化部は98％がない） | 35-36頁<br>41-42頁 |

※日本私学教育研究所・教育改革推進研究協議会編『昭和62年度教育改革の推進に関する研究委託実施報告書』（1988年）をもとに作成しました。なお、＊は「各学校で特に活動が盛んな部活動」を対象にした調査です。

たため（第12回）、1977（昭和52）年度の調査では5割以上の必修クラブが、同じ種目の部活動に参加していました（第17回）。その後、同様の傾向が一層進んだのです。

　次に、部活動の運営に注目していきます。まず、多くの学校で教師が立ち会うようになります（③）。その背景には、不十分ながらも学習指導要

領で部活動について明記され、同時期に手当も整備されたことがありました（第18回）。さらに指導場面に注目すると、生徒の責任者の決定に関わって、「生徒が決める」と「顧問と生徒が相談して決める」を合わせると9割ですから（④）、自治的な活動がめざされていたように見えます。しかし、部活動の必修化を背景に、退部者を引き留める指導が行われるようになります（⑤）。

　本来、課外の部活動は自主的に入・退部するものでしたが、そのような意思が通りにくくなっていたのです。さらに、活動が盛んな（競技成績の高い）運動部活動では、生徒の自主的な運営よりも、顧問先導型の運営になる傾向が見られました（⑥）。

　最後に運営費用ですが、学校の予算よりも、PTA、父母会、後援会、OB（OG）会といった外郭団体に依存しています（⑦）。学校の教育活動であれば公費負担が原則でしたが、対外試合基準が緩和され、規模や回数が拡大していたので（第18回）賄いきれなくなったのです。それは、活動が盛んな（競技成績の高い）運動部に見られる顕著な特徴でもありました（⑧）。その問題は、以下のように指摘されています（63頁）。

　「体育系の部では、…略…用具代や遠征費など生徒会の予算や部費ではとてもやっていけない。…略…そこで、主として経済的援助を目的とした準公的機関が必要になる。それが後援会であり父母会である。…略…しかし、経済的な援助をあてにせざるをえないとなれば、それ相当の実績もあげねばならない。実績をあげるには部内での強制、対外での競争は避けられない。そうなれば、本来は自主的なものであり、自己の生活をエンジョイするものであるはずの部活が、各部員にとって行き過ぎた使命感を伴う苦痛に様変わりしかねないものになってしまう恐れがある。」

## 2──中学校の実態

　次に中学校に注目しますが、運動部活動の加入率に関しては、先ほどの文部省の調査において男子が74.6％、女子が58.4％と報告されています。この他に、全日中が必修クラブや部活動の意向調査を行ってきたので、以下ではそれを用いて解説していきます（表15）。

表15　全日中の調査・答申で示された必修クラブと部活動に関する意向・方針

| NO | 年度（年月日） | 必修クラブに関する意向[ク]／部活動に関する意向・実態[部]／必修クラブや部活動に関する方針[方] | 出典 |
|---|---|---|---|
| ① | 昭和40 | [部]自主的に活発に行われているのが76％、沈滞しがちなのが21％であるが、やりたくてもやれない状態にあるものが3％であった。 | (Ⅱ)156頁 |
| ② | 昭和41 | [ク][クラブ活動を、より充実するために、学習指導要領に実施時数を明示して、時間割に組み込む必要があるか]賛成25％、趣旨は賛成だが現状は実施困難63％、反対12％ | (Ⅱ)158頁 |
| ③ | 昭和45 | [部][時間外クラブ活動に対する意見]学校教育の延長と考えるもの45％でかなり多いが、社会教育の領域と考えるもの52％よりはやや少ない。 | (Ⅱ)204頁 |
| ④ | 昭和46 | [部]同上。　[方]一連の問題を解決するには、従来行ってきたクラブ活動を根本的に検討吟味して、学校教育の一環として引き続き実施する方がよいものと、地域社会の青少年や成人に対して社会教育が統合的に実施する方がよいものとをはっきり区別してかかる必要がある。 | (Ⅱ)210-211頁 |
| ⑤ | 昭和48 | [ク]社会教育への移行については、75％が反対で、学校教育に残すべしとの意見である。　[部]大多数が社会教育への移行に賛成している。　[方]全人教育の立場から学校教育と社会教育の分担と協力のあり方をどのようにするかが、今後の重要課題であろう。 | (Ⅱ)266頁 |
| ⑥ | 昭和50 | [ク]現行どおりでよいとの意見と、廃止すべしとの意見とが伯仲している。　[部]一部は学校で運営しその他は社会教育に移管すべしとの意見が半数近くを占め、全面的に社会教育に移管すべしとの意見は約1/3である。 | (Ⅱ)164頁 |
| ⑦ | 昭和55年2月21日 | [方]今後、全日中としては、部活動および対外運動競技が学校教育活動の一環であることを一層明確にし、その位置づけおよび実践化の促進を図られたい。 | (Ⅰ)390頁 |
| ⑧ | 昭和55 | [部][現在の部活動の捉え方]学校教育活動96％、社会教育活動1％<br>[今後のあり方]学校教育活動85％、社会教育活動11％<br>[生徒の活動状況]全員が満足50％、選手中心12％、とくに問題はない28％<br>[部活動のための私費の徴収]全校生徒から48％、参加生徒から13％、徴収しない25％ | (Ⅱ)212頁 昭和56年度「特報」第5号 |
| ⑨ | 昭和56年1月19日 | [方]学校教育活動としての位置づけを、更に的確にするとともに、社会教育との関連をも明らかにすること。 | (Ⅰ)391頁 (Ⅱ)212頁 |
| ⑩ | 昭和53～56 | [方]進学競争と部活動(対外試合を含めて)の両面が解決されないかぎり、多くの問題がある。 | (Ⅰ)172頁 |
| ⑪ | 昭和57 | [ク]「現行どおりでよい」とする意見が55％で、過半数を占めているが、「改善した方がよい」とするものが21％で、「廃止したほうがよい」とするものの23％と合わせると、43％になる（原文ママ）。　[部]「極めて重要である」と「重要と思う」を合わせると99％となり、非常に重視されている。 | (Ⅱ)169頁 |
| ⑫ | 昭和60年2月28日 | [ク]問題が多いのでやめたい49.1％、現行どおり26.6％ | (Ⅰ)277頁 |
| ⑬ | 昭和60年9月25日 | [部][今後どのように取り扱ったらよいか]社会教育へ移行する49.9％、現行どおり実施する20.1％、教育課程に位置づける15.1％、活動に制限を付ける9.9％、必修クラブと統合する5％ | (Ⅰ)279頁 |
| ⑭ | 昭和61年9月22日 | [方]「クラブ活動は必修からはずす」「部活動は実態に応じて実施」という方針。 | (Ⅰ)294頁 |
| ⑮ | 昭和61年11月29日 | [ク][部][クラブ活動を必修からはずし、部活動と統合して実施することについて]①賛成する79.6％、②反対する19.6％ | (Ⅰ)280頁 |

※出典の数字は、(Ⅰ)全日本中学校長会編・発行『中学校教育四十年』(1987年)、(Ⅱ)同編・発行『全日中資料集』(1987年)を示しています。

まず、必修クラブが制度化される前は、6割以上の校長がクラブを時間割に組み込むことを「実施困難」と判断しています（②）。しかし、制度化されると地域移行に7割以上が反対するようになります（⑤）。その後は、「現行どおり」と「廃止すべし」「改善すべし」が伯仲するようになり（⑥、⑪）、まもなく「問題が多いのでやめたい」が約半数に増え、「現行どおり」が約25％に減ります（⑫）。このような経緯から、中学校においても高校と同様に「必修クラブ離れ」が進んでいたことがうかがえます。

　次に部活動ですが、その意向は必修クラブ以上に迷走します。まず、必修クラブが制度化される前は、部活動を自主的に活発に実施する学校が7割を超えていました（①）。しかし制度化後は、部活動を学校教育の延長と考える者と、社会教育への移行を求める者が伯仲し（③、④）、まもなく大多数が社会教育への移行を求めるようになります（⑤）。

　しかし、すぐに「一部は学校で運営しその他は社会教育に移管すべし」が半数近くを占めるようになり、「全面的に社会教育に移管すべし」が約1/3に減ります（⑥）。その後は、学校教育での位置づけが重視されますが（⑧、⑪）、再び約半数が社会教育への移行を求めます（⑬）。このように部活動に関する意向は、継続的に一致することがありませんでした。

　その背景には、学校で部活動を実施する根拠が不明確だったことがあります。当初から、部活動を学校教育と社会教育のどちらに位置づけるのかが課題とされていましたが、具体的な方針は示されていません（④、⑤）。その後も同様であり、「学校教育としての位置付けを明確にする」という方針（⑦）を示した1年後には、「社会教育との関連」が加えられる（⑨）という有様でした。

　結局、「必修クラブ離れ」が進んでいた実態をふまえて、それを必修から外すことにし、どのように位置づけたら良いのかわからない部活動は学校の実態に応じて実施するという、曖昧な方針に落ち着きます（⑭）。そして、多くの校長が「クラブ活動を必修からはずし、部活動と統合して実施すること」に賛同しました（⑮）。しかし、前年度の調査（⑬）では、それに賛同していたのは僅か5％であり、劇的な方針転換でもありました。

　また、高校ほど深刻化していなかったものの、選手中心の部活動が1割を超え、校費で賄えない費用を全校生徒から徴収する傾向も見られました

（⑧）。さらに当時、学校の裁量で「ゆとりの時間」を設けることができましたが、部活動や対外試合が「足かせ」になっていることも指摘されています（⑩）。

＊

　これまで見てきたように、当時においては「必修クラブ離れ」が進み、高校では部活動の必修化が、中学校でも必修クラブと部活動を統合する意向が多くなりました。しかし、部活動が必修になるにつれて、生徒は「やめたくてもやめられない」状況に置かれていました。また、対外試合基準の緩和を背景に、盛んな（強い）運動部ほど外郭団体への金銭的な依存が高まり、「見返り」として勝利が求められるようになります。その結果、顧問先導型の運動部が多くなり、子どもの自治的な活動が阻害されるようになりました。

　このような状況に陥った原因として、当時の学習指導要領で示された、道徳教育の場として部活動を位置づける方針が、教育論としては脆弱だったことがあります。そもそも道徳教育は、学校外でも実施できるものですから、学校教育にクラブや部活動を位置づける根拠としては不十分です。また、仮にそのように位置づけるとしても、クラブ及び部活動と、他の特別活動における道徳教育との相違、同様に、必修クラブと部活動における相違を示すことは困難です。つまり、道徳教育という観点は、両活動の固有性（独自の教育内容）を示したことにはならないのです。そして、このような問題によって生じたのが、当時のクラブと部活動のボーダーレス化と、それに伴う混乱であり、また、全日中における議論の迷走だったと言えるでしょう。

第5章 運動部活動における道徳教育と管理の強化

第23回

# 管理主義教育と運動部活動

　前回は、1980年代の必修クラブと部活動の状況を解説しましたが、今回は、さらに当時の具体的な実践に立ち入りたいと思います。教育現場では、校内暴力の実態や、部活動における道徳教育という方針を受けて、子どもの心や精神を態度で評価し、規則や体罰で矯正・管理する、管理主義的な運動部活動指導に取り組まれていきます。それは、後に社会的な問題となりますが、今日も部活動における道徳教育が重視されていますから、当時の問題点は私たちにとって無視できない内容です。

## 1──校内暴力の増加と管理主義教育

　1980年代は、校内暴力が社会問題化し、少年非行のピークであったと言われています。その際、多くの学校で取られた対応が、校則や体罰で子どもの態度を矯正・管理する方法でした。内藤朝雄（愛知県・東郷高校）は、当時の様子を以下のように述べています。
　「入学してしばらくは毎日オリエンテーションがつづけられる。オリエンテーションでは、応援の型、校歌、応援歌、東郷賛歌、集団行動の練習、そして、髪の毛や靴下の色やことばづかいなど、もろもろの東郷高校で生活するための"形"を植えつけられる。東郷の教師たちは口癖のように、『ものごとは形からはじまる』と言って、なんでもかんでも同じにしなければ気がすまないらしい」
　また、同校の初代校長は、このような集団行動や規律を重視する理由と

して、「(勉強が、筆者) できない子は集中力がなく、気持ちの切りかえができない」のであり、「集中的に取り組む姿勢」すなわち「態度」が重要であると述べています。そして、「教師が設けた形」や態度から外れたときに行われるのが体罰でした。

　それは、一部の地域にだけ見られたものではありませんでした。NHK世論調査部によれば、①中学で約3割、高校で約4割の生徒が先生に殴られている、②先生を殴りたいと思う中学生は約2割、高校生は約3割、③校内暴力の原因は教師にあると考える生徒が多い(中、高校生ともに半数以上)、④教師が服装のことで厳しく注意する(78％)、髪型のことで厳しく注意する(71％) という状況でした。このように、体罰を伴う教師による管理は日常化しており、取り締まりの対象となった子どもは、教師に対する不信感を一層強めていたのです。

## 2── 管理主義的な運動部活動指導の実際

　このような管理主義教育と、体育や運動部活動は密接に関係していました。体育関係雑誌においても特集が組まれ、校内暴力や子どもの非行と、学校体育の関係が論じられてきました。

　以下では、当時の運動部活動指導の典型例として、岐阜県中津商業高校の事例を取り上げたいと思います。同校は、廊下に賞状やトロフィーが並ぶ、いわゆる部活動が盛んな学校でした。陸上競技部のエースだったAさんは、成績や態度が悪いと、顧問の教師から「ブス」「おまえは使いものにならない」「部をやめよ」と罵られ、竹や棒で殴られることもありました。さらに、同教師は、部員に日誌を書かせ、検査し(きちんと書けていないと殴る)、登下校時には自分の車に乗せるという、徹底した生活管理を行っていました。

　最終的にAさんは、「お父さん、お母さん、私はつかれました。もうこれ以上に逃げ道はありません。なんで他の子は楽しいクラブなのに私はこんなに苦しまなくちゃいけないの…。たたかれるのももうイヤ、泣くのももうイヤ…だからもうこの世にいたくないの」と遺書を残し、この世を去ります。

これは、特殊な事例ではありません。林量俶らの調査[11]（中、高校生対象）では、運動部に所属している生徒の体罰経験率が49.5％（文化部は23.1％）、体罰の目撃が63.7％に及んでいます（1985［昭和60］年度中）。教師に対する調査でも、運動部を担当する教師の53.8％が体罰経験が「ある」と回答しています。この結果が示すように、運動部活動においても体罰を伴う管理は、日常化していたのです。

　問題は、それだけに止まりません。同調査では、運動部の生徒は体罰を受けているのにもかかわらず、「運動能力向上に体罰は有効・必要であり、容認される」と考える傾向にあることが示されています。

　このような状況が続くと、運動部活動で体罰を経験した子どもが、後に体罰の加害者になる可能性もありました。実際に当時、トップレベルの高校運動部を指導していた教師の多くは、封建的な運営が問題にされていた大学運動部の経験者でした（第19、20回）。その経験が、管理主義的な運動部活動指導となって発揮されていたのであり、さらにこうした指導を受けて育った子どもによって、体罰やいじめが再生産される可能性は否定できない状況でした。

## 3──軍国主義教育の「焼き直し」

　歴史的に捉えても、子どもの態度を基準にして精神や心を評価する方法や、時には体罰を伴うような管理や指導は、戦前の軍国主義教育の「焼き直し」と言えるものでした[12]。

　森川貞夫は、東京オリンピックで女子バレーボールチームを金メダルへと導いた、大松博文監督に見られる「根性論」に基づく指導と、かつて日本軍を維持してきたイデオロギーである「軍隊家族主義」の類似性に注目しています[13]。「軍隊家族主義」とは、「公的には上級者の命令は天皇の命令であるとのたて前の強調と、服従する懲罰（愛の鞭と称する私的制裁）」を特徴とするものでしたが、大松監督も「『勝利こそすべて』のために、徹底した備え──それも世間の常識をはるかに越える猛練習を前提にして──とそれを可能にした人間関係をつくりだした」点に特徴がありました。すなわち、両方に通じるのは、理屈抜きに（試合や戦争の）勝利を求め、

それには従順な態度や、何にでも耐え抜く精神力が不可欠であると考え、個の尊重よりもシゴキや体罰に基づく管理を重視していることです。そして、これまで見てきたように、非行防止という建前で実施された、管理主義的な運動部活動指導もまた、それを継承するものだったと言えるでしょう[14]。言うまでもなく、その後ろ盾となったのが、当時の学習指導要領で示された、道徳教育のための部活動という方針でした。

　それだけでなく、当時は対外試合基準が緩和されるとともに（第18回）、中学生の国体参加も認められていました（第21回）。さらに、要録・調査書においても競技成績の記入が可能となり、教師のいきすぎた指導があったとしても、それは進路指導として是認される傾向がありました[15]（第19、20回）。このように、勝利や競技力向上のために子どもたちを管理することが、これまで以上に可能となっていたのです。

## 4──社会問題化

　これらの様々な要因が絡みあって、管理主義的な運動部活動指導は浸透し、社会問題化していきました（表16）。

　1978（昭和53）年に入ってから、既に部活動を理由にした自殺の記事が見られ（①）、その後も必修クラブ（囲碁クラブ）で同様の事件が起こります（⑱）。1981（昭和56）年には、非行防止のために運動部活動が実施されていることが紹介されていますが（⑧）、徐々にその問題や過熱化している状況が、教職員組合の教研（⑰）、読者による悩み相談（⑨、⑩、⑪、⑫、⑭、⑮、㉗、㊳、㊷）、さらに医療の研究会など（㉑、㉜、㊺）で取り上げられるようになります。

　なお、朝日新聞では、その問題を社説で2回扱っています（⑳、㉓）。とりわけ、ペナルティーとして科した練習によって小学生が死亡した事件（㉒）を受けて書かれた社説では、「子どもを学校に閉じ込めて、スポーツでしごいていれば非行に走らないとか、規律に従う良い子になる」という風潮が取り上げられ、「『部活』は何となく『子どものためになること』が頭から信じられてきた」が「本当にそう言えるのか」と問題提起がされています。その後も、同紙では「連載・部活動」（㉖〜㊱）の中で、非行防

表16 非行防止のための部活動・クラブの実態や過熱化に関する記事（1978～88年）

| NO | 見出し | 年月日 | 掲載紙 | 朝・夕刊 |
|---|---|---|---|---|
| ① | 「クラブがきつい」始業式前に高校生自殺　秩父 | 1978.1.9 | 朝日新聞 | 夕刊 |
| ② | X線も見逃す疲労性骨折　高校の運動部員に目立つ | 1978.2.27 | 朝日新聞 | 夕刊 |
| ③ | 再検討を迫られる小学生の対外試合<br>地域単位で激増の一方・群馬 | 1978.4.25 | 朝日新聞・群馬 | 不明 |
| ④ | 大学スポーツ　国内キャンパスの実態　4<br>高校の試合過多響く | 1981.2.21 | 朝日新聞 | 朝刊 |
| ⑤ | 大学スポーツ　国内キャンパスの実態　14<br>武道精神は逆効果 | 1981.3.3 | 朝日新聞 | 朝刊 |
| ⑥ | 高校生とスポーツ<br>運動部員 ほぼ毎日2～3時間練習 県高体連調査 | 1981.3.12 | 信濃毎日新聞 | 不明 |
| ⑦ | 再生なるか　大学スポーツ（座談会） | 1981.3.22 | 朝日新聞 | 朝刊 |
| ⑧ | からだと心　鍛錬シリーズ（4）<br>非行防止　興味を部活動に | 1981.5.30 | 朝日新聞 | 朝刊 |
| ⑨ | ゆとりがほしい部活動 | 1984.7.27 | 朝日新聞 | 朝刊 |
| ⑩ | ひとときレポート　部活動をめぐって | 1984.8.3 | 朝日新聞 | 朝刊 |
| ⑪ | 部活はこれでいいのか | 1984.8.21 | 朝日新聞 | 夕刊 |
| ⑫ | こころ　部活はこれでいいのか<br>読者が回答する人生相談 | 1984.9.18 | 朝日新聞 | 夕刊 |
| ⑬ | 節度あるスポーツ教育望む<br>欠いてはならない知・徳・体のバランス | 1985.6.5 | デーリー東北 | 不明 |
| ⑭ | 時間奪い？　非行防止 | 1985.6.22 | 朝日新聞 | 朝刊 |
| ⑮ | ひとときレポート　部活動をめぐって | 1985.7.26 | 朝日新聞 | 朝刊 |
| ⑯ | 「勝利至上主義を見直し楽しい雰囲気で指導を」<br>研修会開き方向性示す | 1985.11.22 | 南海日日新聞 | 不明 |
| ⑰ | 運動部加入の中学生50人に1人医者通い<br>教研集会報告 | 1986.1.22 | 朝日新聞 | 朝刊 |
| ⑱ | いじめ、また自殺　香川の中二「クラブ仲間」で悩む | 1986.2.5 | 朝日新聞 | 朝刊 |
| ⑲ | 小学生のスポーツ活動で初の指導基準<br>過熱化に歯止め | 1986.4.11 | 産経新聞 | 不明 |
| ⑳ | 学校五日制を前向きに（社説） | 1986.6.22 | 朝日新聞 | 朝刊 |
| ㉑ | バスケットに目立つケガ　女性スポーツ傷害で研究会 | 1986.7.1 | 朝日新聞 | 朝刊 |
| ㉒ | 練習罰で小五男子死ぬ　船橋のソフトクラブ<br>指導教諭が敗戦責め | 1986.8.5 | 朝日新聞 | 朝刊 |

※朝日新聞社（全国・東京・大阪）以外の記事は、同時期の『体協時報』における新聞報道紹介・「北から

| NO | 見出し | 年月日 | 掲載紙 | 朝・夕刊 |
|---|---|---|---|---|
| ㉓ | 「部活」の功罪を考える（社説） | 1986.9.28 | 朝日新聞 | 朝刊 |
| ㉔ | 体育系の部活動　登校拒否生む例も | 1987.2.11 | 朝日新聞 | 朝刊 |
| ㉕ | 高校生の運動部員　6割がけが体験<br>過度な練習に注意を | 1987.5.23 | 神奈川新聞 | 不明 |
| ㉖ | 部活動（11） | 1987.7.21 | 朝日新聞 | 朝刊 |
| ㉗ | 部活動（12） | 1987.7.22 | 朝日新聞 | 朝刊 |
| ㉘ | 部活動（13） | 1987.7.23 | 朝日新聞 | 朝刊 |
| ㉙ | 部活動（14） | 1987.7.24 | 朝日新聞 | 朝刊 |
| ㉚ | 部活動（15） | 1987.7.25 | 朝日新聞 | 朝刊 |
| ㉛ | 部活動（16） | 1987.7.28 | 朝日新聞 | 朝刊 |
| ㉜ | 部活動（17） | 1987.7.29 | 朝日新聞 | 朝刊 |
| ㉝ | 部活動（19） | 1987.7.31 | 朝日新聞 | 朝刊 |
| ㉞ | 部活動（20） | 1987.8.1 | 朝日新聞 | 朝刊 |
| ㉟ | 部活動（23） | 1987.8.6 | 朝日新聞 | 朝刊 |
| ㊱ | 部活動（25） | 1987.8.8 | 朝日新聞 | 朝刊 |
| ㊲ | 厳しすぎる部活動　薬味でよいのでは | 1987.9.12 | 朝日新聞 | 朝刊 |
| ㊳ | エコー　厳しすぎる部活動 | 1987.9.22 | 朝日新聞 | 朝刊 |
| ㊴ | スポーツ少年団に警告　大人が勝利主義に走りすぎ | 1987.10.11 | 読売新聞 | 不明 |
| ㊵ | 勝敗中心で過熱気味　長い拘束時間・多い大会数<br>「目的や中身」再検討 | 1987.11.29 | 朝日新聞 | 不明 |
| ㊶ | 勝敗重視の指導に警鐘　過重練習はケガのもと | 1987.12.9 | 苫小牧民報 | 不明 |
| ㊷ | 部活ってなんだっけ | 1987.12.9 | 朝日新聞 | 朝刊 |
| ㊸ | スポ少"過熱"は親に原因？<br>勝利至上主義が弊害生む | 1988.2.22 | 秋田魁新報 | 不明 |
| ㊹ | 勝利至上主義よりもっと"楽しみ"を<br>2割を超す小学生　負傷しながら参加 | 1988.4.8 | 朝日新聞 | 不明 |
| ㊺ | スポーツ傷害は心にも弊害<br>整形外科の会議で報告 | 1988.7.16 | 朝日新聞 | 朝刊 |
| ㊻ | 運動部活動の手引き書作成へ<br>見過ごせぬ"練習過剰"やスポーツ傷害 | 1988.9.2 | 東奥日報 | 不明 |

南から」を参照しました。

止に向けた指導や過熱化の実態が指摘されており、同様の傾向は他紙にも見られます。

　また、大学関係者や競技団体から、高校までの練習・試合過多や勝利至上主義が、選手養成の弊害になっていることも指摘されていました（④、⑤、⑦）。しかし、先ほど述べたように、運動部活動を取り巻く環境は、既に競技力向上や教師による管理・統制が行いやすいように整備されており、容易には解決できない状況に陥っていました。実際に、当時、国体を控えていた自治体では、「中学生の選手強化の波は全国に広がる傾向」であることを受けて、中・高一貫で選手強化に乗り出すことを決めています[16]。管理主義的な運動部活動指導や勝利至上主義の問題が発生していても、それを取り巻く対外試合体制が、解決を阻んでいたのです。

＊

　これまで見てきたように、道徳教育の場として運動部活動を位置づける方針は、管理主義的な指導を生み出し、過熱化の要因となっていました。前回触れた、部活動の必修化という実態や、それを求める意向の背景には、このような教育現場における指導があったのです。今日においては、当時よりも運動部活動を取り巻く環境が競技力向上に向けて整備されており、そのなかで道徳教育の一環として指導することが求められています。すなわち、問題がさらに深刻化しかねない状況であり、道徳教育に代わる新たな教育論や、それを実現するための環境・制度が、喫緊の課題となっているのです。

# 第24回

# 臨時教育審議会における議論と部活動の方針

　前回は、1977〜78（昭和52〜53）年以降における、管理主義的な運動部活動指導の実態について解説しました。同時期には、次期学習指導要領の改訂に向けて、臨教審と教課審で議論が進められていきます。これまでは、中教審が教育の基本的な方針を示す役割を担ってきましたが、1984（昭和59）年に、当時首相であった中曽根康弘によって臨教審が発足され、教課審の議論に影響を及ぼすようになるのです。

　今回は、この2つの審議会に注目し、政治的な要請が、教育政策や部活動の方針に組み込まれていく過程を検討していきます。当時の経緯は、今日の部活動も政治とは無関係ではあり得ないことを、私たちに気づかせてくれるでしょう。

## 1──中曽根の思想と臨教審・第1次答申

　中曽根は、教育改革に並々ならぬ熱意をもっていました。1983（昭和58）年の所信表明演説でも、「我が国の将来を左右する課題として教育の改革がある」「時代を超え、社会体制を超えて、万人が守るべき変わらぬ価値がある」「人間としての徳目を備えてこそ、住みよい質の高い民主主義国家が形成され、国際的な尊敬もかち得る国となると確信する」と述べ、とりわけ道徳教育には熱心でした。実際にそれは、首相直属の臨教審を発足させることで実を結んでいきます。

臨教審は4回の答申を出していますが、以下ではまず、第1次答申（1985［昭和60］年6月26日）[18]の内容を確認しておきましょう。ここでは、今後の教育改革を推進するための基本的な考え方として、①個性重視の原則、②基礎・基本の重視、③創造性・考える力・表現力の育成、④選択の機会の拡大、⑤教育環境の人間化、⑥生涯学習体系への移行、⑦国際化への対応、⑧情報化への対応、という8項目が示されました。これらの中には、道徳教育に関わる表現が見られません。しかし「教育の現状」という章では、校内暴力や青少年の非行の問題が取り上げられ、その要因の一つとして「教師の意識、指導体制、指導力などの諸要因により学校における徳育が十分な成果を挙げていない」と述べられています。そして、この審議会の役割の一つが、「自由と個性の尊重、しつけと自己規律、他者への思いやり、豊かな情操、個と集団の調和、自然や超越的存在を畏敬する心など時代の変化を超えて人間にとって不易なものの重要性を改めて指摘すること」にあると述べられます。

　実際に、②「基礎・基本の重視」の中でも、徳育、知育、体育の徹底が提案されます。知育や体育に先んじて徳育が挙げられているように、ここでも道徳教育が重視されているのです。また、⑦「国際化への対応」でも、「国を愛する心を育てる教育」が含まれています。このようにして、彼の道徳教育を重視する姿勢は、臨教審の方針に結びついていくのです。

## 2──第2次答申以降の方針

　1986（昭和61）年4月23日には、第2次答申が出されます[19]。ここでも、教育荒廃の要因の一つには「心の貧困」があるとされ、具体的には自己抑制力、責任感、忍耐力などの衰退が挙げられています。そもそも当時の学習指導要領で重視されていた、子どもの心まで管理するような道徳教育の方針によって、臨教審が述べる「過度な外面的規制など形式主義的・些末主義的な『管理教育』」の問題が発生していたのですが、そのことは批判的に検討されずに、さらに同様の道徳教育を推進しようとしているのです。実際に、同答申の「第三章　初等中等教育の改革」の「第一節　徳育の充実」では、「道徳的実践力を育成するため、（特設『道徳』と、筆者）特別

活動等における道徳指導との関連を強化する」と記されています。

　その後、1987（昭和62）年4月1日には第3次答申が出され、「スポーツと教育」の方針も示されます。ここでは、スポーツのもつ教育的意義や、生涯スポーツの重要性が指摘されますが、「受験競争が青少年をスポーツ活動から遠ざけていること、豊かさのなかで鍛錬が軽視されていることなど、将来的には国民の体力の低下、ひいては我が国社会の活力の停滞が懸念される」と述べられ、スポーツにおける鍛錬に期待が寄せられています。中曽根は、演説会や街頭演説で、「いまの子どもは根性が足りない。これから力を入れなければならないのは道徳教育だ」と述べていましたから、そのような意向が反映されたとも言えるでしょう。

　さらに、部活動について「個性の伸長、集団の中での役割分担、協力、共通の目標へ向かっての努力、校内・校外における交流の促進の面で積極的な意義を有するので、今後さらに人的・物的両面での整備を進め、適切な指導がなされるように努める必要がある」と指摘される一方で、対外試合基準を緩和する方針が示されています（第21回）。

　しかし、運動部活動の過熱化の背景には対外試合基準の緩和、そして、道徳教育と関連づけて実施された、過度に根性を重視する鍛錬がありました。ここでもそれらの教育制度的な問題が見過ごされ、「指導者の資質の問題」とされたのです。その後、1987（昭和62）年8月7日に第4次答申が出され、これまでの議論が集約されていきます。

## 3──各団体の主張

　このような臨教審の議論に対して、子どもの教育に関わる団体は、どのように対応したのでしょうか。

　まず、部活動で発生している問題が指摘されています（表17①〜⑤、⑩）。具体的には、対外試合の問題、指導者や補償制度の不備、部活動の強制及び休日の指導などが挙げられています。そして、部活動のあり方を社会教育との関係をふまえて見直す（④〜⑦）、現状のクラブ、部活動に地域や民間の人材を活用する（⑧〜⑪）、地域でスポーツを振興する（⑫、⑬）といった主張が見られます。

表17　臨教審に対する各団体の特別活動及び部活動に関する主張

| NO | 団体名 | 主張の内容 | 出典 |
|---|---|---|---|
| ① | 全国高等学校体育連盟 | 高校生の参加する強化合宿、競技会の開催については、学業との両立、安全確保等からみて、合理的、良識的な配慮が特に必要である。<br>学校管理外を含め、スポーツ活動に対する補償制度を充分に配慮する。<br>体育・スポーツをめぐる諸問題の解決には、関係諸機関の連携、連絡が不可欠である。そういった審議機関の設置が必要であり早急に望むものである。 | (Ⅰ)89-90頁 |
| ② | 女性民間教育審議会 | 中学・高校の部活や試合を日曜日に実施しないこと。<br>中学・高校の部活を強制しないこと。 | (Ⅴ)543頁 |
| ③ | 全国高等学校長協会 | 学校におけるスポーツ活動に伴う傷害等による損失に対しては、十分な補塡ができるような制度を早急に具体化する方策を講ぜられたい。 | (Ⅴ)479頁 |
| ④ | 全日本教職員連盟 | (部活動のあり方)国の施策として、社会教育としてとらえねばならないものと、学校教育として残すべきものとの区別についての施策を期待したい。<br>最近、小中学生を対象にしたスポーツクラブの対外試合が盛んとなり、教師の負担が過重となっているなど臨教審の提案する望ましい学校運営のあり方と現実の間にあまりにも隔たりのあることを訴えたい。われわれは、よりよき学校運営のために次の視点について改善のための活動を推進する。…略…(4)運動クラブ指導上の問題についての意識化。 | (Ⅳ)87頁<br>(Ⅴ)531頁 |
| ⑤ | 全国普通科高等学校長会 | 高等学校教育における部活動の重要性にかんがみ、今後の課題として社会教育との関連に留意しながら、一項を起こす必要がある。<br>各学校においては、必ずしも指導者の人員が確保されているとはいえない。また、スポーツ事故に対しては、学校側に過度な責任を問われることがあり、指導にあたる教員を消極的にさせている傾向も見られる。これらの問題について十分な配慮を特に希望する。<br>社会体育や生涯スポーツの基礎は学校体育・部活動にあると考える。一方現在の部活動は休業日や休日に行われることが極めて多く、しかも引率や指導にあたっている教員に対する措置が必ずしも適切に講じられていない。これらの実態をふまえ、学校教育における部活動をどう評価し、将来どのように位置づけるかについて、そのあるべき姿をより具体的に示されたい。 | (Ⅲ)184-185頁<br>(Ⅴ)480頁 |
| ⑥ | 日本教育会 | 競技スポーツの振興は、学校教育・社会教育の在り方との関連で、総合的に配慮すべきである。 | (Ⅲ)194頁 |

| NO | 団体名 | 主張の内容 | 出典 |
|---|---|---|---|
| ⑦ | 日本高等学校教職員組合（右派） | 学校教育の担当すべき領域とその責任の範囲を明確にし、思いきって業務の精選をはかる必要がある。…略…生徒一人ひとりにきめ細かく対処していくためには、…略…部活動のあり方の見直しなどにより、生徒とのきめ細かいふれあいをつくりだすべく、全教職員が一体となって取り組むことが大切である。 | (Ⅰ)83頁 |
| ⑧ | 全日本中学校長会 | クラブ活動等の指導者に民間活力の導入。<br>（「スポーツと教育」の審議に関して）審議の方向に賛成である。<br>必修のクラブ活動については、実施上問題が多いので、必修の可否を検討する必要がある。 | (Ⅰ)79頁<br>(Ⅱ)184頁<br>(Ⅴ)470頁 |
| ⑨ | 全国中学校体育連盟 | 全国中学校選抜競技大会の一そうの充実を図る。<br>長期休業中における林間・臨海学園及び運動クラブの合宿などができる施設・用具を整備し、その指導者の充実を図る。<br>学校におけるクラブ活動の指導者に民間人を導入し、活性化を図る。<br>中学校の全教員がクラブ活動の指導技術を体得できるよう、大学の教員養成課程を全面的に検討する。 | (Ⅰ)89頁 |
| ⑩ | 日本PTA全国協議会 | クラブ活動や部活動の一層の活性化を図るため、社会人を積極的に活用する方策を検討されたい。なお、事故等に際しての責任を明確にするとともに補償制度の確立を図られたい。社会人を円滑に起用するため、期限付特別免許状の交付を検討されたい。 | (Ⅱ)164頁 |
| ⑪ | 日本青年団協議会 | 特別活動への青年及び地域住民登用。 | (Ⅰ)104頁 |
| ⑫ | 日本体育協会 | （国際競技力の向上について）今後、21世紀に向かって世界を檜舞台としての活躍を担うわが国青少年により多くの機会を与える必要を痛感する。よって、これらの機会を得た生徒に対する学校教育としての弾力的配慮を要望したい。<br>スポーツ少年団の活性化、競技力向上のための中・高校の年齢層における一貫継続的な活動が可能となるような配慮も併せ要望したい。 | (Ⅰ)89頁 |
| ⑬ | ガール・スカウト日本連盟 | 学校における部活動の地域社会への還元。 | (Ⅰ)115頁 |

※出典の番号は(Ⅰ)『臨教審だより』（臨増2・3［1985年］)、(Ⅱ)同（臨増5［1986年］)、(Ⅲ)同（臨増7［1987年］)、(Ⅳ)同（臨増8［1987年］)、(Ⅴ)教育政策研究会編著『臨教審総覧　下巻』（第一法規、1987年）を示しています。

しかし、どの団体も「部活動のあるべき姿」を提案している訳ではありませんでした。具体案を示さずに、「施策を期待したい」「あるべき姿を示されたい」(④、⑤) と述べ、目先の問題の陳情に終始しているのですから、臨教審に議論を「丸投げ」しているのと同じです。

　このような状況であったため、臨教審で示された方針は修正されることなく、教課審にも影響を及ぼしていくことになります。

## 4ーー教課審の議論

　臨教審と同時期には、教課審も発足されていました。諮問の際、松永光文部大臣は、臨教審答申の方針をふまえること、そして、躾などの基本的生活習慣の形成や豊かな道徳性を培う教育のあり方を、検討課題の一つとして挙げていました。[22]

　実際に、1986(昭和61)年10月20日に「中間まとめ」が出されますが[23]、「教育課程の基準の改善のねらい」の一番目に挙げられていたのは「豊かな心をもち、たくましく生きる人間の育成を図ること」であり、その他のねらいも臨教審と歩調を合わせた内容になっていました。そして、そのねらいを達成するために道徳教育が重視され、「道徳、各教科及び特別活動相互の関連的な指導によってその徹底を図る」と記されます。特別活動においても、「道徳的実践の指導が一層充実するよう内容を改善する」とされ、中学校の学級指導や高校のホームルームでは、「人間としての生き方に関する指導の充実を図る」と述べられています。

　さらに、「クラブ活動については、生徒の興味・関心等に応じて自発的、自主的な活動が一層活発に行われるようにすることや実施の状況にも配慮しつつ、『部活動』との関連の図り方などを含めてその在り方について検討する」と述べられました。

　翌年の12月24日には最終答申が出されます[24]。そこでも「中間まとめ」で示された道徳教育を重視する方針が継承されますが、中、高校の必修クラブと部活動に関しては、「いわゆる部活動をもってクラブ活動に代替することを認めるなど、弾力的に運用できるようにする」と述べられます。さらに、「クラブ活動については、特別活動の標準授業時数として示す時

間及びそれ以外の時間を含めて、学校において計画的に適切な授業時数を配当する」（中学校）とされ、課外の部活動の時間に必修クラブを実施できるような条件整備も進められました。

　しかし、既に改訂前の学習指導要領においても、必修クラブと部活動の区別がついておらず（第17回）、部活動の必修化に見られる様々な問題が発生していました（第22回）。答申で示された「代替措置」は、そのようなボーダーレス化を「公認」するものであり、問題がさらに深刻化する恐れがありました。加えて、道徳教育が重視された特別活動内の必修クラブと部活動との間で「代替措置」を認め、両活動の関係が強化されたことによって、これまで以上に部活動における道徳教育が推進されることになります。このようにして、管理主義的な部活動指導の背景にあった道徳教育という方針は、修正されるどころか、さらに強化されることになり、学習指導要領の改訂につながっていくのです。

＊

　これまで見てきたように、当時の首相であった中曽根の道徳教育を重視する姿勢は、政治主導の下で発足した臨教審の議論を経て教育政策へと結実し、部活動の方針にも影響を及ぼしました。議論の過程で、「部活動のあるべき姿」を主張する教育関係の団体はなく、管理主義的な指導の背景にあった、道徳教育の場として部活動を位置づける方針も、結果的には強化されることになりました。

　今日においても、「政治主導」という言葉がよく聞かれます。確かに、教育政策の制定には政治の力が必要です。しかし、国民や関係団体のチェック機能が働かない状態の「政治主導」では、当時のようにミスリードが発生します。今後、運動部活動に関わる団体や私たちがチェック機能を担うには、「運動部活動のあるべき姿」をもつ必要があります。そして、その「姿」は、これまでの問題を繰り返すものであってはならず、運動部活動の歴史をふまえて構想する必要があるでしょう。当時の臨教審、教課審、そしてそれらに関わった各団体に欠けていたのも、そのような歴史の共有だったのではないでしょうか。

# 第25回

# 「代替措置」による部活動の義務化と道徳教育

　前回は、中曽根康弘首相が発足させた臨教審の答申が、部活動に影響を及ぼす過程を検討しました。

　今回は、そのような臨教審答申を受けて改訂された、1989（平成元）年の学習指導要領の内実と、その後の変化に注目していきます。改訂された学習指導要領では、特別活動における道徳教育が一層重視されるとともに、部活動への参加によって必修クラブの履修と見なす、「代替措置」が認められます。この方針を受けて、部活動を必修にし、道徳教育を推進する学校が出てきます。しかし、学校・教師による管理を強めて、道徳教育を推進する発想は、改訂前の管理主義的な部活動の指導と同様であり、問題がさらに深刻化する恐れがありました。

　当時の経緯は、今日の運動部活動とも関係しています。2012（平成24）年12月に、運動部活動における体罰を理由にして、大阪の高校生が自殺をしました。体罰をした教師は、心や精神の教育という建前で、体罰を繰り返していたと報道されています。このような事件は過去にも見られますが（第23回）、問題が継承されてきた背景には、当時の学習指導要領の方針と、それを基盤にした指導があったのです。

## 1── 道徳教育と「代替措置」

　最初に、改訂された学習指導要領の方針を確認しておきます。まず、特

別活動の目標に、「人間としての生き方」や「在り方」に関する「自覚」という道徳的な価値観が加わります（中学校121頁／高校217頁）。さらに、改訂前は、部活動が特別活動（必修クラブ）の関連領域として位置づけられていましたが（第17回）、改訂後は「代替措置」が認められ（中学校123-124頁／高校219頁）、両活動の関係はさらに密接になります。その結果、部活動でも「人間としての生き方、在り方の自覚」という道徳教育が推進されることになるのです。

　さらに、時間割の中に、必修クラブをどの程度位置づけるのかを示す、授業時数も記載されます。それは、学級活動（中学校）・ホームルーム活動（高校）との合計で示されました。しかし、そこでは「学級活動の授業時数のみに充てることができる」（中学校）、「（必修クラブは、筆者）学校において計画的に授業時数を配当する」（高校）と付け加えられていました。つまり、必修クラブを時間割から外し、学級活動・ホームルーム活動だけに授業時数を割り当てることができたのです。

　そして、その埋め合わせをする役割を担ったのが、課外の部活動との「代替措置」でした。同時期に刊行された『中学校指導書　特別活動編』（72-73頁）や、『高等学校学習指導要領解説　特別活動編』（97頁）では、その際の条件として、以下のような部活動の方針が示されていました。

①学校の教育計画に基づいて教師の適切な指導の下に計画的に実施される。
②必修クラブと同様のあるいはそれに準じた目標及び活動内容を有する。
③あらかじめ学校で定める活動の時間内に行われる。
④原則として学年、学級・ホームルームの所属を離れ、共通の興味や関心をもつ生徒によって組織されている。
⑤自発的、自治的な活動を助長するための配慮が生かされている。
⑥特別活動の目標に示されている望ましい集団活動が行われている。
⑦生徒の健康や安全面についての配慮が十分に行われている。
⑧指導の過程や成果及び生徒個々について適切な評価が計画的に行われている。
⑨学校の特別活動の全体計画に示されている目標や方針、重点等の達成を図ることができる。

　とりわけ注目されるのは、⑤にある自発的、自治的な活動への配慮です。

全生徒に対して一律に「代替措置」を用いると、既存の部活動に参加したくない子どもも、出席が義務化されるからです。そうならないために、「代替措置」を行う学校は、部活動の位置づけや教育計画を、全面的に見直すことが不可欠でした。

## 2――「代替措置」後の変化

　では、必修クラブや部活動の実施方法は、どのように変化したのでしょうか。以下では文部省初等中等教育局が行った調査結果に注目していきます（表18）。

　まず、必修クラブを時間割に位置づける必要がなくなったこともあり、①活動に充てる時数が減少しています。週に1回実施すれば35単位時間となりますが、それを上回る小、中学校は約半数に過ぎず、高校に至っては約4分の1に減っているのです。

　次に、「代替措置」の実施状況ですが、②中学校で全体の約8割が時間割の外、及び内外にまたがって必修クラブを位置づけており、その中で「代替措置」を用いているのは8割を超えています。そして、高校でも約45％が「代替措置」を用いています。参考までに、改訂前における部活動の必修化の状況も記載しましたが、改訂後も同じくらいの学校が「代替措置」を用いていたと言えるでしょう。しかし、改訂前は、あくまで「学校の方針で部活動を必修にしていた」にすぎませんでした。それが、改訂後は「代替措置」として「公的に」認められたのであり、同じ必修であっても、学校による管理は強くなったと言えます。

　実際に、「代替措置」を利用するにあたって、③全面的に部活動の実施方法を見直す学校は少なく、高校に至っては、見直していない学校が半数を超えています。先にも述べたように、全体計画を見直し、子どもの自発的、自治的な活動への配慮がなされなければ、部活動への参加が義務化します。ところが、一律的、機械的に「代替措置」を進めていた学校も多かったのであり、そこに残されていたのは、学校・教師の管理だけでした。

表18　必修クラブと部活動の実施状況の変化（1984年度と1994年度の比較）

| NO | 調査項目 | 小学校 | 中学校 | 高校 | 頁 |
|---|---|---|---|---|---|
| ① | 必修クラブの実施状況 | 〈1984年度〉<br>35単位時間未満　23.6%<br>35単位時間以上　76.4%<br>〈1994年度〉<br>34.5単位時間未満　48.8%<br>34.5単位時間以上　51.2% | 〈1984年度〉<br>35単位時間未満　15.6%<br>35単位時間以上　84.4%<br>〈1994年度〉<br>34.5単位時間未満　48.2%<br>34.5単位時間以上　51.8% | 〈1984年度〉<br>35単位時間未満　34.4%<br>35単位時間以上　65.6%<br>〈1994年度〉<br>34.5単位時間未満　74.5%<br>34.5単位時間以上　25.5% | 54頁<br><br>157-158頁 |
| ② | 部活動の必修化（1984年度）と代替措置（1994年度） | 〈1984年度〉<br>部活動を実施した学校45.2%のうち、原則として全員参加にした学校は11.8%、特定の学年のみ全員参加にした学校は44.2%。 | 〈1984年度〉<br>部活動を実施した学校99.5%のうち、原則として全員参加にした学校は61.9%、特定の学年のみ全員参加にした学校は0.7%。<br>〈1994年度〉<br>必修クラブを標準年間総授業時数の枠外、または、枠内外にまたがって位置づけた学校83.0%のうち、16.8%の学校が「ゆとりの時間」及び「部活動」で一部代替、66.6%の学校が全面的に代替。 | 〈1984年度〉<br>部活動を実施した学校99.8%のうち、原則として全員参加にした学校は32.0%、特定の学年のみ全員参加にした学校は10.1%。<br>〈1994年度〉<br>一部代替　15.4%<br>全部代替　30.9% | 55-56頁<br><br>161-162頁 |
| ③ | 代替措置にあたり、部活動の実施方法を見直したか | ― | 〈1994年度〉<br>全面的に見直した　10.6%<br>一部見直した　66.2%<br>見直していない　23.2% | 〈1994年度〉<br>全面的に見直した　3.2%<br>一部見直した　44.0%<br>見直していない　52.8% | 56頁 |

※文部省初等中等教育局「特別活動実施状況調査報告書」（『初等教育資料』9月号臨時増刊、1997年）をもとに作成しました。なお、1984年度の調査対象は公立小・中・高校（全日制）の全校であり、1994年度はそれに国立、私立、定時制が加わっています。

## 3——2000mの恐怖

　このような状況下、部活動にはどのような指導が期待されていたのでしょうか。

　結論を先に述べれば、時間割に位置づけられた「道徳」と関連づけた指導が期待されていました。学習指導要領の作成協力者を中心に執筆された文献[26]では、「道徳」の授業で心の指導をし、教科や特別活動では「かたち」の指導（道徳実践の指導）をする必要があると述べられています。その前提には、「行動が正されることによって心が正される面があると同時に、心を正していくことによってそれが形に現れる」という考えがありました。その発想は、戦前の軍国主義教育（第4回）や、80年代の管理主義教育（第23回）と相違が見られません。

　以下では、さらに詳しく見ていきましょう。文部省内教育課程研究会監修の文献[27]には、「2000mの恐怖」という道徳教材の実践例が紹介されています。そのストーリーは、一人っ子で、本当は気が弱く、わがままで、見栄坊な昇[28]を中心に展開されています。

　彼は、陸上部員でした。秋の運動会における400m走でも、足の遅い4人を引き離してゴールします。そのような彼の力を認めた担任の体育教師は、郡大会の「2000mに出ろ」と「命令口調」で言います。昇は、「自信がありません」と言いますが、体育教師は「だから出場しろというんだ」「ひとつ、はだかになってぶつかってみろ」と「強引」に「押しつけ」ます。逆らっても無駄と判断した昇は、しぶしぶ了解しますが不安で一杯です。「なぜ命令的に押しつけるのだろう」「先生は意地悪だ」と憎みますが、「なにかその底に意味がある」とも考えられ、心からは憎みきれません。彼は、「命令された」日から不機嫌な日々を送り、両親にも当たり散らします。

　そして、大会当日。彼は、ひざがガクガクするくらい緊張し、不安は恐怖に変わっていました。ピストルが鳴り、無我夢中で走ります。1周が過ぎる頃には、ビリになってしまいました。あと4周も走らなければなりません。3周目に入るとき、スタンドから「意気地なしめ！」と大きな声が響きました。大会出場を命令した体育教師です。「昇はその声を聞くと、むちで、びしっとたたかれたような気」がしました。「ひどい侮辱」とも

感じましたが、「すると、どうしたものか、そのことばに反発するように、心の底から、くそっという気持ちがわいてきた」のです。「孤独と絶望の中からの声」であり、「ビリになって、初めて聞いた自分の声」でした。「よし。最後まで走ってやる。ビリなら、これ以上、負けることはない」。最終的に、ビリから３番でゴールしました。絶望の中から２人を抜いたのです。「よくやった」。体育教師は、顔をくしゃくしゃにして肩を叩きます。戦いを終えた昇は、体育教師の意地悪の意味がわかりかけたのでした。

　この教材の目標は、「他に学ぶ謙虚な心」と「自主自律」です。同文献には、「人それぞれの立場や考えを尊重し、素直に人の意見や考えを受け入れるとともに、謙虚に自己を振り返り、自己の向上に努めようとする心を育てることが大切である」と書かれています。つまり、体育教師から「命令口調」で指示されたり、試合の途中で「意気地なしめ！」と罵られても、それには意味があるはずだから、謙虚に反省し、自己の向上に努めよというのです。そして、道徳実践の場である部活動では、それを「かたち」にすることが求められるのですから、教師による同様の指導は是認されていきます。さらに運動部活動は、学習指導要領の「総則」で示された、「体力の向上」や「健康の保持増進」に向けて指導することも求められていました。これらが「体力づくり」と読み替えられ、シゴキまがいのハードトレーニングの指示がなされたとしても、子どもは謙虚に反省し、受け入れることしかできません。このような環境は、改訂前に問題になっていた管理主義的な運動部活動と、同質のものだったと言えるでしょう。

＊

　私たちは、子どもに道徳心をもってほしいと願っています。しかし、目には見えない心を、教師が直接的に指導・管理する前提に立つと、子どもの心を態度で判断し、それを矯正するような指導に陥ります。このような指導は、戦前から運動部活動を過熱化させてきた要因であり、当時において、そして今日においても、その発想から抜け出すことができていません。

　私たちは、授業で教えるように、道徳心を子どもに伝達・指導することはできないのであり、子どもの主体的な行動や集団活動が伴って、少しずつ形成されると捉える必要があるのではないでしょうか。

## 注／引用・参考文献

1. 文部省体育局体育課「運動部活動状況調査結果の概要」(『健康と体力』第20巻4号、94-95頁)。
2. 「特に活動が盛んな運動部」のうち、過去3年間で全国大会に出場したのは男子の部64%、女子の部72%です(38、43頁)。
3. 前掲1。
4. なお、本書の基盤となった連載原稿(『体育科教育』第61巻1号[2013年1月号])では、表中に調査名や答申名が掲載されていましたが、本書ではスペースの都合で割愛しました。詳細については、連載原稿をご確認ください。
5. 総理府青少年対策本部『青少年白書(昭和57年版)』(1983年、203-205頁)、『学校体育』(第36巻12号、62頁)。
6. 内藤朝雄『〈いじめ学〉の時代』(柏書房、2007年、82頁)。
7. 宇治芳雄『禁断の教育』(汐文社、1981年、53-54頁)。
8. NHK世論調査部『中学生・高校生の意識　受験・校内暴力・親子関係』(日本放送出版協会、1984年、13-21頁)。
9. ①『体育科教育』・「子どもの問題行動と体育・スポーツ」(第28巻2号)、「体育科における生徒指導」(第31巻3号)。②『学校体育』・「非行防止と体育・スポーツ」(第34巻9号)、「教科外体育と児童・生徒の健全育成」(第36巻9号)、「スポーツはどこまで非行防止に役立たせうるか」(第36巻12号〜第37巻2号)。なお、当時の雑誌論文における実践の傾向や特徴は、③拙稿「戦後における運動部活動の存在意義をめぐる論議過程の分析〜教育制度の変化と運動部活動をめぐる問題状況との関連に注目して〜」(筑波大学修士[中間評価]論文、2003年、未刊行)で検討しています。
10. この事例は、①NHK取材班ほか『NHKおはようジャーナル　体罰』(日本放送出版協会、1986年、33-46頁)、②坂本秀夫『体罰の研究』(三一書房、1995年、205-223頁)を参考にしています。
11. 林量俶ほか「学校体罰の実態・意識と背景」(牧柾名ほか編『懲戒・体罰の法制と実態』学陽書房、1992年、358、430、459、464-465頁)。
12. 第4回、城丸章夫の指摘を参照。同様の指摘は前掲7、70頁、有賀幹人『教育の犯罪―愛知の管理教育―』(国土社、1983年、184-185、196頁)、牧野共明「スポーツにおける根性主義」(伊藤高弘ほか編『スポーツの自由と現代　上巻』青木書店、1986年、55-68頁)、前掲10①、114-115頁、②、161頁に見られます。
13. 森川貞夫『スポーツ社会学』(青木書店、1980年、48-49頁)。
14. なお、戦前の軍国主義との類似性・親和性・連続性については検討されていませんが、「根性」という概念の歴史的な変遷に関しては、岡部祐介ほか「1960年代における『根性』の変容に関する一考察：東京オリンピックが果たした役割に着目して」(『体育学研究』第57巻1号、129-142頁)があります。この他にも、管理主義的な運動部活動指導を扱った論稿に、中澤篤史「学校運動部活動の戦後史(下)―議論の変遷およ

び実態・政策・議論の関係─」(『一橋社会科学』第3巻、47-73頁)があります。しかし、そこでも管理主義的な運動部活動指導と、1960年代における選手中心の運動部活動指導との類似性・親和性・連続性は検討されていません。私も拙稿(前掲9③、131-140頁)において両指導の関係を分析していますが、そこでは後述する当時の教育制度との関連性や、戦前の軍国主義教育との類似性・親和性・連続性が十分に分析されていませんでした。

15　前掲10①、43頁。
16　日本海新聞、1988年6月28日(『体協時報』第420号、63-64頁)。
17　朝日新聞夕刊、1983年9月10日。
18　教育政策研究会編著『臨教審総覧　上巻』(第一法規、1987年、63-64、67-72頁)。
19　同上、101、103、136頁。
20　同上、270、272、275、278頁。
21　朝日新聞朝刊、1986年7月1日。
22　「教育課程審議会に対する諮問について」(『教育委員会月報』第422号、34-37頁)。
23　「教育課程の基準の改善に関する基本方向について(中間まとめ)」(『現代教育科学』第361号、118-119、126-127、138頁)。
24　「幼稚園、小学校、中学校及び高等学校の教育課程の基準の改善について(答申)」(『教育』第492号、129、156頁)。
25　なお、この事件に対する私見は、朝日新聞朝刊、2013年1月22日(「連載　スポーツと体罰6」)に掲載されています。
26　石川佾男ほか編著『新訂　中学校学習指導要領の解説と展開　道徳編』(教育出版、1989年、99頁)。
27　文部省内教育課程研究会監修『中学校新教育課程の解説(道徳)』(第一法規、1989年、140-144頁)。
28　文部省『中学校　道徳の指導資料とその利用　2』(1977年、18-27頁)。
29　文部省『小学校指導書　体育編』(1989年、85頁)、『中学校学習指導要領』(1989年、84頁)、『高等学校学習指導要領』(1989年、93頁)。
30　柴田義松編著『ポイント教育学　教育原理』(学文社、1986年、5頁)。

運動部活動の教育学入門
歴史とのダイアローグ

# 第6章

# 運動部活動における個性・主体性と「ゆとり」のギャップ

　第6章では、1990〜2000年代の運動部活動に注目します。この時代には、運動部活動に関わる個性・主体性と「ゆとり」の尊重が主張されます。しかし、これらの言葉には整合性が見られず、例えば、これまでにも見られた競技成績の評価が、子どもの個性の評価として捉え直される一方で、そのような競技成績の評価を背景にした過熱化が、運動部活動から「ゆとり」を奪っていると批判されます。そして教職員組合も、このような矛盾を指摘する勢力にはなりませんでした。これらの言葉が美辞麗句になり、混乱を招いた背景には何があったのでしょうか。

## 第26回

# 公立高校普通科における推薦入試の導入と運動部活動

　今回は、公立高校の普通科において、推薦入試が導入された経緯と、そこで運動部活動が担った意味について検討していきます。推薦入試に伴って、運動部活動が進学の手段となり過熱化する傾向は、既に大学受験をめぐって高校で発生していました（第19、20回）。しかし、後に推薦入試は、私立高校や公立高校の職業科へと広がり、やがて普通科へと拡大していきます。それに伴い、高校と同様に、中学校の運動部活動も進学の手段となり、過熱化していくのです。

　現在も推薦入試は行われていますが、この制度に問題はないのでしょうか。今回も、歴史を紐解きながら考えていきましょう。

## 1──高校入試制度の歴史

　最初に、80年代までの高校入試制度の歴史を概観しておきましょう。蔵原清人は、その歩みを、①選抜を行う場合も中学校側の報告書によることを原則とする時期（1948〜56［昭和23〜31］年）、②高校の選抜権を明確にした時期（1956〜63［昭和31〜38］年）、③選抜試験を必ず実施する時期（1963〜84［昭和38〜59］年）、④学校・学科ごとの入学試験を許し入試の多様化を進めた時期（1984［昭和59］年以降）という視点から分析しています。

　それによれば、まず①の時期では、「中学卒業者は高校の教育を受ける

資格があり、できる限り受け入れるべき」と考えられ、入試・選抜は入学定員が超過した場合に限定されていました。つまり、定員を超えていなければ無試験で入学させるということです。また、もし入試・選抜を行う状況になったとしても、高校側が試験をするのではなく、中学校で実施される「学力検査の結果」（アチーブメント・テストの結果）が含まれた、「報告書」に基づくことになっていました。高校による入試・選抜によって、中学校教育を歪めないことが留意されていたのです。

しかし、②の時期に、学校教育法施行規則（以下から施行規則）が改定され、入学志願者が募集人員を超過した際に、高校が「選抜のための学力検査」を行うことが明記されます。つまり、「高校側の"必要＝希望"に沿って選抜し教育を行う」という考え方に、方針転換が図られたのです。

このような傾向は、③の時期に強まり、1963（昭和38）年には、入学試験を「特別の事情のあるときは、行わないことができる」という方針が示されました。後にそれは、推薦入試の根拠ともなりますが、その一方で、特別な事情がない場合は、入学志願者が超過すると否とにかかわらず入学試験は必ず行うことを意味していました。そして、1966（昭和41）年には、各都道府県において入試のあり方を適切に定める方針が示され、入試改革が進められていきます。

さらに、④の時期には、各高校に権限が委譲されていきます。これまでの試験は、同時期に、同一問題で一斉に実施されていましたが、1984（昭和59）年の施行規則改定において、その条文が抹消され、新たに「各高等学校、学科等の特色に配慮しつつ、その教育を受けるに足る能力・適性等を判定して行う」方針が示されました。これを受けて、各学校の判断で入試が行われるようになり、公立高校の普通科においても、推薦入試が実施され始めます。

ちなみに、臨教審（第24回）でも、高校の入試制度について議論されていましたが、これまでの方針の見直しを求める教育関係団体（日本私立中学高等学校連合会、日教組、日本教育学会、全国教育管理職員団体協議会）がある一方で、賛同や推進する意思を示す団体（全日中、全国普通科高等学校長会、全国高等学校長協会、日本連合教育会、経済同友会）もありました。そして、最終的に第3次答申（1987［昭和62］年）では、「各

学校の個性化・特色化やそれらを配慮した入学者選抜」「入学者選抜方法・選抜基準の多様化・個性化」「推薦入学の普通科を含めた推進」といったことが指摘され、これまでの方針が継承されていきます。

## 2──推薦入試制度の実際

さて、このような入試制度の変化は、実際の入試に、どのような影響を及ぼしたのでしょうか。文部省は、1952（昭和27）年以降、公立高校入試の調査を行っていますので、以下ではそのデータを用いて、特に推薦入試の動向に注目していきましょう（表19）。

推薦入試を実施する学校が出てくるのは、1975（昭和50）年度からです（①）。当初は農業科をはじめとする職業科で用いられました。高校進学率の向上に伴い、普通科の志願者が増え、職業科は減少していました。こうした中で、家業の後継者など、積極的な目的意識をもった生徒を職業科へ優先的に入学させる目的で、推薦入試が利用されるようになりました。先にふれたように、当時の教育政策では、「特別の事情のあるときは、学力検査を行わないことができる」という方針、また、要録・調査書を重視する方針が示されており、それらを利用したのです。その後、職業科での推薦入試は、国体の選手強化に利用されていた実態もありましたが（第21回）、実施する自治体は増大していきます（②〜⑦）。

また、1970〜80年代にかけて、政財界や各県の教育委員会において、「特色ある高校づくり」に関わる提言が出されていたので、一部の自治体で体

表19　公立高校（全日制）における推薦入試の動向(1975〜87年度)

| NO | 年度 | 職業科で実施 | 普通科で実施 | 体育科で実施 |
|---|---|---|---|---|
| ① | 1975 | 1 | 0 | 0 |
| ② | 1977 | 3 | 0 | 0 |
| ③ | 1979 | 19 | 0 | 1 |
| ④ | 1981 | 27 | 1 | 2 |
| ⑤ | 1983 | 36 | 1 | 5 |
| ⑥ | 1985 | 41 | 6 | 7 |
| ⑦ | 1987 | 43 | 19 | 13 |

※表中の数字は導入した都道府県の数を示しています。

育科や普通科においても推薦入試を導入し始めますが（③〜⑤）、1983（昭和58）年度までは、あくまで職業科がメインでした。

しかし、1984年に施行規則が改定され、「各高校の特色をふまえた選抜」が公的に認められてからは、体育科をしのぐ勢いで、普通科での推薦入試が導入されていくのです（⑥、⑦）。

## 3──必修クラブと部活動の二重評価

このような公立高校の普通科における推薦入試の導入は、子どもに少なからぬ影響を及ぼしました。

まず、推薦入試を実施するにあたって、多くの自治体では、「芸術、文化、体育、スポーツのいずれかで顕著な実績をあげ、かつ中学校における全ての学習活動が良好であること」「中学校におけるすべての学習活動で優秀な成果をあげていること」のいずれかを出願資格としていました。つまり、「スポーツ」や「進学率」で、高校を特色化することがめざされていたのであり、中学生の段階で、勉強で進学をするのか、スポーツなどの特技を活かして進学をするのかが問われるようになりました。

そして、通常の推薦入試では、学力試験が行われないため、要録・調査書が重要な意味をもちました。そこでは、教科の学習だけでなく、特別活動についても記す自治体がほとんどであり、なかにはA、B、Cといった段階で表記する、または、Aは○％という具合に比率を設けたり、点数化するところもありました。

部活動に関しても同様であり、県大会・全国大会の出場を25点というように点数化する、あるいは、推薦入試は行わず、要録・調査書に部活動における顕著な成績を記し、その生徒に関しては合否判定点数を10％減ずる自治体もありました。

また、ほとんどの自治体において、要録・調査書の「行動及び性格の記録」の中で、責任感や根気強さといった徳目に関して記述され、ここでも段階を設けているところがありました。

このように、推薦入試において、学業成績だけでなく、特別活動、部活動、そして道徳心の評価が重視され始めたときに、学習指導要領では「代

替措置」が認められ、道徳教育の一環として部活動を指導する方針が示されました（第25回）。「代替措置」によって、必修クラブだけでなく、部活動への参加が義務化した学校もありましたが、先に述べたように、両活動は要録・調査書で評価され、それは道徳心に関しても同様でした。このような要因もあり、「代替措置」、部活動の義務化、そして、運動部活動における道徳教育は、教育現場に浸透していくのです。さらには、体育科に進学する生徒だけではなく、全ての生徒にとって、これまで以上に運動部活動における競技成績が、進学と結びつくことになりました。

\*

　自分の特技を活かして、優先的に入学を決める推薦入試は、子どもにとって魅力的でした。しかしその一方で、「一生懸命やってもレギュラーになれなかったら推薦されないのでは」「あの子は推薦を受けるために、先生のいうことを何でもハイハイと聞くようになった」というように、疑心暗鬼となる状況も生じました。さらに、運動部活動に関して言えば、スポーツの試合で勝つことが、受験競争に勝つことにつながるのですから、過熱化するのは必然的でした。

　今日まで、この問題は続いています。例えば、2011（平成23）年度の大学入試では、AO入試（出願者の人物像を学校側の求める学生像と照らし合わせて合否を決める入試）と、推薦入試による入学者が、全体の約44％にのぼると言われています。和田秀樹によれば、アメリカなどの海外の大学では、SAT（大学進学適性試験）の点数など客観的な指標が求められますが、日本では高校の成績である評定平均、推薦書など、基準が不明確なものが合否基準となっている、という課題を抱えています。その一方で、運動部活動の競技成績は、受験生を選別する明確な基準として意味をもちますが、そのような影響力をもつが故に、競技成績への依存や過大評価が続いているのです。

　このような問題は、高校入試にも当てはまります。要録・調査書の「行動の記録」では、客観的に判定することが困難な徳目の評価が続いています。競技成績に対する依存も同様であり、例えば青森県では、推薦入試（特色化選抜枠）における競技成績の点数配分が、学校ごとに公表されています。

しかし、周知の通り、運動部活動の強豪校で、部員間の暴力事件や喫煙などの問題行動が発生しているように、競技成績に依存した評価は脆弱です。また、それが、体罰を行っても試合に勝てばよいというような、「勝利至上主義」の温床になっているのではないでしょうか。

　私は、もし現行の推薦入試を維持するのであれば、競技成績ではなく、運動部活動に取り組む過程で何を身に付けてきたのか、経験したのかという、プロセスを評価するような仕組みが必要だと考えます。多くの運動部活動の指導者が語るように、「勝つことだけが目的でない」のであれば、競技成績以外の評価の観点を共有し、それを入学後の教育活動に活かしていく必要があると思うのです。

# 第27回

# 「個性」の重視と運動部活動

　前回は、公立高校に推薦入試が導入された経緯を解説しました。
　今回は、そのような推薦入試が、1990年代に浸透した過程に注目します。とりわけ、当時の教育政策では、公立高校の普通科を特色化することが重視され、推薦入試でも子どもの「個性」が評価されるようになりました。一方で、そのことに危機感をもった私立高校が、さらに推薦入試を重視するようになります。
　今日においても、多くの学校が特色を打ち出すべく、スポーツの強化に取り組み、推薦入試を利用しています。そのことに問題はないのでしょうか。

## 1──指導要録の改訂と「新学力観」

　まず、推薦入試と密接に関わる、要録の変化に注目していきます。改訂される前の要録（第19回）では、「1.活動の意欲」「2.集団への寄与」の観点から、特別活動全体の評価を行う方針が示されていましたが、改訂後は活動ごとの評価へと細分化されます（小、中学校）。例えば、必修クラブに関しては「自己の興味・関心を意欲的に追求し、他と協力して課題に向けて創意工夫して取り組もうとする」という「趣旨」が示され、それが「十分に満足できる状況」であったときに○をつけるようになりました。
　次に、運動部活動の競技成績に関しては、改訂前、小学校では「行動及び性格の記録」の「所見」欄、中学校では「趣味・特技」欄、高校では「特

記事項」欄で記載するようになっていましたが、改訂後は、小、中、高校ともに、新たに設けられた「指導上参考となる諸事項」の欄で記載されるようになります。さらに、当時においては、中学生の全国大会や国体への参加が、学校の教育活動として認められていましたが（第18、21回[17]）、改訂された要録上でも「学校の教育活動の一環として児童生徒が運動や文化などにかかわる行事等に参加した場合には、出席扱いにする」ことが確認されていました。

　なお、1989（平成元）年に改訂された学習指導要領において、部活動に参加した者を必修クラブの履修と見なす「代替措置」が認められていましたが（第25回）、改訂された要録でも、両活動の評価を統一的に行う方針が示されました（中学校[18]）。その結果、部活動での活躍や態度が、必修クラブの評価へと結びついていくのです。しかし、先ほど述べたように、部活動の競技成績などは「指導上参考となる諸事項」にも記載する方針が示されていたので「二重の評価」（第26回）となりました。

　さらに、改訂前は、主に特別活動や「行動及び性格の記録」で態度や心の評価が行われていましたが[19]、改訂後は各教科でも重視されるようになります。すなわち、改訂前まで小、中学校の各教科で最下位に置かれていた「関心・態度」の評価に「意欲」が加えられ、最上位に位置づけられるようになったのです。それは、「知識・理解」や「技能」の観点を上位に置いた、これまでの評価からの転換を図るものであり、「新学力観」と呼ばれるようになります。しかし、態度や心の評価は、既に管理主義教育や、体罰などのいきすぎた指導の要因となっており（第23、25回）、それらの問題が深刻化しかねない状況となりました。

## 2——「個性」の尊重と推薦入試

　子どもの「個性」を重視する方針は、同時期の教育政策によって、さらに推進されていきます[20]。1991（平成3）年の中教審答申では[21]、特定の教科・分野を重点的に評価する、部活動や点数化が困難なスポーツ活動なども適切に評価する、調査書のみ（あるいは学力試験のみ）による選抜といった、入試における「評価尺度の多元化・複数化」や、推薦入試を積極的に進め

る方針が示されます。その根底には、「全員が同じ教育内容を受けるような形式的な平等ではなく、個性に応じてそれぞれ異なるものを目指す実質的な平等を実現していく」という考えがありました。

これを受けて、文部省は同年6月に「高等学校教育の改革の推進に関する会議」を発足し、その後4回の答申を出します。推薦入試に関しては、第2次、第3次答申において、先の中教審答申で示された方針が継承されるとともに、部活動に関しては「一定の定員枠を設けて、長期間にわたる又は質の高い文化活動やボランティア活動の活動歴等により選抜を行い、調査書の学習成績の記録の評定の成績を求めないこととする選抜を行う」（第3次答申）といった例も示されました。つまり、在学中の学力を問わずに、活動歴や競技成績のみで入学することを認めたのです。

ここで示された方針は、文部省が1993（平成5）年に出した通知「高等学校の入学者選抜について」で全国に示され、「推薦入学については、専門学科のみではなく、普通科においても教育上の特色づくりと並行して一層活用されるよう配慮すること」と述べられました。そして同様の傾向は、1996（平成8）年に出された中教審第1次答申、さらに翌年の第2次答申でも続きます。

しかし、問題も残されていました。これまで見てきた答申においては、子どもや保護者が要録に基づいて記載される内申書・調査書に対して、圧迫感や不信感を抱いている現状が指摘されていました。内申書・調査書の内容は確認することができず、さらには、目には見えない態度や心まで評価されるのですから、疑心暗鬼にならざるを得なかったのです。しかし、この問題への改善策は、「信頼関係を確立する」「進路指導主事による指導助言」といったものであり、十分に講じられてはいませんでした。そして、そのような状況のまま、特色ある学校づくりに向けた推薦入試だけが、一人歩きしていくのです。

## 3──推薦入試制度の浸透

最後に、教育現場の実態を確認しておきましょう。表20は、公立高校の普通科についてまとめたものですが、1993（平成5）年の文部省の通

表20　公立高校（全日制・普通科）における推薦入試の動向（1993〜2000年度）

| 年度 | 推薦入試を実施する自治体 | 推薦入試導入校の割合 | 推薦入試で入学した生徒の割合 |
| --- | --- | --- | --- |
| 1993 | 29 | 不明 | 不明 |
| 1994 | 35 | 34.4% | 5.8% |
| 1995 | 40 | 43.4% | 7.0% |
| 1996 | 42 | 51.0% | 9.0% |
| 1997 | 43 | 56.0% | 10.4% |
| 1998 | 45 | 59.5% | 11.1% |
| 1999 | 45 | 64.1% | 11.6% |
| 2000 | 44 | 62.9% | 12.4% |

表21　私立高校における推薦入試の動向（1994〜2001年度）

| 年度 | 推薦入試導入校の割合 | 推薦入試の定員枠が全体の25%以上50%未満の学校 | 推薦入試の定員枠が全体の50%以上の学校 |
| --- | --- | --- | --- |
| 1994 | 57.1% | 26.6% | 42.4% |
| 1995 | 65.1% | 23.9% | 45.2% |
| 1996 | 68.3% | 28.9% | 44.3% |
| 1997 | 70.5% | 29.7% | 43.5% |
| 1998 | 70.2% | 30.4% | 43.6% |
| 1999 | 74.6% | 27.1% | 44.2% |
| 2000 | 81.9% | 26.0% | 40.5% |
| 2001 | 75.6% | 30.5% | 44.1% |

知以降、推薦入試を実施する自治体が以前よりも増え（第26回）、実施する学校や、入学する生徒の割合も増えていることがわかります。

　その一方で、危機感を強めていたのが私立高校でした。私立高校では、公立高校よりも先に、推薦入試による特色化が進められてきましたが、公立高校の普通科で同じことがされると、差異化できなくなってしまうからです。実際に、表21で私立高校における推薦入試の実態をまとめましたが、公立高校以上に積極的に導入し、その4割以上の高校で、定員の50％以上の生徒を推薦入試で入学させている状況でした。

　これまで見てきたように、90年代の教育政策において、高校の特色化と子どもの「個性」の評価は、一体的に進められてきました。その結果、「学校経営のための推薦入試」が行われ、私立高校と公立高校の「推薦入試合戦」「『個性』の奪い合い」とも言える状況となりました。とりわけ、公立

高校の多くは、現状の資源で学校を特色化するうえで「スポーツ」や「進学率」に注目しており（第26回）、それらの面で私立高校と競合するようになったのです。

＊

　学校経営のために、スポーツ推薦入試で子どもの「個性」を評価することには、どのような問題があるのでしょうか。

　子どもは、各学校の特色の維持・向上を期待されて入学するのですから、入学後も競技を続け、成績を高くすることが求められます。学校・教師にとっても、競技成績を「個性」として評価し、入学させたのですから、それを伸ばすことが使命となります。その結果、両者の運動部活動の目的は、「勝つ」ことへと焦点化されていきます。

　また、推薦入試で入学した子どもは、スポーツの「上手さ」が入学を認められた際の条件なのですから、原則的に辞めるという選択肢はありません。辞めてしまうと、その学校にいる存在理由がなくなってしまうからです。

　さらに、子どもは将来の大学入試や就職の際にも、その「個性」を武器にして戦っていく必要があります。それを証明してくれるのは内申書・調査書であり、そこに競技成績や、部活動での態度・活躍を記入するのは教師ですから、逆らう訳にはいきません。たとえ、体罰があったとしてもです。

　2012（平成24）年の年末に、顧問の体罰を背景に運動部員が自殺した事件を受けて、『コーチング・クリニック』誌では「指導力とは？」という特集を組み、専門分野の異なる7人のインタビューを掲載しています。その中で、事件の要因の一つとして、スポーツ推薦入試を挙げる人が、私を含めて4人いました。詳細をここで紹介することはできませんが、私は今日まで続いてきた「特色ある学校づくり」や「学校経営」という推薦入試の目的、そして、その手段として競技成績を「個性」と捉えることを、再検討する必要があると考えます。先に述べたように、そのようなスポーツ推薦入試は、今日の勝利至上主義、運動部活動の義務化、封建的な組織運営といった問題と密接に関わっているからです。

# 第28回

# 「ゆとり」政策と運動部活動のギャップ

　前回は、1990年代の「特色ある学校づくり」政策を背景に、スポーツ推薦入試が公立高校普通科に浸透したことを解説しました。

　今回は、このような方針の基盤にあった「ゆとり」政策に注目します。後述するように、「ゆとり」政策の骨格にあった、学校週5日制や生涯学習の方針は、今日まで継承されています。そのため、当時の部活動の方針や問題とのダイアローグは、今日においても重要です。

## 1 ──「ゆとり」政策とは

　本書で使用する「ゆとり」政策という言葉は、学校週5日制と生涯学習の方針を基盤にした政策を意味しています。

　学校週5日制とは、その文字が示すように、土、日曜日に学校を休業とする政策です。1992（平成4）年9月から公立小、中、高校において第2土曜日を、その後、1995（平成7）年4月から第4土曜日が加わり、2002（平成14）年4月からは全ての土曜日が休業となりました[30]。このように休業日を増やすことで、子どもの生活における「ゆとり」の確保がめざされ、それは生涯学習を進める条件整備の意味をもちました。

　生涯学習とは、「従来の学校教育中心の発想や制度を越えて、すべての人々の生涯にわたる豊かな人間発達ができるよう多様な機会を社会に広く用意して常に学習への関心と意欲を呼び起こすとともにそれに応えられる

ような体制を整えようとする教育思想や教育政策」を意味します。当初は、生涯教育と呼ばれていましたが、1980年代から国民の主体性を強調して、生涯学習という用語が用いられるようになります。前回ふれた「新学力観」や、子どもの「個性」を重視した入試制度も、生涯学習の一環として進められたものであり、「ゆとり」政策の一部と言えます。以下では、それら以外の政策（表22）で、部活動に関して何が語られたのかに注目していきましょう。

## 2───過熱化への批判

「ゆとり」政策では、まず、部活動の過熱化が問題にされました。臨教審第3次答申では、「誤ったスポーツ活動が障害や危険をもたらす」と指摘されています（表22②）。その後も、「過度の練習や試合、一部の選手を中心とした、いき過ぎた勝利中心主義の活動」が問題にされ、活動時間の適正化や、児童生徒の多様なニーズへの対応が提案されます（④、⑥、⑧）。

さらに、いじめと運動部活動の関連性についても指摘されました。具体的には、勝敗や部の規律のみにとらわれ、個々の児童生徒の人格を軽視するなどの不適切な運営、そして、教師が部活動の指導に熱心になり、部以外の児童生徒との触れ合いが不十分になることが問題として挙げられ、「ノー部活デー」といった改善策も示されています（⑦）。

その後も、各年齢期の競技会で好成績がめざされることで、「伸び悩み」「精神的燃え尽き（バーンアウト）」「肉体的使いすぎ（オーバーユース）」といった弊害が生じていること、そして、改善策として、指導者が生徒の主体性を尊重した運営を心掛けるとともに発育・発達段階をふまえ、スポーツ障害が生じないよう十分留意する、目先の勝敗にとらわれずに長期的・計画的に指導を行う、シーズン制や複数種目制など児童生徒の志向に対応した活動内容の多様化、部活動への参加が強制にわたることのないように運営すべき、と提案されました（⑨）。

これらの指摘は、全て当を得ています。しかし、その一方で、これまで国で進めてきた、教育政策の批判的な検討や反省が十分に行われていませんでした。例えば、これまで対外試合をめぐって運動部活動は過熱化し、

**表22　運動部活動に関わる方針が記された「ゆとり」政策の一覧**

| NO | 年月 | 名称 | 会議・審議会名 |
|---|---|---|---|
| ① | 1981年6月 | 生涯教育について(答申) | 中央教育審議会 |
| ② | 1987年4月 | 教育改革に関する第3次答申 | 臨時教育審議会 |
| ③ | 1987年8月 | 教育改革に関する第4次答申 | 臨時教育審議会 |
| ④ | 1989年11月 | 21世紀に向けたスポーツの振興方策について(答申) | 保健体育審議会 |
| ⑤ | 1992年2月 | 社会の変化に対応した新しい学校運営等の在り方について(審議のまとめ) | 社会の変化に対応した新しい学校運営等に関する調査研究協力者会議 |
| ⑥ | 1992年2月 | 休日の拡大等に対応した青少年の学校外活動の充実について(審議のまとめ) | 青少年の学校外活動に関する調査研究協力者会議 |
| ⑦ | 1996年7月 | いじめの問題に関する総合的な取組について―今こそ、子どもたちのために我々一人一人が行動するとき― | 児童生徒の問題行動等に関する調査研究協力者会議 |
| ⑧ | 1996年7月 | 21世紀を展望した我が国の教育の在り方について(第1次答申) | 中央教育審議会 |
| ⑨ | 1997年9月 | 生涯にわたる心身の健康の保持増進のための今後の健康に関する教育及びスポーツの振興の在り方について(答申) | 保健体育審議会 |

　そのたびに状況改善に向けた通達を出してきた歴史があるのですが（第3、6、7、9、11、12、18回）、「ゆとり」政策の中でも対外試合基準を緩和する方針が示され（②）、これまでは隣接する市町村という範囲に制限されていた小学生の対外試合を（第18回）、都道府県大会にまで拡大することが検討課題とされていました（④、⑨）。

　部活動の必修化や、長期的・計画的な指導ができないといった問題も同じです。その背景には、学習指導要領で示された必修クラブと関連づけた部活動指導（第17、22回）や「代替措置」という方針（第25回）、そして、スポーツ推薦における競技成績の評価があったのですが（第26、27回）、それらの反省も不十分です。さらに、シーズン制や活動内容の多様化といった提案も、既に終戦後に示されていたものです（第6回）。問題は、それらが実現してこなかった理由にあるのですが、反省・検討されていないのです。

　このような状況で、「学校週5日制の趣旨を踏まえ、子供たちの『ゆとり』

が確保できるように適切な指導を望みたい」（⑧）と述べても、実現性に乏しかったと言えるでしょう。

## 3——学校と地域の連携

　学校中心の教育からの転換を図る「ゆとり」政策においては、学校と地域の連携が課題でした。そのため、施設の利用、人材の活用、行事・プログラムの実施という面で、学校と地域が協働していく方針を示し、さらに、学校が連携する相手には、民間の営利目的のクラブや施設も含む解釈が示されました。当初から、「地方公共団体が行う社会教育事業と並んで、近時、都市を中心に企業や団体による各種の文化教室やスポーツ教室などが急速に普及しつつある。これらは、民間の活力や特色を生かした新しい学習機会として重要な役割を果たしており、その健全な発展が期待される」と述べられており（表22①）、その後も同様の方針が続いたのです（②、④、⑥）。そして、運動部活動に関しても、民間スポーツクラブとの連携が提案されるに至ります（⑨）。

　さらに、このような「民間の活用」を視野に入れて、部活動の地域移行も提案されるようになります。中教審第1次答申（⑧）では、特別活動を「教科の学習や学校外活動等との関連を考慮しつつ、その実施や準備の在り方などを見直し、精選を図る」方針が示され、部活動に関しても「地域社会に委ねることが適切かつ可能なものは委ねていくことも必要である」と指摘されました。[33]

　本来であれば、公的な学校教育の活動を民間に委託する際には、指導するのが教師でなくてもよい理由、あるいは、学校の教育活動を公費（税金）ではなく私費で実施する理由を示す必要がありましたが、部活動に関しては、それに関わる議論が十分になされないまま、地域移行という論点だけが先走るようになるのです。

## 4——「ゆとり」とのギャップ

　運動部活動における「ゆとり」は、どれだけ実現していたのでしょうか。

表23 「ゆとり」政策下の運動部活動

| NO | 対象 | 質問項目 | 中学校 | 高校 |
|---|---|---|---|---|
| ① | 生徒 | 週あたりの活動日数 | 週6〜7日…72.4% | 週6〜7日…77.8% |
| ② | | 休業土曜日の活動 | 59.6% | 78.9% |
| ③ | | 日曜日の活動 | 73.9% | 72.1% |
| ④ | | 生活上の悩み | 疲れがたまる…28.9%<br>休日が少なすぎる…27.2%<br>遊んだり勉強する時間がない…25.4% | 疲れがたまる…32.8%<br>遊んだり勉強する時間がない…32.1%<br>休日が少なすぎる…28.7% |
| ⑤ | | 練習や試合に関する意見の反映状況 | 反映されている…75.4%<br>反映されていない…24.7% | 反映されている…82.0%<br>反映されていない…18.0% |
| ⑥ | | スポーツ障害の有無 | 有…12.6% | 有…24.9% |
| ⑦ | 教師 | 休業土曜日の指導 | 49.7% | 73.2% |
| ⑧ | | 日曜日の指導 | 76.4% | 67.7% |

※中学生・高校生のスポーツ活動に関する調査研究協力者会議『運動部活動の在り方に関する調査研究報告書』(1997)をもとに作成しました。

以下では、表23を用いて確認します。まず、中、高校ともに7割以上が、週に6〜7日活動し、休業土曜日や日曜日に活動する学校もありました（①、②、③）。別の質問項目では、中、高校の運動部員、保護者、顧問の約6〜7割が、休業土曜日か日曜日のどちらか一方を休みにした方が良いと回答していたのですが、そのような「ゆとり」は全ての学校では実現していなかったのです。それは、比較的多くの生徒が「疲れがたまる」「休日が少なすぎる」「遊んだり勉強する時間がない」といった悩みを挙げていることからもうかがえるでしょう（④）。

さらに、「ゆとり」政策で重視されていた自主性や自発性ですが、中学生の約4分の1が、練習や試合に自分たちの意見が「反映されていない」と答えています（⑤）。このような状況で自主性を発揮させるのは、困難だったと言えます。

そして、スポーツ障害（使いすぎによって身体のどこかを痛めること）で1週間以上休んだ経験のある生徒が、中学校で12.6％、高校で24.9％存在し（⑥）、指導や練習が過熱化していた実態もうかがえます。実際に、

80年代後半から90年代の新聞報道や文献では、教師が非科学的な指導で高校生を死亡させる事件、体罰、暴言、自殺、そして封建的な人間関係の問題が告発されています。[35]

　一方で、教師の置かれていた状況にもふれておく必要があるでしょう。そもそも、当初の学校週5日制の方針では、教師も休業日となる土曜日には休むことが原則とされていました（表22⑤）。しかし、実際には多くの教師が土、日の指導を行っており（表23⑦、⑧）、「ゆとり」とはかけ離れた生活を送っていたのです。[36]

*

　「ゆとり」政策で示された方針と、現実の運動部活動の間には、明らかなギャップがありました。歴史的に見れば、「ゆとり」政策が出される以前から、運動部活動は過熱化しており、だからこそ、その原因を追究することが先決でしたが、議論は極めて不十分でした。運動部活動に「ゆとり」が必要なことは、歴史的にも、科学的にも自明なことでしたが、表23や今の部活動を見ても明らかなように、休日を増やすだけでは「ゆとり」につながらないのです。

　また、最近、週末の運動部活動の指導を民間企業に委託する学校も出てきました。[37]これも「ゆとり」政策で示された、地域連携のあり方の一つでした。しかし、週末にお金を払って部活動をするのが生涯学習なのか、今後、経済的に「ゆとり」のある人だけが利用するものになりかねない、といった点で議論の余地が残されています。

　そもそも、子どもや教師に「ゆとり」を返上してでも、また、お金を払ってでも「やりたい」「やらねばならない」と思わせる要因はどこにあるのでしょうか。確かに、運動部活動が、それだけ魅力的な活動だという一面もあるでしょう。しかし、これまでの歴史をふまえれば、運動部活動をとりまく対外試合体制や、競技成績の評価（入試制度）が、「やらねばならない」と思わせる要因と考えられます。また、「休まずに続けることが大切」という、道徳教育の呪縛から抜け出ることができていない実態もあるでしょう。これらの問題にメスを入れない限り、運動部活動に「ゆとり」はおとずれないのです。

## 第29回

# 「ゆとり」政策と教職員組合

　前回は、教育行政で議論されていた「ゆとり」政策における、部活動の方針を検討しました。

　今回は、教育行政や政策を批判的に検証する立場にあった、教職員組合の対応について検討します。これまでにも、日教組の運動方針や、教研の動向を検討してきました（第13〜16回）。1970年代において、文部省と日教組は「部活動は社会教育に移行する」という点で一致した考えを見せていましたが、結局、それは上手くいかず、部活動は学校の教育活動に位置づけ直されました。

　そして、これから検討していきますが、90年代においても両者が「社会教育への移行」で再び一致し、その準備が進められていきます。今日においても、部活動の指導や位置づけをめぐって、学校と地域の連携が課題となっていますから、今回は当時の経緯にふれながら、そのことを考えていきましょう。

## 1──日教組の運動方針

　以下では、表24を用いながら、70年代以降の日教組の運動方針を確認しておきましょう。まず、学校週5日制や週休2日制に関しては、第41回大会から運動方針に記されてきました（表24、論点①）。

　その背景には、60〜70年代における労働運動の基盤にあった文献『教育労働者の権利』が改訂され、そこで週休2日制の方針が示されたことが

表24　日教組の定期大会・臨時大会における議論の動向（1972〜98年）

| 回 | 年 | 定期臨時 | 論点 | 出典（日教組教育新聞） | 回 | 年 | 定期臨時 | 論点 | 出典（日教組教育新聞） |
|---|---|---|---|---|---|---|---|---|---|
| 41 | 72 | 定期 | ① | 72. 5. 25号外、1106号 | 63 | 87 | 臨時 | ① | 1788、1791号 |
| 42 | 73 | 臨時 | ①② | 73. 2. 7号外、1139号 | 64 | 88 | 定期 | ①②③ | 1822、1831号 |
| 43 | 73 | 定期 | ①② | 73. 6. 11号外、1156号 | 65 | 88 | 定期 | ①② | 88. 6. 22号外、1852〜4号 |
| 44 | 74 | 臨時 | ①② | 74. 2. 5号外、1184号 | 66 | 88 | 臨時 | ① | 88. 10. 19号外、1867号 |
| 45 | 74 | 定期 | ①② | 1197、1200、1208号 | 67 | 89 | 臨時 | ①④ | 1879、1883号 |
| 46 | 75 | 臨時 | ①② | 75. 2. 26号外、1233号 | 68 | 89 | 定期 | ①②④ | 1896号、89. 7. 12号外、1905号 |
| 47 | 75 | 定期 | ①② | 1242、1246号 | 69 | 89 | 臨時 | ①④ | 89. 10. 11号外、89. 10. 28. 号外、1911号 |
| 48 | 75 | 臨時 | | 1262号 | 70 | 89 | 臨時 | ① | 89. 11. 22.号外、1918号 |
| 49 | 76 | 定期 | ①② | 1285、1289号 | 71 | 90 | 臨時 | ① | 90. 2. 9、2. 10号外、1928号 |
| 50 | 77 | 臨時 | ①② | 1321、1325号 | | | | | |
| 51 | 77 | 定期 | ①② | 1336、1343号 | 72 | 90 | 定期 | ①②④ | 90. 5. 18号外、1942号 |
| 52 | 78 | 定期 | ①② | 1381、1385号 | 73 | 91 | 定期 | ①②③④ | 91. 5. 28号外、1988号 |
| 53 | 79 | 定期 | ①② | 1429、1435号 | 74 | 92 | 臨時 | ①③④ | 92. 2. 7号外 |
| 54 | 80 | 臨時 | ① | 1462、1465号 | 75 | 92 | 定期 | ①③④ | 92. 7. 7号外、2042号 |
| 55 | 80 | 定期 | ①② | 1481、1488号 | 76 | 93 | 定期 | ①④ | 2074、2079号 |
| 56 | 81 | 定期 | ①② | 1525、1530号 | 77 | 93 | 臨時 | ①④ | 93. 11. 15号外、2099号 |
| 57 | 82 | 定期 | ①② | 1570、1574号 | 78 | 94 | 臨時 | ①④ | 94. 2. 28号外 |
| 58 | 83 | 定期 | ①②③ | 1623、1629号 | 79 | 94 | 定期 | ①③④ | 94. 6. 3号外、2122号 |
| 59 | 84 | 臨時 | | 84. 3. 21号外、1658号 | 80 | 95 | 定期 | ①③④ | 95. 7. 27号外、2170号 |
| 60 | 84 | 定期 | ①②③ | 84. 5. 21号外、1667号 | 81 | 96 | 臨時 | ①③④ | 96. 3. 1号外、2195号 |
| 61 | 85 | 定期 | ①②③ | 85. 5. 23号外、1716号 | 82 | 96 | 定期 | ①③④ | 96. 5. 30号外、2206号 |
| 62 | 85 | 臨時 | | 1734号 | 83 | 97 | 定期 | ①③④ | 97. 5. 15号外、2246号 |
| 63 | 86 | 定期 | ①③ | 86. 7. 26号外（延期） | 84 | 98 | 臨時 | | 98. 2. 20号外、2279号 |
| | | | | | 85 | 98 | 定期 | ①③④ | 98. 5. 1号外、2287号 |

※1　表中の「論点」は、各大会の運動方針や質疑で議論された内容をまとめたものであり、①学校週5日制・週休2日制、②必修クラブ反対、③部活動の社会教育への移行、④部活動の自主規制（ノー部活デーなど）を示しています。

※2　表中の「出典」に掲載している『日教組教育新聞』は、日教組の運動方針や大会の様子などを組合員に知らせる媒体として意味をもってきました。ただし運動方針は、大会期間中に修正されることがありますが、その動向までは掲載されていない場合もあり、資料としての制約・限界もあります。なお、第63回大会が2回掲載されていますが、これは1986年に運動方針を示したものの、大会が開催されず、翌年に延期されたためです。延期された大会でも、新たな運動方針が示されているため、表では2回に分けて記しています。

ありました[38]。そして、それは一時期の臨時大会（第48、59、62回）を除いて、90年代まで一貫して運動方針の中で明記され、学校週5日制の完全実施へと結実していきます。

　また、70年代から必修クラブの反対運動が行われていましたが（第16回）、その後も断続的に運動方針のなかで明記され、それは第73回大会まで続きました（②）。

　このような一貫した姿勢は、「部活動は社会教育の活動である」という方針に関しても同様でした。それは1970（昭和35）年の「教職員の労働時間と賃金のあり方」の中で示され（第13回）、後に一部修正されることはあったものの（第15回）、「社会教育の活動である」という方針は一度も撤回されませんでした。それだけでなく、教育行政において学校週5日制の議論が本格化し始める80年代からは、大会でその方針が再び強調されるようになります（③）。第58回大会の質疑では、渡久山教研部長が「部活動の基本は社会教育の分野だ」と発言し、その後は運動方針の中でも繰り返し述べられます。さらに、過熱化した部活動が検討課題に挙げられ（第64回大会）、第65回大会において、権利確立対策委員会によって実態調査報告書をまとめることが決まりました。

　その中間答申が、1988（昭和63）年12月に出されます。そこでは、部活動に関わる超勤の実態が明らかにされるとともに、従来の「社会教育の活動である」という方針が再確認されています[39]。そして、この方針に基づき、第67回大会からは、超勤を排除するための自主規制が、運動方針となっていきます[40]（④）。

　とりわけ、第80回大会からは、これまで対立してきた文部省や教育委員会を、「社会的パートナー」と捉える「方針転換」を図っていました[41]。そして、このときから「生涯スポーツ」という用語を用いながら「社会教育への移行」を提言し、文部省との交渉も活発になります（第81～83、85回大会）。このようにして、両者の思惑は再び一致していくのです。

## 2── 教研における議論

　日教組は、部活動を「社会教育の活動である（学校教育の活動ではない）」

と断定するだけの根拠を用意していたのでしょうか。というのも、それに関わる議論の場である教研においては、70年代まで明確な根拠を導くに至っていませんでした（第13、14、16回）。以下では表25の資料を用いて、その後の動向を確認していきましょう。

**表25　部活動に関わる議論が行われた日教組・教研の分科会（1978〜98年）**

| 次 | 年 | 議論が行われた分科会 | 出典<br>（日教組教育新聞） | 出典<br>（日本の教育） |
|---|---|---|---|---|
| 27 | 1978 | 生活指導と学校行事・クラブ活動 | 1368号、78. 7. 19号外 | 第27集 |
| 28 | 1979 | 保健・体育／生活指導と学校行事・クラブ活動 | 1415号、79. 6. 8号外 | 第28集 |
| 29 | 1980 | 生活指導と学校行事・クラブ活動 | 1460号、80. 5. 10号外 | 第29集 |
| 30 | 1981 | 保健・体育／生活指導と学校行事・クラブ活動 | 1505〜7号 | 第30集 |
| 31 | 1982 | 生活指導と学校行事・クラブ活動 | 1556〜8号 | 第31集 |
| 32 | 1983 | 生活指導と学校行事・クラブ活動／教育課程・教科書問題 | 1599〜1601号 | 第32集 |
| 34 | 1985 | 保健・体育／生活指導と学校行事・クラブ活動 | 1693号 | 第34集 |
| 35 | 1986 | 生活指導と学校行事・クラブ活動 | 1741〜3号 | 第35集 |
| 37 | 1988 | 保健・体育／生活指導と学校行事・クラブ活動 | 1864〜6号 | 第37集 |
| 41 | 1992 | 保健・体育 | 2014号 | 第41集 |
| 42 | 1993 | 保健・体育／学校5日制・教育課程 | 2059、2089号 | 第42集 |
| 43 | 1994 | 保健・体育／自治活動と生活指導／学校5日制・教育課程 | 2105、2108号 | 第43集 |
| 44 | 1995 | 保健・体育／学校5日制・教育課程 | 2145号、95. 3. 21号外 | 第44集 |
| 45 | 1996 | 学校5日制・教育課程 | 2188号、96. 2. 27号外 | 第45集 |
| 46 | 1997 | 保健・体育／学校5日制・教育課程 | 2230、2234号 | 第46集 |
| 47 | 1998 | 保健・体育／自治活動と生活指導／教育条件整備の運動／学校5日制・教育課程 | 2273、2275〜7号 | 第47集 |

※表中の「出典」に掲載している『日本の教育』は、教研の後に一ツ橋書房より刊行される、日教組が編集した文献です。

既に、第28次から、安易な社会教育への移行が問題にされるとともに、学校における位置づけ方の再検討が提案され、同様の傾向は90年代まで続きます（第29～32、37、41、46次）。同時に、競争意識の過熱化や健康破壊（第29、35、41、43、45～47次）、教師の過重負担や休日返上（第29、41次）、子ども・父母の部活動への期待と超勤による労働強化の「板挟み」（第34次）、費用がかかりすぎる（第37次）といった問題も指摘されるようになります。

このような状況において、90年代初頭からは、これまで部活動に関わる議論を行ってきた「保健・体育」や「生活指導」に、「学校5日制・教育課程」の分科会が加わり、社会教育への移行が議論されることもありました（第42、44～47次）。しかし、「移行には十分な検討が必要」「指導者や予算の不足」「暴力的な指導もあり社会教育には安心して渡せない」といった意見もあり、全体のコンセンサスは得られていませんでした。

いみじくも、労働運動の中核を担う、日教組の中央執行委員が語っていたように、「(組合員の) 80%は現状のままでよい」と考えている状況だったのです（第47次）。

## 3──全日本教職員組合の主張

なお、日教組以外にも、教職員の労働組合はありました。1で触れた、日教組の労働運動の方針をめぐって、日本高等学校教職員組合（以下から日高教）やその他の支部が反発し、1991（平成3）年に全日本教職員組合（以下から全教）が発足されていました。以下では、日教組と袂を分かつことになった、全教の主張にも注目しておきましょう。[42]

1994（平成6）年に、全教の構成団体である日高教は、「部活動の現状と改善の方向」を定期大会で報告しています。[43] そこでは、部活動の指導は「教職員にとっては、原則的に勤務時間内で対応できるものでなければなりません」と述べられ、部活動に関わる「相当な部分」を社会教育に移行することが求められています。

ここまでは、日教組との間に相違が見られません。しかし、日高教は学校に部活動を残す方針をもっていました。すなわち、

「社会教育が充実していけば、個人の競技力量の高度化や競技種目の発展をになうことが社会教育の分野にゆだねられ、学校教育との区分けの条件がととのい、学校教育本来の部活動としての役割を明確にすることができます」

　「生涯スポーツにおける運動系部活動の位置づけについても明確になり、『生涯スポーツの基礎を培う』ということが、学校体育および運動部活動の役割と活動内容として位置づけられます」

と考えていたのです。そして、この提案は、翌年に出された「部活動の改善のために」[44]（討議資料）でも継承されました。

　社会教育と学校教育の役割を複眼的に捉え、運動部活動の役割を「生涯スポーツの基礎を培う」と設定した日高教の着眼点は、注目に値するものでした。それは、70年代における部活動の実施方法に関わる議論が、「学校か地域か」という二項対立的な枠組みで行われ、地域移行が実現しなかっただけでなく、教育現場に混乱を巻き起こした歴史があるからです（第10～15回）。

　しかし、日高教の主張にも課題は残されていました。それは、どのような経験や活動が「生涯スポーツの基礎」なのかが明示されていなかったことにあります。その課題は、後の1997（平成9）年に出された、全教・部活動問題検討委員会の「部活動をどう考えるか」にも見られます。

　そこでは、主に中学校における運動部活動の問題が整理され、「子ども達のゆたかな人間形成をめざすという学校教育の目的にもとづき、部活動は勤務時間内で行うことを原則とします」と部活動を位置づける一方で、「子ども達が、放課後・休日や余暇を利用して、自由に、時間・内容・方法など多様な要求にもとづいて、充実した設備や条件のもとで、文化・スポーツ活動に参加したい場合、これを社会教育がになうべきだと考えます」と述べていました。

　このように、日高教と同様に、学校教育と社会教育の役割分担をめざしていたのですが、ここでも肝心の学校教育における部活動の教育内容については、明記されていないのです。

＊

　これまで見てきたように、学校や社会教育における運動部活動の位置づ

け方は、教職員組合の間で異なりました。しかし、社会教育への移行や、学校教育と社会教育の連携について語る際に、運動部活動の具体的な教育内容について明示しない点は、各教職員組合に共通する課題でした。

　今日においては、この課題を乗り越える必要があります。そもそも、運動部活動を地域に移行するには、学校・教師でなくても指導できるという前提が必要です。また、社会教育との連携について語る場合でも、どこまでを学校・教師が指導するのか（関わることができるのか）を前提にしなければ、両者の役割分担は明確になりません。いずれにしても、運動部活動の教育論に関わる議論が不可欠なのです。

　私は、運動部活動に関する学校の役割を明確にする際には、学校・教師だから指導できること（すべきこと）の議論が不可欠になると考えています。例えば、学校体育という観点から捉えれば、学校卒業後にスポーツを継続する力をつけることが目標としてあります。そのため、体育の授業でも「生涯スポーツの基礎」を学びますが、それだけでは学校卒業後のスポーツライフにつながりません。言うまでもなく、特定の運動が「できる」「わかる」というのは、スポーツを続ける必須の条件ですが、それだけでは不十分です。他にも、自分たちでクラブをつくって運営する経験や、施設や場所を自分たちで管理する経験なども「基礎」として必要なものです。そして、これらのなかには、体育授業や体育行事の延長線上で指導できる内容も含まれています。

　今後は、このような教師の専門性の観点から、運動部活動のあり方を捉え直すことで、学校で実施する意義や、学校と地域の役割分担のあり方が、明確になるのではないでしょうか。そして、教職員組合は、そのような学校・教師が教える必要のある教育内容を前提にして、それに必要な条件整備を教育行政に求めていく必要があると私は考えます。

# 第30回

# 「無色透明」な部活動の行方

前回は、日教組と全教の「ゆとり」政策への対応を検討しました。

今回は、「ゆとり」政策を背景に進められた、学習指導要領改訂の議論に注目していきます。結論を先に述べれば、1998〜99（平成10〜11）年に改訂された中学校と高校の学習指導要領では、必修クラブが廃止されます。その結果、必修クラブの関連領域として位置づけられてきた部活動も（第24、25回）、教育制度上の位置づけが曖昧になります。この背景には、当時の「ゆとり」政策において、部活動の地域移行が提案されていたことがありました（第28回）。しかし一方で、簡単には部活動を地域に移行できない理由もありました。80年代から「特色ある学校づくり」が進められ、部活動の競技成績は、推薦入試において欠くことのできない「個性の評価」となっていました（第19、20、26、27回）。また、当時においては部活動に関わる手当も増額され[45]、指導の条件整備が進められていましたから、その矢先に地域に移行するのは、現実的ではありませんでした。

これらの要因がからみあって、改訂された学習指導要領では、部活動が明確に位置づけられず、それでいながら地域にも完全には移行しないという、曖昧な状況が生じることになります。そして、これから確認するように、同様の問題は今日においても継承されているのです。

## 1── 右往左往する部活動の位置づけ

1998〜99（平成10〜11）年に改訂される学習指導要領に関わる議論

は、1996（平成8）年に発足した教課審において進められていきます。なお、そこでの議論は、中教審による①「21世紀を展望した我が国の教育の在り方について」第1次答申（1996［平成8］年）、②同、第2次答申（1997［平成9］年）、③「今後の地方教育行政の在り方について」の「中間報告」（1998［平成10］年）、④「幼児期からの心の教育の在り方について」(1998［平成10］年）の方針に留意して進められていました[46]。以下ではまず、これらの政策における部活動の方針を確認しておきましょう。

　まず、①中教審第1次答申と、②第2次答申では、「特色ある学校づくり」や、それを実現する推薦入試を重視する方針が示される一方で、特別活動の内容を精選することや、民間の施設やクラブも視野に入れた部活動の地域移行が提案されていました（第28回）。

　そして、③「今後の地方教育行政の在り方について」の「中間報告」では、「特色ある学校づくり」の条件整備が進められていきます。そのなかで、「各学校が地域の特色を生かし、豊かで多様な教育を行っていくためには、教科指導、道徳教育、特別活動、部活動などの学校の教育活動に、保護者、地域におけるスポーツ指導者や伝統文化継承者、さらに企業等の専門家などの地域住民の協力を得ることが必要」と指摘されます。

　④「幼児期からの心の教育の在り方について」では、まず、後に改訂される学習指導要領においてもキーワードとなる「生きる力」の核には、「豊かな人間性」があるとされ、それは「正義感や公正さを重んじる」などの「心」や「感性」であると述べられます。そして、「子どもたちは、文化活動を通じて、美しいものに感動する豊かな情操や、我が国の伝統文化を大切にする心をはぐくむ。こうした意義を踏まえると、地域社会においてスポーツ・文化活動を積極的に展開していくことは極めて重要」と述べられます。つまり、これまで学校の運動部活動に期待してきた道徳教育を（第24、25回）、地域のスポーツ活動に求めるようになるのです。そして、ここでも部活動の地域移行について指摘されますが、その一方で部活動と学校外活動が両立できるような環境整備についても指摘されていました。

　このように、教課審の背景にあった答申や報告では、部活動を地域に移行する方針と、学校教育の一環として実施する方針が同時に示されており、統一性がありませんでした。それは教課審にも影響を及ぼしていきます。

## 2 ── 教課審における議論

　中教審と同時進行で教課審の議論も進められ、1997（平成9）年には「中間まとめ」が出されます。中学校と高校の必修クラブについては、「部活動が一層適切に行われるよう配慮しつつ、廃止する方向で検討する」方針が示されます。この方針は、部活動の位置づけを曖昧にするものでした。なぜなら、これまでの部活動は、教育課程の必修クラブの関連領域として位置づけられてきたのであり（第17、24、25回）、言い換えれば、必修クラブがあるから、部活動は学校の教育活動としての面目が保たれていたのです。そのため「中間まとめ」では、必修クラブの廃止と合わせて、部活動を地域に移行する方針も示していました。具体的には、「本来家庭や地域社会で担うべきものや家庭や地域社会で担った方がよりよい効果が得られるものは、家庭や地域社会がそれを担うように促していく必要」があり、「勝利至上主義的な考え方などによる一部に見られるいき過ぎた部活動についても、見直しをする必要がある」と指摘されるのです。

　確かに、競技力向上に特化した運動部活動の指導は、教師の職務とは言い難いものでした。しかし、どのような状況が勝利至上主義なのかは示されておらず、地域移行の指標としては不明確でした。そして、このような曖昧さを残したまま、翌年の最終答申でも「中間まとめ」の方針が継承され、学習指導要領が改訂されることになるのです。

## 3 ── 学習指導要領と要録の改訂

　改訂された中学校と高校の学習指導要領では、教課審の方針を受けて必修クラブが廃止されました。それにより必修クラブの関連領域として部活動を位置づけることや、「代替措置」を用いて実施することができなくなり、教育制度上の部活動の位置づけは曖昧になりました。

　それに関わって、『学習指導要領　解説』（以下から『解説』）の「特別活動編」では、「放課後等における部活動は学校において計画する教育活動であるが、教育課程の基準としての学習指導要領には示されていない。しかし、これを実施する際には、学校の管理下で計画し実施する教育活動

として適切な取扱いが大切である」(中学校6頁／高校11頁)と示されます。つまり部活動は、全国に一律の教育内容を求めてきた学習指導要領上の教育活動ではなくなったのであり、「部活動は特別活動と関連したという意味での教育課程上の根拠を失った」[48]のです。そのため、部活動を実施するか否かも含めて、各学校の判断に任されるようになりました。

　これは、当時の教育政策で示されていた、「学校のスリム化」や「部活動の地域移行」を進めているかのようにも見えます。しかし一方で、同じ学習指導要領の保健体育の「指導計画の作成と内容の取扱い」においては、「体育・健康に関する指導の趣旨を生かし、特別活動、運動部の活動などとの関連を図り、日常生活における体育・健康に関する活動が適切かつ継続的に実践できるよう留意する」(中学校79頁／高校103頁)と記されていました。つまり、ここでは保健体育との関連性を築くことで、学校教育における運動部の位置づけを保とうとしていたと言えます。

　そして、同様の方針は保健体育の『解説』でも指摘されます（中学校109-110頁／高校92-94頁）。さらには、積極的に参加できるような配慮、能力などに応じた技能や記録の向上、友情を深め好ましい人間関係を育てる、勝つことのみをめざした活動にしない、自主性や個性の尊重、柔軟な運営、休養日や練習時間の適切な設定、外部指導者の活用……というように、様々な「注文」がつけられました。これらのことに留意して「従前にも増してより適切に行われるよう配慮する必要がある」(中学校115-116頁／高校102-103頁)というのです。しかし、学習指導要領との関連が曖昧であるのに、「適切に行え」というのは無理があったと言えるでしょう。また、同『解説』の中で期待していた、「体力の向上や健康の増進」は、学校外においても保障することが可能であり、運動部活動を学校につなぎ止める論拠としては不十分でした。

　さらに、2001(平成13)年には、要録が改訂されました[49]。中学校と高校に関しては必修クラブが廃止されたので、要録でもその項目は削除されます。しかし、新たに設けられた「総合所見及び指導上参考となる諸事項」の中で、「生徒の特徴・特技、部活動、学校内外におけるボランティア活動、表彰を受けた行為や活動」(高校)などを記載する方針が示され、部活動に関わる評価は続きました[50]。

学習指導要領と部活動の関係は曖昧でしたが、要録における評価をやめる訳にはいきませんでした。1において触れたように、当時においては推薦入試を軸とする「特色ある学校づくり」をさらに進める方針が示されており、既に教育現場では、運動部活動の競技成績を評価することが一般化していたからです。このようにして、「部活動は内申書・調査書で評価の対象とされるのに、学習指導要領との関係は曖昧である」あるいは「勝利至上主義化した運動部活動を学校教育から外すといっていたのに、内申書・調査書では競技成績が評価される」という、矛盾した状況が生じるようになったのです。

＊

　当時の教育政策において部活動は、地域に移行する方針が示される一方で、「特色ある学校づくり」のために利用する方針も示され、最終的に学校における位置づけは曖昧になりました。私は、部活動が「無色透明」な教育活動であったがために、このような事態が生じたのだと考えます。これまでにも部活動は「軍国主義教育」「アスリートの養成」「生徒管理」「学校のスリム化」「特色ある学校づくり」「必修クラブの関連領域」「道徳教育」「体力づくり」というように、様々な「色」に染められてきました。独自の「色」がなく「無色透明」なのですから、各年代の教育政策の「下請け」となってきたのです。そして、この問題は、現行の学習指導要領にも継承されています。「総則」では、以下のように記載されています。

　「生徒の自主的、自発的な参加により行われる部活動については、スポーツや文化及び科学等に親しませ、学習意欲の向上や責任感、連帯感の涵養等に資するものであり、学校教育の一環として、教育課程との関連が図られるよう留意すること。その際、地域や学校の実態に応じ、地域の人々の協力、社会教育施設や社会教育関係団体等の各種団体との連携などの運営上の工夫を行うようにすること。」

　あなたは、この文言から、部活動固有の「色」（独自の教育内容）を読み取ることができますか？　私には、部活動が「無色透明」のままで、それを覆い隠すために様々な「色」が塗られているようにしか見えません。

## 注／引用・参考文献

1　国民教育研究所ほか編『高校入試制度の改革』（労働旬報社、1988年、161-183頁）。
2　『臨教審だより』（臨増2・3、79-80、83-84、86、119、124、133-134頁）、同（臨増7、173、181、184、196頁）。
3　教育政策研究会編著『臨教審総覧　上巻』（第一法規、1987年、236-237頁）。
4　文部省『公立高等学校入学者選抜実施状況および学区制に関する調査報告』、及び『公立高等学校入学者選抜実施状況に関する調査報告書』。
5　鶴保英記「『内申書』の制度と歴史」、伊藤靖幸「推薦入試制度と内申書」（今橋盛勝ほか編『内申書を考える』日本評論社、1990年、28、153-154頁）。
6　①太田政男「高校入試制度はどう変わるか」（前掲1、33-35頁）、②山崎政人ほか『15歳のハードル　高校入試はいま』（国土社、1989年、203-206頁）。
7　同上②、172頁。
8　同上、37-41頁、①瀬戸則夫ほか「各都道府県の入試・内申書制度と運用」（前掲5、120-122頁）。
9　前掲6①、54頁。
10　前掲6②、127頁、前掲8①、114-122頁。
11　前掲8。
12　前掲6②、118頁。
13　『AERA』（2013年1月28日、18頁）。
14　青森県教育委員会『平成24年度　青森県立高等学校入学者選抜における求める生徒像・選抜方法等一覧』。
15　1991（平成3）年に小、中学校の要録が、1993（平成5）年に高校の要録が改訂されています。なお、本稿では、①文部省内指導要録研究会監修『新小学校指導要録必携　解説と記載例』（第一法規、1991年、251-283頁）、②『新中学校指導要録必携　解説と記載例』（第一法規、1991年、193-225頁）、③髙野清純ほか編『高等学校新指導要録の解説と実務』（図書文化社、1994年、246-286頁）を参照しています。
16　高校においては、「主な事実及び所見を記入する」欄が設けられ、そこに活動の状況などを記入する方法に改められました。
17　中学生の国体参加に関しては、1987（昭和62）年に承認された際には、3〜5年の「試行期間」が設けられていましたが、1994（平成6）年にそれが解かれます（体育・スポーツ法令研究会監修『体育スポーツ総覧　例規編』ぎょうせい、4827-4828頁）。
18　前掲15②、121頁。
19　なお、改訂された小、中学校の要録においては、行動の評価に「明朗・快活」「思いやり」などの観点が追加されています。高校に関しては、この欄がなくなり、「指導上参考となる諸事項」の中で評価する方法に改められました。
20　当時の入試政策や教育現場の状況は、全国到達度評価研究会編『子どものための入

| | |
|---|---|
| 21 | 試改革─「選抜」から「資格」へ─』(法政出版、1996年)を参照。 |
| 21 | 「新しい時代に対応する教育の諸制度の改革について」(『文部時報』第1373号、17、26、48、54-57頁)。 |
| 22 | 『内外教育』(①1992年6月30日、2-13頁、②1992年9月1日、4-11頁、③1993年1月29日、4-15頁、④1993年2月16日、2-16頁)。 |
| 23 | 『教育委員会月報』(第44巻13号、58-64頁)。 |
| 24 | 「21世紀を展望した我が国の教育の在り方について　第1次答申」(『文部時報』第1437号、25頁)、「同　第2次答申」(『文部時報』第1449号、45-50頁)。 |
| 25 | 前掲21、55頁、前掲22②、5、7頁、③、8頁。 |
| 26 | 表20は、文部省「公立高等学校の平成5年度入学者選抜の実施状況の概要」(『月刊高校教育』第27巻7号、58-71頁)、『公立高等学校入学者選抜の改善等に関する状況』(1993年)、『高等学校入学者選抜の改善等に関する状況』(1994〜2001年)をもとに作成しています。 |
| 27 | 表21も表20と同じ資料を用いています。 |
| 28 | 『コーチング・クリニック』(第27巻5号、4-35頁)。筆者以外には、間野義之、大八木淳史、山浦一保が指摘しています。なお山浦は、スポーツ推薦入試という用語を使っていませんが、「それぞれの年代でのみ成果を上げようとする、現状のスポーツ教育システム」の再考を提案しています。 |
| 29 | この問題に関する私の考えは、拙稿「学校は特待生の何を評価すべきなのか」(『たのしい体育・スポーツ』第210号、8-11頁)を参照。 |
| 30 | 「学校週5日制」(柴田義松ほか編『教職基本用語辞典』学文社、2004年、92-93頁)。 |
| 31 | 島田修一「生涯教育・生涯学習」(平原春良ほか編『新版　教育小事典』学陽書房、1998年、157頁)。 |
| 32 | 表22の出典は以下の通りです。①、⑤、⑥、⑧は『文部時報』(第1251号、55-67頁、第1384号、58-76頁、第1437号、5-123頁)、②と③は、教育政策研究会編著『臨教審総覧　上巻』(第一法規、1987年、210-358頁)、④と⑨は、体育・スポーツ指導実務研究会監修『体育・スポーツ指導実務必携[平成14年版]』(ぎょうせい、2002年、1981-2001頁、2030-2122頁)、⑦は『月刊生徒指導』(第26巻14号、98-145頁)。 |
| 33 | なお、中教審の中でも「学校に位置づけての活動が妥当である」「基礎・基本を教える教員の負担となっており、時間をかけて社会教育の中に位置づけていくべきではないか」と、意見が割れていました(『週刊教育資料』第460号、8-9頁)。 |
| 34 | 中学生・高校生のスポーツ活動に関する調査研究協力者会議「運動部活動の在り方に関する調査研究報告書」(『体育・スポーツ指導実務必携[平成14年版]』ぎょうせい、2002年、2131-2180頁)。 |
| 35 | 保坂展人編『先輩が怖い!』(リヨン社、1989年)、朝日新聞朝刊、夕刊、1995年1月13日(大阪・ソフトボール部)、はやしたけし『先生!　涙ありますか─全国の中・高生のキミへ─』(駒草出版、1996年)、阿部ヒロ子『シャボン玉は消えない』(あすなろ社、 |

36　なお、この調査における対外試合に関する質問では、部員の約6割、保護者、顧問、校長の約8〜9割が「現状のまま」を支持しており、同会議もそれを追認しています。残念ながらこの調査でも、対外試合の問題は歴史的に検証されていませんでした。
37　東京新聞朝刊、2012年10月12日。
38　日本教職員組合編・発行『教育労働者の権利　上』(1971年、113頁)。
39　日本教職員組合権利確立対策委員会『部活動を見直そう──時間外労働・部活動実態調査まとめ──』(1989年、64、66頁)。
40　なお、第75回定期大会の質疑では、塚本教育文化運動部長が、文部省に部活動を社会教育に移行することを申し入れたと述べています。
41　日教組21世紀ビジョン委員会編『いま、開かれた教育の世紀へ』(第一書林、1995年、36-37頁)。
42　全教の運動部活動に関わる取り組みについては、全日本教職員組合編『全教10年史』(旬報社、2002年、219-222頁)を参照。
43　日高教新聞、1994年7月25日号外。
44　同上、1995年2月10日号外。
45　部活動指導の手当は、1989年にそれまでの500円から620円へ、1993(平成5)年に750円へ、1996(平成8)年に1200円へと増額され、対外試合に関する手当も、それまでの1200円から、1989(平成元)年に1500円へ、1996(平成8)年に1700円へと増額されています(人事院給与局監修『給与小六法[平成3年版]』学陽書房、1990年、403頁)、『同[平成6年版]』(1993年、471頁)、『同[平成9年版]』(1996年、521頁)。なお、以前の手当に関しては、第15、18回を参照。
46　本文中の①〜④の出典は、『文部時報』の以下の号・頁です。①第1437号、25、34、62-63頁、②第1449号、44-50頁、③第1459号、274頁、④第1466号、22、90、92頁。
47　本文中の教課審の「中間まとめ」と答申の出典は、『中等教育資料』(第718号、85-86、93、312、318頁)です。
48　佐藤豊「学校運動部活動の教育的意義を再考する」(『現代スポーツ評論』第28号、63頁)。
49　「中学校及び高等学校生徒指導要録の改善について(通知文抜粋)」(『中等教育資料』第773号、140-183頁)。
50　なお、文部省の関係者は、中学校に関しても高校と同様に、「総合所見及び指導上参考となる諸事項」の中で、部活動について記載する方針を示していました(森嶋昭伸「特別活動の記録」『中等教育資料』第773号、66頁)。

運動部活動の教育学入門
歴史とのダイアローグ

# 第7章
# 運動部活動を取り巻く構造の矛盾

　第7章では、2000年代の運動部活動に注目します。この時代には、学習指導要領上の運動部活動の位置づけが曖昧になり、様々な構造的な矛盾が生じます。これまでに見られた対外試合の問題だけでなく、競技成績に基づく評価が学校(中学校)選択制度や教員採用試験にも広がり、深刻化するのです。さらには、教員の職務であるのかを曖昧にしたまま、部活動の指導を教員評価に組み込んだり、手当を増額したりする施策が進められ、外部指導者と連携した運営も求められるようになります。現在、どのような条件整備や構造改革が必要なのでしょうか。

## 第31回

# 「スポーツ振興基本計画」と運動部活動

　前回は、「ゆとり」政策を背景に進められた、学習指導要領改訂の議論に注目しました。

　今回は、学習指導要領改訂後に出された、「スポーツ振興基本計画」（以下から「基本計画」）における運動部活動の方針と、その後の対外試合基準の緩和について検討していきます。「基本計画」は、1961（昭和36）年に制定されたスポーツ振興法の第4条で、文部（科学）大臣が定めることになっていましたが、長い間、実現してきませんでした。それが2000（平成12）年に制定され、そこで運動部活動や対外試合に関する方針も示されるに至ります。

　いよいよ、時代は2000年代に突入し、今日の問題に接近してきました。この年代になると、運動部活動の指導を支える構造や制度の矛盾が、一層明確になっていきます。今回は、1990年代から続く主体性や「ゆとり」の議論が、対外試合の運営方法の矛盾となって現れた過程に身を置いてみましょう。

## 1── 学校週5日制と運動部活動

　「基本計画」の策定に向けた議論は、1999（平成11）年11月から翌年の7月にかけて、スポーツ振興に関する特別委員会（以下から特別委員会）で行われていました（第①〜⑪回）。そこでは、これまで問題になってき

た「ゆとり」政策と運動部活動の関係が議論されていました。

当時においては、学校週5日制が進められていたものの、多くの運動部活動が土、日にも活動をしており、子どもと教師は「ゆとり」とはかけ離れた状況に置かれていました（第28回）。そのため、文部省は1998（平成10）年に、「中学校及び高等学校における運動部活動について」を通知し、生徒の個性の尊重と柔軟な運営に留意し、参加が強制にわたることのないようにする、休養日や練習時間を適切に設定するなどの方針を示していました。さらに翌年には、『みんなでつくる運動部活動―あなたの部に生かしてみませんか―』（東洋館出版社）という実践のガイドラインを刊行し、通知で示した方針の浸透を図っていました。

特別委員会でも、その問題は議論の俎上に載せられ（第④〜⑥回）、「土、日は、学校の運動部ではなく、総合型地域スポーツクラブでスポーツをする」といった提案も見られました。さらには、運動部活動の練習量が問題にされ、「トレーニングは休息をとらなければ効果がない」という意見も出されていました（第⑧回）。このような議論を受けて、2000（平成12）年6月の中間報告では、「生徒が学校外の多様な活動を行えるよう、全国学校体育大会や都道府県学校体育大会などの試合期を除いて、学校の実態等に応じ土曜日及び日曜日などには活動を休止する」という方針が示されました。

しかし、この方針は波紋を呼びました。第⑩回の特別委員会で、ある委員は「高体連の会議や県の教育委員会からいただいた意見について申し上げる」と前置きしたうえで、「部活動は、本来、子どもたちの自主的・主体的な活動」であり、部活動を休めというのはいかがなものか、「部活動を休止させるのは納得がいかない」と述べ、中間報告の見直しを要請します。それに対して、「土、日の休止とは、児童生徒にゆとりをもたせるためでもあるが、現在の運動部は練習のしすぎであり、そのための休養という位置づけも必要ではないか」という、中間報告を支持する意見も出されました。

最後の第⑪回特別委員会でも、「子どもたちの健全な発達のためには、土、日に多様な活動を行うことも重要である」という意見が出される一方で、「高校の校長の8割が運動部活動は学校教育活動と考えている。やりすぎ

はよくないが、部活動は子どもたちの主体的活動であり、大切なものである」という意見が出され、議論は平行線のままでした。

結局、同年9月に出された最終答申では、「学校や地域の実態等に応じ土曜日や日曜日などを休養日とするなど、適切な運営に努めること」と修正され、週末における運動部活動の運営方法は、各学校の判断に委ねられていきます。

## 2── 対外試合をめぐって

さて、特別委員会では、対外試合のあり方に関しても議論されていました。当初から、レギュラーではない低学年が参加できない問題などが指摘され（第②回）、その後も、地域スポーツクラブの全国大会参加に関わる制限を解く（第⑥回）といった提案が出されていました。

第⑦回では、元女子プロバスケットボールプレーヤーの荻原美樹子へのヒアリングの中で、この問題が取り上げられました。彼女は、アメリカでプレーして一番感じたことは「日本の選手の主体性のなさ、目的意識や自己表現力の欠如」であったと述べています。そして、その背景には「あまりに子どもが小さいうちから指導者が勝利至上主義を押し付けること」があると述べ、「毎日毎日競技を押しつけられ、選手は考えなくて楽ではあるが、主体性のない選手ができあがる」と現状の問題を指摘しています。そして、「知人によると、アメリカでは、ミニバスケットの小中学生の全国大会の組織はない。高校生でさえ、あっても州までであり、ピックアップされる選手はそこから強い大学に行き、NBAにつながる。国旗をつけるにしても、プロになるにしても、ある程度年をとってからである。日本では逆である」と、現状の対外試合の問題にも言及していました。

この後には、中体連の監事である三辻陽夫へのヒアリングも行われ、彼には「部活動の存続が難しくなる前提には、一人一種目の考え方がある。何故、一人一種目か。大会の日程はタイトであり、複数の種目を子ども達に経験させることができない。全国大会の見直しを考えるか」という質問が出されますが、「大会のあり方については、これから検討すべき大きな課題である」と答弁するに止まりました。

そして、その後の特別委員会でも、対外試合の改善を求める意見が相次ぎました。例えば、同じレベルや年齢層による試合、地域スポーツクラブの中体連・高体連主催大会への参加、県のトーナメントより町のリーグ戦とするべき、部活動の全国大会がある限り子どもは土、日に休めない（第⑧回）、子どもが参加できる大会を新しい視点で増やす必要がある（第⑨回）といった指摘がなされます。その結果、中間報告で以下のような方針が示されました。

「ジュニア期の競技者を効果的に育成する観点から、ジュニア期に複数の競技種目を体験する機会の確保、競技者の心身両面での負担の軽減、競技大会については、学校対抗形式にとらわれず、複数校合同及び地域スポーツクラブからの参加の促進や児童生徒の発達に即した年齢別グループごとの競技の実施等の工夫がなされること等について、理解の醸成に努める」
「学校体育大会については、…略…様々な競技レベルの生徒ができるだけ多く試合を楽しむことができるような大会を開催することなどが検討課題となっている」

そして、これらの方針が、最終答申でも継承されていくのです。

## 3——対外試合基準の緩和

このような対外試合に関わる提案が出されたことを受けて、同時期には対外試合基準を改訂する準備が進められていました。

2001（平成13）年3月30日には、文部科学省（同年より名称変更、以下から文科省）が「児童生徒の運動競技について」を通知し、1979（昭和54）年から続いてきた対外試合基準（第18回）を廃止する方針を示しました。その理由に関しては、「学校が自らの判断で特色ある学校づくりに取り組むことが必要」であり、「児童生徒の運動競技についても、各教育委員会や学校の判断により行われることが適当である」と述べられていました。

そして、この方針を受けて、高体連や中体連などの運動部活動に関わる団体が、新しい対外試合基準を定めることになり、先ほどの通知と同日付で「児童生徒の運動競技に関する基準」が出されます。

表26　1979年と2001年の対外試合基準（児童生徒の運動競技について）の比較

| 年月 | 小学校 | 中学校 | 高校 |
| --- | --- | --- | --- |
| 1979年4月 | 小学校においては、校内における運動競技を中心として行い、<u>原則として対外運動競技は行わないもの</u>とする。ただし、<u>同一市（特別区を含み、指定都市にあってはその中に設けられる区とする。以下同じ。）町村又は隣接する市町村程度の地域内における対外運動競技</u>については、学校運営及び児童の心身の発達からみて無理のない範囲で実施して差し支えない。 | 中学校の対外運動競技の行われる地域の範囲は、都道府県内を原則とする。なお、地方ブロック大会及び全国大会への参加の回数は、各競技について、それぞれ<u>年1回</u>とする。この場合において、中学校の全国大会は、陸上競技、水泳のように個人の成績で選抜できる種目等を除き、地方ブロック大会において選抜された者が参加して行うものとする。 | 高等学校の対外運動競技の行われる地域の範囲は、都道府県内を原則とする。なお、地方ブロック大会及び全国大会への参加の回数は、各競技について、それぞれ<u>年2回</u>とする。 |
| 2001年3月 | 小学校の運動競技会は、特に児童の心身の発達からみて無理のない範囲という観点から、原則として<u>都道府県内における開催・参加</u>とする。 | 中学校の運動競技会は、都道府県内における開催・参加を基本としつつ、地方ブロック大会及び全国大会については、学校運営や生徒のバランスある生活に配慮する観点から、各競技につき、それぞれ<u>年間1回程度</u>とする。 | 高等学校の運動競技会は、都道府県内における開催・参加のほかに、地方ブロック大会及び全国大会については、学校運営や生徒のバランスある生活に配慮する観点から、各競技につき、それぞれ<u>年間2回程度</u>とする。 |

　改訂前後の内容を整理したのが表26です。まず、小学校では、「原則として対外運動競技は行わない」という文言が削除されます。さらに、改訂前は対外試合をやるとしても「同一市町村内、又は隣接する市町村内」と制限されていましたが、それも「都道府県内」へと拡大します。そして、地方ブロック大会や全国大会は、中学校が年1回、高校は年2回とされていましたが、それぞれに「程度」の2文字が加えられ、回数のオーバーも許容する内容となりました。

　それだけでなく、「基本計画」で示された、複数種目を体験する機会の確保、競技者の心身両面での負担の軽減、地域スポーツクラブからの参加促進、年齢や競技レベルごとの試合といった方針は、全く反映されませんでした。教育現場の主体的な判断という名の下で、「基本計画」の方針は骨抜きにされたのです。

＊

　当時の議論に共通するキーワードは「主体性」でした。国は、「特色ある学校づくり」に向けて、教育現場の主体的な判断を尊重し、元女子プロバスケットボールプレーヤーの荻原は、勝利至上主義が子どもの主体性を奪うと述べ、特別委員会では、土、日の運動部活動を休止する提案が、「運動部活動は子どもの主体的な活動である」という理由で反対されます。さらに高体連や中体連は、対外試合基準を緩和し、「基本計画」の方針を汲み取らないという、主体的な判断を示していました。このように各立場によって発揮された「主体性」は、当時において全く噛み合っていませんでした。

　同様の問題を繰り返さないためには、何が必要でしょうか。私は、各立場が「共通の土俵に立つ」こと、言い換えれば、これまで運動部活動や対外試合で何が問題になってきたのか、その歴史を共有することが不可欠だと考えます。例えば、運動部活動の勝利至上主義などの問題の背景に、対外試合基準の緩和があったという歴史を共有していれば、再び緩和するという主体性はあり得ず、また、それを教育現場の主体的な判断として尊重することもなかったでしょう。「共通の土俵」に立たない限り、主体性が「エゴイズム」や「人任せ」になりかねないことを、私たちは学ぶ必要があるのです。

## 第32回

# 「スポーツ振興基本計画」の改訂と中学生の国体参加

　前回は、2000（平成12）年に策定された「基本計画」における運動部活動の方針と、その後の対外試合基準の緩和について解説しました。

　今回は、その後に進められた「基本計画」の改訂と、中学生の国体への参加に注目していきます。結論を先に述べれば、改訂された「基本計画」で、「体力づくり」や競技力向上が重視されたことを背景に、中学生の参加できる国体の競技・種目は増加します。対外試合の多さや過熱化は、改訂される前の「基本計画」から課題にされていたのにもかかわらず、前回触れた対外試合基準に続いて、国体の参加基準も緩和されていくのです。なぜ、そのような状況になったのでしょうか。当時の議論に注目していきましょう。

## 1——「体力づくり」と国際競技力の向上

　「基本計画」は、2001（平成13）年から実施に移されましたが、5年後に見直しを図ることになっていました。そのため、2006（平成18）年3月に、中教審スポーツ・青少年分科会に「スポーツ振興小委員会」が設けられ、見直しの議論が進められてきました（同年4月から7月までの合計5回）。なお、第①回の委員会では、小坂憲次文部科学大臣が、(i)生涯スポーツの普及・振興（地域のスポーツ指導者の効果的な活用など）、(ii)国際競技力の向上（競技者育成プログラムの普及など）、(iii)子どもの体力向上の

観点から、「基本計画」の見直しを求めていました。その背景には、2002（平成14）年の中教審答申「子どもの体力向上のための総合的な方策について」がありました。[11]

　答申では、1985（昭和60）年ごろを境に、子どもの体力が低下しているなかで、「部活動などで運動を日常的に行っている者の体力・運動能力は、運動を行っていない者を上回っている」状況が注目され、部活動に期待が寄せられていました。そして、その振興策として「外部指導者の一層の活用」「複数校合同運動部活動」「複数の種目に取り組む総合運動部の推進」「地域のスポーツクラブとの連携・融合」といった方針が示されました。

　また同時に、学校と地域の指導者の双方に、勝ちにこだわった、技術中心の指導の問題があり、発達段階に応じた指導が課題とされていました。このような中教審答申の方針を背景に、文部科学大臣は先の3つの要望を出したのであり、実際に「基本計画」を見直す際の論点となっていきます。

## 2――「基本計画」の見直し

　なお、大臣が要望を出した第①回の委員会では、日体協や日本オリンピック委員会（以下からJOC）へのヒアリングも行われました。そこで日体協は、「学校等の指導者を対象とした競技別の競技者育成プログラムの周知徹底に努めていく」方針を示していました。同様に、JOCも「一貫指導体制の確立」、そして、「スポーツの競技（競うこと）は教育的価値があるので、（『基本計画』に、筆者）記述をつけ加える」「部活動が衰退することは、国民の多くが競技スポーツに接する機会がなくなるということであり、学校部活動における国際競技力向上について検討いただきたい」と主張します。

　このように、日体協やJOCが運動部活動における競技力向上や選手養成を求める一方で、第②回の委員会においては、中体連や高体連が、学校教育活動の一環として運動部活動を位置づけることを提案します。両連盟は、それぞれ勝利至上主義化した運動部活動の実態にふれ、高体連は「日常の練習時間や大会頻度の適正化を図る」と述べていました。しかし、その提案は具体性に乏しく、委員からは「一つの種目について週に何時間も

拘束されるような形態のものについては見直し、スポーツを楽しみたいという子ども達の欲求に学校側がどう応えていくのか、という点について中体連や高体連にご検討いただきたい」という要望が出されていました。

その後、第④、⑤回の委員会では、子どもの「体力づくり」や、先の中教審答申で示された「総合運動部活動」が議論の俎上に載せられました。しかし、後者に関しては、「中学や高校としては施設面や指導者の面など対応が難しい」「『総合運動部活動』は、小学校だから成り立つことであって、専門性のある中学や高校では当てはまらない」と、異議が出されていました。

## 3——「基本計画」の改訂と国体参加基準の緩和

このような議論を基盤にして、「スポーツ振興基本計画の見直しの方向性（案）」が、「生涯スポーツ社会の実現」「国際競技力の向上」「子どもの体力の向上」の観点からまとめられ、2006（平成18）年7月のスポーツ・青少年分科会（第㊵回）で承認されます[12]。それを受けて、同年9月に「基本計画」が改訂されましたが、そこでは前回の「基本計画」の方針が継承されながらも、「見直しの方向性（案）」で示された「体力づくり」や「小学校をはじめとした総合運動部活動の実施」が追記され、また、日体協やJOCが求めていた「競技者育成プログラムの普及」も位置づけられました。

そして、このように「体力づくり」や競技力向上の方針が強調された同時期に、中学生の国体参加に関わる基準も緩和されていきます（表27）[13]。そもそも、中学生の国体参加に関しては、保体審が1987（昭和62）年から4競技・種目に限って承認していましたが、当時は中体連や全日中などの反対もあったので、試行期間が設けられていました（第21回）。結局、それは1994（平成6）年に解かれましたが（第27回）、その後、日体協[14]が2003（平成15）年に『新しい国民体育大会を求めて〜国体改革2003〜』を公表し、そこで「中学3年生の参加競技の拡充」や「年齢区分の見直し」を示すに至ります（11頁）。そして実際に、この方針を受けて2005（平成17）年の基準では、文科省との協議の下で、新たに6つの競技・種目への参加が認められました。

**表27　国体における中学生の参加競技・種目の変化（1987〜2013年）**

| 年月・通牒の名称 | 許可された参加競技・種目 |
|---|---|
| 1987年12月<br>中学生の国民体育大会への参加について（文部省） | 第43回大会（1988年）から、試行的に以下の競技・種目を認める。<br>①水泳競技（競泳）　②陸上競技<br>③体操競技　　　　　④スケート競技（フィギュア）<br>※第49回大会（1994年）から、試行期間でなくなる。 |
| 2005年12月<br>中学生の国民体育大会の参加について（文部科学省） | 第61回大会（2006年）から、以下の競技・種目が追加。<br>⑤ゴルフ　　⑥サッカー　　⑦卓球<br>⑧テニス　　⑨ボウリング<br>⑩カヌー（ワイルドウォーター、スラロームレーシング、フラットウォーター） |
| 2006年12月<br>中学生の国民体育大会への参加を認める範囲について（文部科学省） | 第62回大会（2007年）から、以下の競技が追加。<br>⑪ソフトテニス　　⑫フェンシング<br>第63回大会（2008年）から、以下の競技が追加。<br>⑬アーチェリー　　⑭スキー　　⑮セーリング<br>⑯馬術 |
| 2008年12月<br>中学生の国民体育大会への参加を認める範囲について（文部科学省） | 第64回大会（2009年）から、①水泳に、飛込、シンクロナイズドスイミングが追加され、新たに⑰山岳が追加。 |
| 2010年12月<br>中学生の国民体育大会への参加を認める範囲について（文部科学省） | 第66回大会（2011年）から、⑱ライフル射撃（ビーム・ライフル、ビーム・ピストル）が追加。<br>第67回大会（2012年）から、④スケートに、スピード、ショートトラックが追加。 |
| 2013年3月<br>第68回国民体育大会参加資格、年齢基準等の解釈・説明（日本体育協会） | 第68回大会（2013年）から、⑲バドミントンが追加。 |

※参加学年は全て「第3学年」です。

　なお、「基本計画」が改訂されてからも、表27で示したように、立て続けに基準が緩和されていきます。最終的には、2013（平成25）年の東京大会でバドミントンが加わり、2000年代に入ってから当初の4競技・種目から19競技（23種目）へと大幅に増加したのです。

　また、日体協は2007（平成19）年の「国体の今後の在り方プロジェクト提言骨子」（4頁）において、中学生の参加年齢を「4月1日現在で14歳以上とする」方針を示していましたが、2013（平成25）年3月に出された『21世紀の国体像〜国体ムーブメントの推進〜』では、中学3年生

の参加競技・種目の拡充とともに、中学2年生以下の参加も提案しています（20頁）。いったい、中学生の参加競技・種目数の拡大や、年齢の引き下げは、どこまで進むのでしょうか。

＊

　これまでの対外試合のあり方が問題にされていたのにもかかわらず、中学生の国体参加に関わる基準は緩和され続けました。その背景には、学習指導要領上の部活動の位置づけが曖昧であったことや、「基本計画」の見直しに関わる議論において、中体連や高体連から具体的な教育論が提示されなかったことがありました。そのようななか、「基本計画」の中で示された運動部活動の方針は、「体力づくり」と競技力向上でした。そして、これらは国体の参加基準を緩和する後押しにはなっても、「歯止め」にはなりませんでした。

　歴史的に捉えれば、このような状況は1964（昭和39）年の東京オリンピックの後と酷似しています。当時においても、超勤手当の支給に関わって、部活動の位置づけの曖昧さが露呈していました。そのような状況下、「体力づくり」が政策に移され、運動部活動や対外試合も同様の視点から評価されるようになります。競技団体も「体力づくり」と競技力向上を建前にして、対外試合基準の緩和を求めていました。そして、最終的に行き着いたのが、対外試合基準の緩和（学校内・外の対外試合基準の設定）であり、運動部活動の地域移行でした（第10、11回）。この歴史が示すように、「体力づくり」や競技力向上は、学校に運動部活動を位置づけたり、過熱化を抑止する教育論としては「脆弱」なのです。

　これまでの回でもたびたび指摘してきましたが、運動部活動の過熱化の背景には、対外試合基準の緩和があります。しかし、先ほども触れたように、2013（平成25）年に入ってから日体協は、中学3年生の参加競技・種目の拡充とともに、年齢制限をさらに引き下げる方針を示しています。それに対して、私たちは「体力づくり」や競技力向上ではない言葉で、何が語れるのでしょうか。それが、今も問われているのです。

### 第33回

# 学校選択制度と
# 運動部活動をめぐる格差

　前回は中学生の国体参加に関わる基準が緩和された経緯を解説しました。
　今回は、当時の中学校の実態について、さらに検討していきます。同時期には、各中学校に特色を打ち出させ、子どもや親に進学する学校を選ばせる、いわゆる学校選択制度が推進されていました。学校の特色化に関しては、私立高校や公立高校職業科から、公立高校普通科へと広がってきいましたが（第19、20、26、27回）、ついにそれが義務教育段階の中学校にも及んだのです。その結果、一部の自治体において、中学校間の競争が激化します。さらに子どもや親は、運動部活動の実施体制や競技成績を、学校選択の判断材料にしていました。そのため、運動部活動のあり方は、中学校の存続をも左右しかねない、学校経営の問題となります。実際に、子どもが流出した中学校では、教師の数も減ることになり、部活動はこれまでと同様に実施できなくなりました。こうして義務教育段階から、運動部活動の実施体制に格差が生じるようになったのです。
　今回は、学校選択制度という「窓」から、特に中学校の運動部活動について眺めていきましょう。

## 1──学校選択制度の模索

　学校選択制度に関する提案は、臨教審第3次答申（1987［昭和62］年）で見られましたが、それが実行に移されたのは、文部省が1997（平成9）

年に出した通知「通学区域制度の弾力的運営について」からでした。そこでは、学区外の中学校に進学する際の条件が、①地理的な理由、②身体的な理由、③いじめの対応、④児童生徒などの具体的な事情に即して相当と認めるときの4点に整理されていました。

このように、当初は「部活動を理由とする中学校選択」が認められていませんでした。その後も、2000（平成12）年の『公立小学校・中学校における通学区域制度の運用に関する事例集（第2集）』（127-130頁）の中で、福井県鯖江市の「部活動を理由とする就学校の変更」の事例が取り上げられましたが、それは「その他」の項目で紹介された、特例的な位置づけでした。しかも、学校選択制度の運用が、各市町村教育委員会の判断に委ねられていたため、全国に広がることもありませんでした。

しかし、2001（平成13）年に発足した、小泉純一郎内閣以降に、状況は急展開を遂げていきます。

## 2────「大臣折衝」と鶴の一声

構造改革なくして、景気回復なし。小泉内閣は、このスローガンを旗印に始まりました。彼は、これまで行政が担ってきた公的なサービスを可能な限り民間・市場に委ねる、いわゆる「新自由主義」政策を重視していました。

中学校も「構造改革」の例外ではなく、学校間の自由競争を促す学校選択制度の議論が、徐々に進展していきます。2005（平成17）年には、閣議決定・「経済財政運営と構造改革に関する基本方針2005」の中で、学校選択制度を全国に普及する方針が示されます。それに対して文科省は、学校選択制度の運用に関して、各市町村教育委員会の自主的な判断を尊重する立場であり、国が義務づけることに難色を示していました。

そのため、議論は平行線をたどりましたが、同年12月19日に行われた、中馬弘毅行政・規制改革大臣と、小坂憲次文部科学大臣による「大臣折衝」において決着を見ます。すなわち、その場で、学校選択制度の実施に関わって、文科省が市町村教育委員会に対して積極的な検討を促すこと、さらに、学校選択制度を拡充するために、部活動も選択の理由として認め、施行規則に明文化することで合意に至るのです。

この決着は、まさに小泉内閣が重視した「政治主導」の最たるものでした。そもそも、「部活動による中学校選択」という方針は、これまで議論の俎上に載せられておらず、いわば政治家の「鶴の一声」で決定されたからです。しかも、それは学校選択制度を推進するうえで、大きな意味をもちました。これまで変更事由として認められていた、①地理的な理由、②身体的な理由、③いじめの対応は、いずれも学校や生徒のやむを得ない問題に対応する意味合いが強かったのですが、新たに認められた部活動という選択肢は、子どもや親の主体的な選択を促すものだったからです。そのため、この方針は後の会議において、規制緩和を求める立場が推し進めていくことになります。

## 3──文科省の方針転換

　「大臣折衝」を受けて、文科省は2006（平成18）年に、改めて『公立小学校・中学校における学校選択制等についての事例集』を出し、そこで「例えば、いじめへの対応、通学の利便性、部活動等学校独自の活動等を理由とする場合が考えられますが、変更を相当と認める具体的な事由については、…略…各市町村教育委員会において、地域の実情等に応じ適切にご判断の上、予め明確にして公表するようお願いいたします」と記します。つまり、これまでこだわっていた、各市町村教育委員会の判断を尊重する方針は変えずに、「部活動を理由とする中学校選択」を認めたのです。

　しかし、規制緩和を求める立場の人は満足しません。その急先鋒であった福井秀夫は、「これだと『例えば』になっているのにすぎないので、部活動等学校独自の活動を事由とする場合でも、適切に判断しさえしたら、ある自治体では『相当な理由』に当たらないことになる」「端的に言うと、部活動を理由としてだめという市町村教育委員会が出てきてもいいんですか。我々はよくないと理解しています」と会議の中で述べ、例示ではなく、全国的に「部活動を理由とする中学校選択」を認めるように迫ったのです。

　最終的に、文科省も折れることになりました。2006（平成18）年6月26日に出された「学校教育法施行令第8条に基づく就学校の変更の取扱いについて」（事務連絡）の中で、「『いじめへの対応、通学の利便性など

の地理的な理由、部活動等学校独自の活動等』については、文部科学省としては、単なる事例ではなく、どの市町村においても就学変更が認められて良い理由として示したものである」と通知されるのです。そして、このような通知を出した以上、文科省はその方針を遵守していない教育委員会に対して、指導や助言が求められるようになりました。それは、教育委員会の自主的な判断を重視してきた、従来の方針からの転換を意味しました。

## 4──学校選択制度の広がりと見直し

　このようにして、運動部活動という選択肢は、学校選択制度を推進する役割を担うようになりました。同時に、生徒数の少ない中学校の運動部活動は縮小され、さらにそれが避けられる理由となって生徒数の減少につながる、という悪循環に陥るケースも生じていました[20]。

　また、強豪校に通うための越境入学を認めていない自治体でも、規則が破られるようになり、例えば、全国大会で優勝した駅伝部の５人が、住民票を移して入学していた実態も明らかになりました[21]。特定の自治体で始まった学校選択制度でしたが、それを背景に中学校の運動部活動が、学校の生き残りをかけた活動へと変わっていったのです。さらに同時期には、前回も触れたように、中学生の国体参加に関わる規制緩和も進められ、多くの種目で参加が認められるようになりました。それも、学校選択制度の下では、学校の生き残り競争に利用されかねない状況でした。

　この他にも、地域とのつながりが希薄になるなどの問題もあり、後に学校選択制度を見直す自治体が出てきます[22]。2009（平成21）年12月に出された『公立小学校・中学校における学校選択制等についての事例集』[23]の冒頭でも、収録された事例は、全国で画一的に導入できるものではないと述べられています。また、参考資料として付けられた、中教審初等中等教育分科会資料（平成21［2009］年7月6日）では、部活動に関わって以下のように指摘されています。

　「例えば、学校の『特色』の中には、部活の指導者のように、特定の教員の力量に依っている場合もあるが、いつまでもその教員を当該校に留め置けるわけではない。このような場合には、そもそも教育委員会として部

活動をどのように考えるのかという観点を持つことも必要である」

　ここで示唆されているように、学校選択の理由として部活動を認めるのであれば、各学校の教員が指導でき、同時に、教員の異動にも耐えうる、部活動の教育内容が示されなければなりません。しかし、学校選択制度が進められた当時の学習指導要領では、部活動の位置づけが曖昧であり、具体的な教育内容も明示されていませんでした（第30回）。さらに、同時期に改訂された「基本計画」では、「体力づくり」と競技力向上の方針が強調されていましたが（第32回）、とりわけ後者に関しては、全ての教員が担えるものではありませんでした。

　これらの問題を抱えて今日に至っているのであり、私たちは学校選択制度だけではなく、運動部活動の教育論の検討も求められているのです。

＊

　学校選択制度では、各学校を競争させることが、質の高い教育・サービスの提供につながると考えられていました。しかし実際には、人気のない学校を潰し、公費・税金の負担を少なくする意図がありました。

　そして、そのような学校選択制度の推進に、運動部活動は利用されました。言うまでもなく、運動部活動の競技成績は、学力テストの結果と同様に、各学校を序列化するのに適していたからです。しかもそれは、密室の「大臣折衝」において決まりました。これまでにも、政治家の「鶴の一声」が部活動に影響を及ぼしたことがありましたが（第10、18、21回）、同様の歴史が繰り返されたのです。

　その背景には、学習指導要領における部活動の位置づけが曖昧であったことに見られるように、部活動の教育内容の不備がありました。そして、当時の「基本計画」で示された競技力向上という方針や、同時期に進められた中学生の国体参加は（第32回）、学校選択制度で志向されていた、学校の序列化を抑止するものではなく、むしろ利用されかねないものでした。

　このような歴史や実態をふまえれば、競技成績という「結果」ではなく、教育活動の「質」を高め合うことにつながるような運動部活動の教育論が、私たちに求められていると言えるでしょう。それが学校選択制度の問題を乗り越えるために不可欠であり、また、運動部活動の政治的な利用を克服する、「唯一の道」ではないでしょうか。

# 第34回

# 教員採用試験とクラブ・部活動に対する「絶対的な信頼」

　前回は、2000年代に入ってから、学校選択制度（「特色ある学校づくり」）が中学校にも広がったことを解説しました。

　今回は、少し視点を変えて、教員の置かれていた状況から、運動部活動の問題を考えたいと思います。具体的には、教員になるうえで避けることのできない、教員採用選考試験（以下から採用試験）におけるクラブ・部活動の評価に注目していきます。結論を先に述べれば、採用試験では、志願者全員に対するクラブ・部活動の評価が推進されるとともに、競技成績が高い志願者には、試験の一部免除や特別選考などの措置が取られてきました。これまでには、80年代以降に学校や子どもの「特色」や「個性」が重視されるようになったことを解説しましたが（第26〜28、30、33回）、その影響は教員にも及んでいたのです。

　しかし、教員自身が「個性」や「特色」をめぐる競争下にあり、多かれ少なかれその恩恵を受けてきたとすれば、スポーツ推薦入試や学校選択制度などに見られる、子どもの「個性」の評価や学校の「特色」づくりに関わる問題を、批判しにくい状況だったことになります。これまでにも、運動部活動の問題に対する教育関係団体の不十分な対応や、教員が問題を継承してしまった実態について触れてきましたが（第13、14、16、20〜24、29、31、32回）、今回は採用試験という観点から、その原因を考えたいと思います。

# 1──採用試験をめぐる政策の動向

　最初に、表28を用いて、採用試験をめぐる政策の動向を確認しましょう。採用試験に関しては、①の中教審答申において、「教員の採用の方法及び決定時期については、人材を確保するなどの見地から更に工夫すること」が指摘されていました。

　これを受けて、政権与党であった自由民主党の教員問題小委員会が、以下のような提言を行います（②）。

　「教員としてふさわしい適性を見るには、単に知識や学力に偏ることなく、教員として真に必要な資質を多面的に評価しなければならない。このため、…略…学校生活中のクラブ活動歴や奉仕活動などの社会的活動への参加状況、特技等について適切に評価するなど選考方法の多様化を図る必要がある」

　そして、実際にその後、志願者全員に対するクラブ・部活動の評価が推進されていきます。③の通知で「教育者としての使命感、実践的指導力をみるため、面接、実技試験等を一層重視し、また、クラブ活動、社会的奉仕活動等の経験や教育実習の履修状況について積極的に評価を行うよう配慮する」方針が示され、それ以降にも続いていくのです（④、⑤、⑦、⑧）。

　クラブ・部活動で教育者としての使命感や実践的指導力を見るというのは、仰々しいようにも感じます。しかし、このように評価の対象となったことで、志願者にはクラブ・部活動への参加が求められるようになりました。参加していなければ、評価の対象から外れてしまうからです。

　さらに、③の通知は、クラブ・部活動に教育的価値があるという前提で書かれており、「どのような経験・実績によって、教育者としての使命感や実践的指導力を評価するのか」は示されておらず、それは、後の教育政策においても同様でした。おそらく、「それは採用試験を実施する都道府県及び市（以下から県市）で考えよ」ということなのでしょうが、いずれにしても、志願者にとってクラブ・部活動は、何が評価されるかわからない、無視することのできない選考基準となりました。

　また、同時期には、一般選考とは別に実施される、スポーツの競技成績が高い者の選考が提案されます。既に、選考方法の多様化の方針に関して

**表28　教員採用選考試験に関わる方針を示した政策**

| NO | 年 | 名称 | 出典・URL |
|---|---|---|---|
| ① | 1978 | 中央教育審議会答申「教員の資質能力の向上について」 | 『教育委員会月報』(第335号、73-75頁) |
| ② | 1981 | 自由民主党教員問題小委員会「教員問題に関する小委員会報告」 | 『季刊 国民教育』(第52号、177-180頁) |
| ③ | 1982 | 教員の採用及び研修について(文部省通知) | 『教育委員会月報』(第382号、37-40頁) |
| ④ | 1986 | 臨時教育審議会「教育改革に関する第2次答申」 | 『臨教審総覧 上巻』(第一法規、1987年、90-209頁) |
| ⑤ | 1986 | 臨時教育審議会「教育改革に関する第2次答申」について(文部省通知) | 『現代日本教育制度史料　53』(東京法令出版、1992年、820-827頁) |
| ⑥ | 1987 | 教育職員養成審議会答申「教員の資質能力の向上方策等について」 | 『文部時報』(第1332号、36-68頁) |
| ⑦ | 1996 | 教員採用等に関する調査研究協力者会議「教員採用等の改善について(審議のまとめ)」 | 『教育委員会月報』(第552号、20-34頁) |
| ⑧ | 1996 | 教員採用等の改善について(文部省通知) | 『教育委員会月報』(第552号、10-13頁) |
| ⑨ | 1997 | 教育職員養成審議会第1次答申「新たな時代に向けた教員養成の改善方策について」 | 『教育評論』(第605号、22-43頁) |
| ⑩ | 2002 | 中央教育審議会答申「今後の教員免許制度の在り方について」 | 文部科学省ホームページ内 (http://www.mext.go.jp/b_menu/shingi/chukyo/chukyo0/toushin/020202.htm) |
| ⑪ | 2005 | 中央教育審議会答申「新しい時代の義務教育を創造する」 | 『初等教育資料』(第802号、85-116頁) |
| ⑫ | 2005 | 規制改革・民間開放推進会議「規制改革・民間開放の推進に関する第2次答申」 | 『季刊 行財政研究』(第61号、39-114頁) |
| ⑬ | 2006 | 「規制改革・民間開放の推進に関する第2次答申」における教員採用、教員評価等に係る運用上の工夫及び留意点について(文部科学省通知) | 文部科学省ホームページ内 (http://www.mext.go.jp/a_menu/shotou/senkou/1243310.htm) |
| ⑭ | 2008 | 平成21年度「教員採用等の改善に係る取組事例」の送付について(文部科学省通知) | 『週刊 教育資料』(第1060号、34頁) |
| ⑮ | 2011 | 教員採用等の改善について | 文部科学省ホームページ内 (http://www.mext.go.jp/a_menu/shotou/senkou/1329308.htm) |

は、先の自由民主党の提言（②）や、臨教審答申においても見られますが（④、⑤）、最終的には⑦の「審議のまとめ」において、以下のように述べられました。

「スポーツ、芸術等の分野において特に秀でた技能・実績を有する者の採用は、それらを持つに至った体験が、周りの教員の意識によい刺激を与えるほか、個性豊かな児童生徒の育成にとっても、良い効果をもたらすことが期待できる。今後は、いわゆる一芸に秀でた者の採用を一層促進するとの観点から、これらの者の特別選考の導入を検討することも求められる」

ここでも見られるのは、クラブ・部活動や、競技成績に対する「絶対的な信頼」です。そして、その後も同様の考えに基づいて、競技成績の高い者への配慮が指摘され続いていくのです（⑧、⑭、⑮）。

さらに、教員免許をもっていない人も教壇に立つことを認める、特別の免許制度が提案され（④、⑥）、実際に1988（昭和63）年には、教育職員免許法が改正され、特別免許状が制度化されます。その後、特別免許状から普通免許状への上進制度が提案され（⑨）、多様な人材を学校教育に登用することがめざされてきましたが（⑪）、特別免許状を活用した採用試験に関しては、思うように浸透しませんでした。2005（平成17）年度の採用試験で活用していたのは12県市であり、授与件数は制度創設から2004（平成16）年度までを合計しても、149件にすぎませんでした（⑫）。なお、保健体育に関しても、2000（平成12）年度までに授与されたのは、私立高校の1件だけでした（⑩）。そのため、近年に至るまで、この制度の活用が課題として挙げられており（⑬、⑭、⑮）、後述するように、その推進に保健体育の採用試験が利用されていくのです。

## 2──採用試験の実際

次に、これらの政策が、実際の採用試験に及ぼした影響に注目していきましょう。採用試験におけるクラブ・部活動の評価に関しては、1983（昭和58）年度から調査されています。その動向をまとめたのが表29です。

まず、表の中央左側にある「志願者全員に対する措置」の数字を、時系列で見ていきましょう。年度によって調査方法が異なるので注意が必要で

**表29　教員採用選考試験におけるクラブ・部活動に関わる評価の変遷**

| NO | 採用試験年度 | 都道府県・指定都市教育委員会数 | 志願者全員に対する措置 | | | | | | 競技成績の高い者への措置 | | | | 出典『教育委員会月報』の号数 |
|---|---|---|---|---|---|---|---|---|---|---|---|---|---|
| | | | 志願書などに記入 | | | 面接で聴取・確認 | | | 特別選考 | 一部試験免除 | 特別免許状の活用 | 年齢制限の緩和 | |
| | | | 小 | 中 | 高 | 小 | 中 | 高 | | | | | |
| ① | 1983 | 57 | 45 | 45 | 45 | 40 | 40 | 40 | | | | | 385号 |
| ② | 1984 | 57 | 50 | 50 | 50 | 38 | 38 | 38 | | | | | 398号 |
| ③ | 1985 | 57 | 51 | 51 | 51 | 42 | 42 | 42 | | | | | 410号 |
| ④ | 1986 | 57 | 53 | 53 | 53 | 52 | 52 | 52 | | | | | 421号 |
| ⑤ | 1987 | 57 | 53 | 53 | 53 | 52 | 52 | 52 | | | | | 435号 |
| ⑥ | 1988 | 57 | 49 | 49 | 49 | 54 | 54 | 54 | | | | | 446号 |
| ⑦ | 1989 | 57 | 49 | 49 | 47 | 53 | 53 | 52 | | | | | 460号 |
| ⑧ | 1990 | 58 | 49 | 49 | 47 | 54 | 54 | 54 | | | | | 471号 |
| ⑨ | 1991 | 58 | 49 | 49 | 47 | 54 | 55 | 53 | | | | | 483号 |
| ⑩ | 1992 | 58 | 49 | 49 | 48 | 54 | 54 | 54 | | | | | 495号 |
| ⑪ | 1993 | 59 | 50 | 50 | 47 | 56 | 56 | 54 | 1 | | | | 507号 |
| ⑫ | 1994 | 59 | 52 | 52 | 49 | 57 | 57 | 54 | 1 | | | | 520号 |
| ⑬ | 1995 | 59 | 52 | 52 | 49 | 57 | 57 | 54 | 2 | | | | 533号 |
| ⑭ | 1996 | 59 | 52 | 52 | 50 | 54 | 54 | 51 | 3 | | | | 546号 |
| ⑮ | 1997 | 59 | 51 | 51 | 48 | 56 | 56 | 52 | 4 | | | | 559号 |
| ⑯ | 1998 | 59 | 52 | 52 | 49 | 58 | 58 | 54 | 4 | 1 | | | 572号 |
| ⑰ | 1999 | 59 | 52 | 52 | 50 | 54 | 54 | 53 | 6 | 2 | | | 586号 |
| ⑱ | 2000 | 59 | 52 | 52 | 50 | 54 | 54 | 52 | 6 | 2 | | | 599号 |
| ⑲ | 2001 | 59 | 48 | 48 | 49 | 49 | 49 | 50 | 8 | 2 | | | 612号 |
| ⑳ | 2002 | 59 | 54 | 54 | 50 | 51 | 51 | 47 | 10 | 4 | | | 625号 |
| ㉑ | 2003 | 59 | 55 | 55 | 50 | 47 | 47 | 44/47 | 11 | 5 | | | 638号 |
| ㉒ | 2004 | 60 | 55 | 55 | 52 | 47 | 47 | 46 | 13 | 6 | | | 651号 |
| ㉓ | 2005 | 60 | 56/55 | 56/55 | 52/51 | 44/42 | 44/42 | 44/43 | 13 | 8 | | | 663号 |
| ㉔ | 2006 | 61 | 54 | 54 | 54 | 43 | 43 | 43 | 16 | 6 | | | 675号 |
| ㉕ | 2007 | 62 | 53 | 53 | 53 | 42 | 42 | 42 | 16 | 5 | | | 687号 |
| ㉖ | 2008 | 64 | 58 | 58 | 58 | 58 | 58 | 58 | 19 | 7 | 1 | | 699号 |
| ㉗ | 2009 | 64 | 62 | 62 | 62 | 不明 | 不明 | 不明 | 24 | 6 | 4 | | 711号 |
| ㉘ | 2010 | 65 | 61 | 61 | 61 | 不明 | 不明 | 不明 | 25 | 6 | 4 | 5 | 723号 |
| ㉙ | 2011 | 66 | 62 | 62 | 62 | 不明 | 不明 | 不明 | 31 | 7 | 5 | 5 | 735号 |
| ㉚ | 2012 | 66 | 62 | 62 | 62 | 不明 | 不明 | 不明 | 32 | 6 | 5 | 5 | 749号 |
| ㉛ | 2013 | 67 | 63 | 63 | 63 | 不明 | 不明 | 不明 | 33 | 8 | 5 | 5 | 761号 |

※ この表は、文部(科学)省が公表している、各年度の「公立学校教員採用選考試験の実施方法について」と、1997年度及び1999～2013年度の「教員採用等の改善に係る取組事例」をもとにまとめたものです。

すが、この列の①〜⑥の年度の数値は、クラブ・部活動や社会的奉仕活動などについて、志願書などに記入させている県市、及び、面接で聴取・確認する県市の数です。そして、⑦〜㉕の数値は、クラブ・部活動に限定したもの（社会的奉仕活動歴などが除かれた数値）、㉖は再びボランティア活動を含めたもの、㉗〜㉛は提出書類にクラブ・部活動に関する記載を求めている県市の総数を示しています。いずれにしても、今ではほとんどの県市が、クラブ・部活動に関して何らかの評価をしています。

　次に、表の中央右側の「競技成績の高い者への措置」に注目してください。まず、一般の採用試験とは別に実施される特別選考に関しては、1993（平成5）年度から見られ（⑪）、今日では約半数の県市が実施しています。とりわけ、2008（平成20）年改訂の学習指導要領の「総則」で、部活動について記されてからは急増しています（㉗、㉙）。

　また、競技成績に基づいて、採用試験の一部を免除にする県市も、少しずつ増えてきました（⑯〜㉛）。免除する内容は、実技試験の一部あるいは全て、専門教養試験と実技、1次試験の全て（一般・教職教養試験を含む）、1次試験と2次試験の全て（代わりに作文試験の実施）というように様々です。この措置が始められた当時（1998［平成10］年）、学習指導要領上の部活動の位置づけは曖昧だったのですが（第30回）、採用試験では部活動の指導を視野に入れて、一部免除の措置が始められていくのです。

　そして、スポーツ・芸術での技能や実績に基づく、特別免許状を活用した選考や、年齢制限を緩和する措置も、2008（平成20）年の学習指導要領の改訂以降、一定数の県市で実施されています。

　このように、これまでの採用試験では、何を評価するのかを不問にしたまま、志願者全員に対するクラブ・部活動の評価が続けられてきました。また、高い競技成績が、採用試験の「一部」あるいは「全部」を代替する、さらには、教員免許を「一時」代替するとも考えられてきました。つまり、実際の採用試験においても、クラブ・部活動、そして、高い競技成績に対する「絶対的な信頼」が貫かれてきたのです。

＊

　このような明確な根拠のない、「絶対的な信頼」は何を生み出すでしょうか。「クラブ・部活動の教育的意義はわからないけど、続けることが大切」

（続ければ評価される、続けなければ評価されない）という保守的な態度、そして「競技成績が高い者が得をする」という価値観ではないでしょうか。教員になるための入り口である採用試験で、このような価値観が生産され続ける限り、これまで運動部活動で問題になってきた勝利至上主義、管理主義、競技成績の評価、そして、「個性」や「特色」を重視する教育政策の弊害を、教員自身が批判的に検討することは難しくなります。また、採用試験の際に、競技成績に基づく特別待遇を受けた者が、地域の中体連や高体連の中核的な存在になっていくとき、問題を批判・改善していくことは、より困難になるでしょう。

　このように、教員を取り巻く環境・制度にまで視野を広げなければ、運動部活動の問題は解決できそうもありません。私たち一人一人が、クラブ・部活動、そして、高い競技成績に対する「絶対的な信頼」に毒されていないか、そして、そのように思わされてきた背景には何があるのかを、改めて確認する必要があると思うのです。

第35回

# 教員評価と部活動

　前回は、採用試験における部活動の評価に注目しました。これまで、部活動の何を評価するのかを不問にしたまま、志願者に対する評価が続けられてきました。

　今回も、この問題をさらに深く検討したいと思います。具体的には、教員採用後に実施される、教員評価と部活動の関係についてです。結論から先に述べれば、課外の部活動を評価することの妥当性については、ここでも十分に議論されませんでした。なぜ、このような事態に陥ったのでしょうか。今回も歴史を紐解いていきましょう。

## 1──教員評価の始まりと問題の発生

　まず、教員評価の前提となる法的な根拠を確認しておきましょう。地方公務員法の第40条第1項には、「任命権者は、職員の執務について定期的に勤務成績の評定を行い、その評定の結果に応じた措置を講じなければならない」と記されています。この法律をふまえ、教員評価の在り方が模索されていきますが、当初、それは「勤務評定」(以下から「勤評」)と呼ばれていました。この制度の皮切りとなったのが、1956(昭和31)年の愛媛県における取り組みでした。財政難に陥っていた同県は、定期昇給の対象者を勤務成績の良い7割に限定することを決め、教員も「勤評」によってふるいにかけられました。文部省も、「勤評」を全国で実施する方針を定め、それを受けて都道府県教育長協議会は、1957(昭和32)年12月

に「教職員の勤務評定試案」(以下から「試案」)を公表します。このような動向に対して、日教組は、全国的な反対運動を展開しましたが、各都道府県では「試案」をもとに「勤評」の準備が進められていきました。

なお、この「試案」では、教諭の職務が①学級経営、②学習指導、③生活指導、④評価、⑤研究修養、⑥公務の処理で整理されるとともに、特性や能力が⑦教育愛、⑧指導力、⑨誠実、⑩責任感、⑪公正、⑫寛容・協力、⑬品位の観点で見られることになり、それぞれ5段階で評価されることになっていました。教員の人間性まで評価することの問題や、これらを評価するための観察内容が合計で82個もあり、運用上の混乱もありました。そのため、実際に各都道府県で定められた「勤評」では、職務の評価（④）と「総評」における相対評価、そして、教育愛（⑦）や品位（⑬）などの人間性の評価が見直されていきます。

## 2――「超勤4項目」と特殊業務手当の矛盾

ちなみに、先の「試案」において、クラブ・部活動の指導は、③生活指導の職務を評価するための観察内容に含まれ、「児童会、生徒会、ホームルーム、クラブ活動等の指導を適切に行っているか」が観点として示されていました。その後、1960年代に、日教組では課外の部活動の指導が教員の職務に含まれるのかが論点となり、部活動指導などのやむを得ず行っている超勤に対して、割増手当を要求してきました。しかし、1971（昭和46）年に給特法が成立し、原則として超勤に手当が支給されなくなりました。そのため、超勤を命ずることのできる範囲について、文部省と日教組の間で話し合いが進められ、①生徒の実習に関する業務、②学校行事に関する業務、③学生の教育実習の指導に関する業務、④教職員会議に関する業務、⑤非常災害などやむを得ない場合に必要な業務に制限されました（③に関しては附属学校のみが対象であるため、以下から①、②、④、⑤を「超勤4項目」と呼びます）。この過程で、「超勤4項目」に該当しない、勤務時間外の部活動の指導には、超勤を命ずることができなくなったのです（第13、14回）。

その後、臨時で長時間にわたる業務に特殊業務手当が支給されるように

なり、そこに対外試合の引率が位置づけられました（第15回）。さらに、1977（昭和52）年には、勤務を要しない土、日の部活動指導にも、支給の範囲が広げられ（第18回）、それらは徐々に増額されてきました（第30回）。しかし同時に、部活動の指導は超勤の対象から外されたのに、手当は支給されるという曖昧な状況が続くことになりました。

## 3──新しい教員評価制度

　その後、子どもの荒れや問題行動、そして教員の不祥事などを背景に、2000（平成12）年度から、東京都において新しい教員評価制度（「人事考課」）が行われるようになります[34]。この制度は、①自己申告制度と、②業績評価制度で構成されていました。①の自己申告は、年度当初に、各学校の校長が立てた学校経営方針に基づき、各教員が目標設定を行い、年度途中に目標の追加・変更をし、年度末に評価するという流れで運用することになっていました。②の業績評価は、校長・教頭の絶対評価と、教育委員会による相対評価で構成され、その結果を処遇に反映させる点で、かつての「勤評」とは一線を画すものでした。そして、教諭の職務内容が①学習指導、②生活指導・進路指導、③学校運営、④特別活動・その他に整理されるとともに、部活動の指導が④に位置づけられ、評価の対象とされました。

　では、「超勤4項目」と部活動指導の矛盾は、解消されたのでしょうか。教職員の超勤が制限されていることをふまえ、東京都の制度でも、原則として職務の範囲が「勤務時間内」と「超勤4項目」とする方針が示されています。しかし一方で、部活動については「教育職員の自発性に頼って指導業務が行われているのが実状である」「職務の一環として行われている実態もある」ことから、勤務時間外でも評価の対象（減点はせず加点評価のみ）とされました。つまり、「超勤4項目」をめぐる問題・矛盾には目をつぶり、教育現場で指導されている「実状・実態」を追認することで、評価の対象としたのです。

　同時期に、国の政策でも教員評価を進める方針が示されており[35]、部活動の地域移行を求めていた日教組[36]も、このような動向を無視することはでき

ず、国民教育文化総合研究所に調査を委託しています。その報告書では、既に制度を導入している5つの都府県で、部活動を評価に含んでいるのかが分析され、「給与支給対象外の活動を評価するのは違法」「評価の対象となるのは、勤務時間内に職務としてなされた行動」「勤務時間外の勤務を助長する」「(部活動の評価が)過熱化をもたらす」と批判しています。[37]

　その後、他の都道府県市においても制度化が進められていきますが、実際の運用方法は様々であり、例えば、処遇に反映させるところと、そうでないところがありました。部活動を評価に含むのかに関しても対応が分かれており、仮に評価するとしても、部活動を位置づける職務・評価項目に統一性は見られません（表30）[38]。つまり、どの職務に位置づけても「収まりが悪い」のであり、その問題は勤務時間外の部活動の指導を、勤務時間内の職務と関連づけて評価することによって生じています。なお、私が調査した限り、「超勤4項目」の問題を、乗り越える論拠を示している自治体はありませんでした。

　このように、部活動の何を評価するのかのコンセンサスは、教員評価においても十分に得られていないのです。

＊

　これまで見てきたように、採用試験で見られた部活動の曖昧な評価は、採用後の教員評価にまで続くものでした。

　もし、教員評価に部活動を含むのであれば、「超勤4項目」との矛盾を解決しなければなりません。さらに、部活動の指導が教員の専門性に裏打ちされた職務であるのか(学校の教員でなければ指導できない内容なのか)、また、勤務時間外の部活動でしか指導できない教育内容なのかの議論も必要でしょう。「現実に行われているから評価の対象にする」という対応では、問題の解決にはならないのです。運動部活動は何のためにあるのか……。それは、子どもだけではなく、教員自身にも問われていることだと言えるでしょう。

表30 都道府県市の教員評価における部活動指導の位置づけ（中学校、高校教諭）

| 都道府県市 | 部活動の評価 | 部活動を位置づけた職務・項目 | 出典・情報源 |
|---|---|---|---|
| 北海道 | × | 評価項目にしていない | 2013年12月4日（電話による聞き取り） |
| 青森県 | × | 評価項目にしていない | 青森県教育委員会『教職員の人材育成・評価制度の手引き』(2008年3月、15、31、33頁) |
| 岩手県 | △ | 指定なし（生徒指導の項目で記入する教員もいる） | 2013年11月22日（電話による聞き取り） |
| 宮城県 | ○ | 教科外指導 | 宮城県教育委員会『公立学校職員評価実施要領』「別表第1の7」 |
| 秋田県 | ○ | 自己目標（高校のみ） | 秋田県教育委員会『人事評価ハンドブック』(平成18年度本格実施用、12-14、20、38頁) |
| 山形県 | △ | 指定なし（生徒指導、特別活動、学校経営との関連で総合的に評価） | 山形県教育委員会『平成25年度 県費負担教職員の評価に関する試行のための手引き』(6頁)、『県立学校教職員の評価に関する試行のための手引き』(6頁) |
| 福島県 | ○ | 教科外指導 | 福島県教育委員会『教職員目標管理制度の手引き 平成20年3月改訂版』(6、14頁) |
| 茨城県 | ○ | 学級経営及びその他の指導 | 2013年12月4日（メールにより回答） |
| 栃木県 | ○ | 児童・生徒指導 参画・経営 | 栃木県教育委員会『教職員評価制度について』(2013年4月、18、25頁) |
| 群馬県 | ○ | 学習外の指導 | 群馬県教育委員会『教員人事評価の手引〈県立学校用〉 平成25年4月』(30、56頁)、『同〈市町村立学校用〉』(30、48頁) |
| 埼玉県 | ○ | 学年・学級経営・生徒指導等 | 埼玉県教育委員会『目指す学校像の実現に向けて 教職員評価システムの手引き（改訂版）』(2012年4月、18、22頁) |
| 千葉県 | ○ | 学級経営・生徒指導等 | 千葉県教育委員会『千葉県公立学校職員の教職員人事評価実施の手引』(2011年4月、28、37、52、72頁) |
| 東京都 | ○ | 特別活動・その他（部活動に関しては加点評価のみ） | 東京都教育職員人事研究会『東京都の教育職員人事考課制度』(ぎょうせい、2000年、54-68、196、212-214頁) |
| 神奈川県 | ○ | 教科外指導（教科外指導全体で評価） | 教職員人事制度検討委員会『教職員の新たな人事評価システムについて』(2003年2月、11-12頁) |
| 新潟県 | 未回答（2013年12月8日現在） | | |
| 富山県 | ? | 記述なし | 教員の評価制度検討委員会『新しい教員評価について―自己申告・自己評価による教員評価―報告書』(2006年3月) |
| 石川県 | △ | 指定なし | 2013年11月28日、12月5日（メールにより回答） |
| 福井県 | 試行段階のため回答できない | | 2013年11月28日（メールにより回答） |
| 山梨県 | △ | 教科外指導（勤務時間内が評価対象だが、部活動に関しても留意する） | 山梨県教育委員会『教職員の評価制度の手引き』(15、18頁) |
| 長野県 | △ | 特別活動等（この欄で課外活動について申告する方針） | 長野県教員評価検討委員会『新しい教員評価制度について―最終報告―』(2005年4月、7頁) |
| 岐阜県 | ○ | 生徒指導 | 2013年11月25日（メールにより回答） |
| 静岡県 | ○ | 自己PR欄（任意） | 静岡県教育委員会『静岡県の教職員人事評価制度（概要版）―教職員説明用資料―』(2013年4月、4、7、8頁) |
| 愛知県 | ○ | その他（部活動・地域との連携活動等） | 2013年12月4日（電話による聞き取り） |

| 都道府県市 | 部活動の評価 | 部活動を位置づけた職務・項目 | 出典・情報源 |
|---|---|---|---|
| 三重県 | ○ | 生活指導(従来の「勤務評定」として実施) | 2013年12月4日(電話による聞き取り) |
| 滋賀県 | ○ | 学級経営・生徒指導(原則は勤務時間内だが記入は可能) | 2013年12月4日(電話による聞き取り) |
| 京都府 | ○ | 生徒指導・学級経営 | 教員の評価に関する調査研究会議『教職員の資質能力の向上に向けて〜新しい教職員の評価制度〜最終調査研究報告』(2006年3月、65-66頁) |
| 大阪府 | ○ | 追加項目(任意) | 大阪府教育委員会『教職員の評価・育成システム 手引き』(2013年2月、7-8頁) |
| 兵庫県 | ? | 記述なし | 兵庫県教育委員会『教職員人事評価・育成システム試行の手引(改訂版)』(2009年4月) |
| 奈良県 | ○ | 生徒指導 | 2013年11月27日(電話による聞き取り) |
| 和歌山県 | ○ | 学級経営・生徒指導・進路指導・特別活動 | 2013年11月26日(電話による聞き取り) |
| 鳥取県 | ○ | 「④加点要素」欄(第二次評価の総合評価) | 鳥取県教育委員会『教職員評価・育成制度実施マニュアル』(2009年3月、13頁) |
| 島根県 | ○ | 学校運営 | 島根県教育委員会『評価システム実施の手引(教職員用)』(2006年3月、7、22、31頁) |
| 岡山県 | ○ | 教科等以外の指導 | 2013年12月3日(メールにより回答) |
| 広島県 | ○ | 学級経営・その他 | 広島県教育委員会『人事評価ハンドブック〜教職員のさらなる人材育成をめざして〜(第3版)』(2012年4月、35、53、94、103、126頁) |
| 山口県 | ○ | 校務分掌・その他 | 山口県教育委員会『平成25年度版 教職員評価の手引』(3頁) |
| 徳島県 | ? | 記述なし | 教員の評価に関する調査研究委員会『新しい教員の評価について(最終まとめ)』(2009年9月) |
| 香川県 | △ | 記載なし(加点により評価する方針) | 香川県教育委員会『新しい教員の人事管理の在り方について』(2002年9月) |
| 愛媛県 | ○ | 教科外の指導 | 2013年12月4日(電話による聞き取り) |
| 高知県 | ? | 記述なし | 高知県教育委員会『高知県公立学校職員の人事評価実施要領(平成24年度職業能力育成型人事評価マニュアル)』 |
| 福岡県 | △ | 不明(「評価の考慮事項」で部活動の評価について言及) | 2013年11月26日(メールにより回答) |
| 佐賀県 | ○ | 生徒指導、進路指導及び学級経営 | 2013年12月4日(電話による聞き取り) |
| 長崎県 | ○ | 教科等以外の指導 | 2013年11月28日(メールにより回答) |
| 熊本県 | ? | 記述なし | 熊本県教育委員会『教職員人事評価制度の手引き』(2006年3月) |
| 大分県 | ○ | 自己目標の「その他」欄 | 大分県教育委員会『教職員評価システム実施手引』(2013年4月、9、20、44頁) |
| 宮崎県 | ? | 記述なし | 宮崎県教育委員会『教職員評価制度の手引き』(2012年4月) |
| 鹿児島県 | ○ | 運営校務 項目外評価(加点) | 2013年11月25日(メールにより回答) |

| 都道府県市 | 部活動の評価 | 部活動を位置づけた職務・項目 | 出典・情報源 |
|---|---|---|---|
| 沖縄県 | ○ | 学級経営・校務分掌 | 沖縄県教育委員会『教職員評価マニュアル』(2013年4月、8、90頁) |
| 札幌市 | × | 評価項目にしていない | 2013年11月29日(メールにより回答) |
| 仙台市 | △ | 校務分掌(給与等に反映しない「協働型評価」) | 2013年12月2日(電話による聞き取り) |
| さいたま市 | × | 評価項目にしていない | 2013年12月4日(電話による聞き取り) |
| 千葉市 | ○ | 学級経営・生徒指導等能力開発・その他(任意) | 2013年12月4日(電話による聞き取り) |
| 川崎市 | ○ | 教科外指導(神奈川県と同様) | 2013年12月4日(電話による聞き取り) |
| 横浜市 | ○ | 教科外指導(神奈川県と同様) | 2013年11月27日(電話による聞き取り) |
| 相模原市 | ○ | 教科外指導(神奈川県と同様) | 2013年11月25日(メールにより回答) |
| 新潟市 | ? | 記述なし | 新潟市教育委員会『教職員評価の手引き─教職員一人ひとりの資質や指導力の向上を目指して─』(2009年3月) |
| 静岡市 | △ | 学校運営(校務遂行)自己課題(任意) | 2013年11月26日(メールにより回答) |
| 浜松市 | ○ | 自己PRに記入後、「職務に関連する優れた行動」として評価 | 2013年12月2日(メールにより回答) |
| 名古屋市 | × | 評価項目にしていない | 2013年11月27日(電話による聞き取り) |
| 京都市 | ○ | 学習外の指導(小学校教諭で例示) | 京都市教員の評価に関する調査研究協力者会議『新たな教員評価システムの導入に向けて～より一層の教員の資質向上と学校の活性化のために～(最終報告)』(2006年2月、8、10、12、14頁) |
| 大阪市 | ○ | 追加項目(任意)生徒指導・生活指導 | 2013年12月2日(メールにより回答) |
| 堺市 | 未回答(2013年12月8日現在) | | |
| 神戸市 | × | 評価項目にしていない(兵庫県と同様) | 2013年11月26日(電話による聞き取り) |
| 岡山市 | ○ | 岡山県(教科等以外の指導)と同様 | 2013年12月2日(メールにより回答) |
| 広島市 | ○ | 学級経営・その他 | 広島市教育委員会『広島市立学校職員勤務評定規定』「別表第1(第8条関係)」 |
| 北九州市 | ○ | 学校運営 | 教員の評価等に関する調査研究協議会『新たな教員の評価システムに関する調査研究最終報告書』(2006年3月、7、36、59、71頁) |
| 福岡市 | × | 評価項目にしていない | 2013年12月4日(電話による聞き取り) |

※「部活動の評価」欄の○は、部活動を評価する方針が示されている、あるいは、部活動を位置づける職務・項目が明示されている、△は部活動に関する評価について明示していないが、一定の条件を満たせば記入することがあり得る、あるいは、勤務時間内の評価が原則だが部活動の指導も考慮するといった方針、×は評価しないことを明示している、?は対象とした文書において、部活動に関する評価について記されていないことを示しています。

# 外部指導者制度の現実

　前回は、教員採用後に実施される、教員評価と部活動の関係について検討しました。

　今回は、教員をサポートする役割を担う外部指導者制度に注目していきます。そもそも、学校の教育活動において、地域の方に協力を依頼するのは、珍しいことではありません。例えば、授業においては、これまでの内容や今後の展開をふまえて、教師から「とりわけ、この部分を深く解説して欲しい」とお願いし、実際に指導をしてもらいます。このように、教えたい内容や、補助してもらいたい内容が明確であるときに、外部指導者制度は効果を発揮します。

　しかし、これまで指摘してきたように、部活動に関しては具体的な教育内容が明示されておらず、サポートをしてもらいたい内容も不明確になる可能性がありました。実際に最近でも、柔道部の指導を地域の道場に「丸投げ」にしていた事例や、体罰問題を背景に辞職した教師が、学校外の「私塾」として駅伝部の指導を続ける事例などが見られます。これらの問題は、いずれも学校が責任をもって指導する教育内容や、外部にサポートを求める内容が、不明確な状況によって生じています。今回は、このような事態に陥りかねない、外部指導者制度の課題に注目していきます。

## 1──外部指導者制度への多様な期待

　部活動に外部指導者を導入する方針は、当初、開かれた学校づくりの方

**表31　外部指導者に関わる方針を示した政策・報告書の一覧**

| NO | 年 | 名称 | 出典 | 解決しようとした課題 |
|---|---|---|---|---|
| ① | 1996 | 生涯学習審議会答申「地域における生涯学習機会の充実方策について」 | 『内外教育』(1996年4月30日号、10-20頁、5月10日号、10-16頁、5月14日号、19-21頁) | I |
| ② | 1997 | 保健体育審議会答申「生涯にわたる心身の健康の保持増進のための今後の健康に関する教育及びスポーツの振興の在り方について」 | 体育・スポーツ指導実務研究会監修『体育・スポーツ指導実務必携[平成14年版]』(ぎょうせい、2002年、2030-2122頁) | II、III、V、VI |
| ③ | 1997 | 中学生・高校生のスポーツ活動に関する調査研究協力者会議『運動部活動の在り方に関する調査研究報告書』 | 同上(2131-2180頁) | I、II、III、IV、V |
| ④ | 2000 | 保健体育審議会答申「スポーツ振興基本計画の在り方について」 | 『スポーツと健康』(第399号、31-70頁) | I、II、III |
| ⑤ | 2002 | 中央教育審議会答申「子どもの体力向上のための総合的な方策について」 | 『教職研修』(第363号、70-82頁) | II、III、V、VII |
| ⑥ | 2002 | 運動部活動の実態に関する調査研究協力者会議『運動部活動の実態に関する調査研究報告書』 | 運動部活動の実態に関する調査研究協力者会議(全349頁) | I、II、III、V |
| ⑦ | 2006 | 文部科学省「スポーツ振興基本計画」(改定) | 文部科学省(全35頁) | V、VII、VIII、IX |
| ⑧ | 2007 | 中央教育審議会答申「今後の教員給与の在り方について」 | 『教育委員会月報』(第694号、50-85頁) | X |
| ⑨ | 2008 | 閣議決定「教育振興基本計画」 | 同上(第708号、11-52頁) | I、V、VII |
| ⑩ | 2010 | 文部科学省「スポーツ立国戦略―スポーツコミュニティー・ニッポン―」 | 文部科学省(全14頁) | III、IV、VIII |
| ⑪ | 2011 | 「スポーツ基本法」 | 小笠原正ほか編『スポーツ六法2013』(信山社、2013年、9-13頁) | V |
| ⑫ | 2012 | 文部科学省「スポーツ基本計画」 | 同上(149-169頁) | IV、V、VIII |
| ⑬ | 2013 | 運動部活動の在り方に関する調査研究協力者会議『運動部活動の在り方に関する調査研究報告書～一人一人の生徒が輝く運動部活動を目指して～』 | 文部科学省ホームページ内 http://www.mext.go.jp/a_menu/sports/jyujitsu/_icsFiles/afieldfile/2013/05/27/1335529_1.pdf(最終アクセス2014年1月13日) | III |

※「解決しようとした課題」欄に記載した番号は、I：開かれた学校づくり、II：教員の高齢化、III：実技の指導力不足、IV：少子化・教員減、V：子どもの多様性・生涯スポーツ、VI：教員の異動、VII：体力づくり、VIII：トップアスリートのセカンドキャリア、IX：競技力向上・一貫した指導、X：教師の超勤、を意味しています。

策として、提案されました（表31①、Ⅰ。「解決しようとした課題」欄を参照）。その後、体育・スポーツ政策の中で具体化されていきますが、それは運動部活動の指導が困難な状況に置かれていた、教育現場からの要望でもありました。当初の政策・報告書において語られていたように（②〜④）、教育現場は、教員の高齢化（Ⅱ）、実技の指導力不足（Ⅲ）、少子化・教員減（Ⅳ）、子どもの多様性・生涯スポーツ（Ⅴ）、教員の異動（Ⅵ）といった課題に対応することが求められていたからです。そのため、③の調査で示されたように、中学校及び高校の保護者と顧問の約9割、そして校長の約8割が、外部指導者を「活用する方が良い」、または、「活用しても良い」と支持し、同様の傾向はその後も続きました（⑥）。

　一方で、外部指導者制度は、このような教育現場における運動部活動指導の問題に対応するだけでなく、徐々にその他の期待も背負うようになります。具体的には、体力づくり（Ⅶ）、トップアスリートのセカンドキャリア（Ⅷ）、競技力向上・一貫した指導（Ⅸ）、教師の超勤（Ⅹ）への対応が、期待されるようになるのです。そのため、文科省は「スポーツエキスパート活用事業」をはじめとする施策を打ち出し、高体連も外部指導者が監督になることを認めるなど、バックアップ体制が築かれていきます。さらに、「教育振興基本計画」（⑨）の今後5年間で進める施策のなかでも、とりわけ重点的に推進する取り組みの一つとして、「外部指導者の積極的な活用」が挙げられていきます。

　このような政策・施策により、既に2001（平成13）年の時点で、中学校の83.2％、高校の70.5％が外部指導者制度を導入しており（⑥）、全運動部の14.4％で活用されていました。また、2013（平成25）年の朝日新聞の調査（公立中学校）においても、84％の学校が外部指導者を招いている実態が紹介されており、その数に注目すれば、2001（平成13）年度から2010（平成22）年度にかけて、1万5734名から2万9606名へと増加しています。

## 2——外部指導者を活用する前提条件

　このように、外部指導者制度は着実に浸透してきましたが、冒頭でも述

べたように、この制度を有効に活用するには、各学校・教師が、運動部活動の教育内容と、外部指導者に委託する内容を明確にする必要がありました。

　実際に当初の方針でも、「顧問との連携・協力」を前提にして、外部指導者のみの実技指導や、引率を認める方針が示されており（②）、その後も、活動方針や活動計画の作成をはじめ、運営全体については顧問が進めるべきであると指摘されています（③）。

　しかし、たびたび指摘したように、運動部活動の教育内容は不明確でしたから、具体的な指導方針や活動計画に基づく連携と言われても、対応できない学校もありました。実際に⑥の調査では、「顧問と外部指導者との役割分担や責任の所在が不明確となる」（中学校24％、高校23％）、「顧問の先生と外部指導者の指導方法が異なり、迷いが生じる」（中学校、高校ともに23％）、「顧問の先生が外部指導者の指導に任せてしまう」（中学校23％、高校19％）といった問題が指摘されていました。また、その後の政策でも、「地域のスポーツ指導者を学校において活用することについて関係者に不安がある」（⑦）、「外部指導者に運動部活動が学校教育の一環であるとの理解を得ることが課題である。学校管理職は、外部指導者と顧問とのコミュニケーション不足を心配する例が多い（県担当者）」（⑩の参考資料）と指摘されていました。

　しかし⑬においても、「外部指導者等の協力を得る場合には、学校全体の目標や方針、各部の活動の目標や方針、計画、具体的な指導の内容や方法、…略…について、学校、顧問の教員と外部指導者等との間で十分な調整を行い、外部指導者等の理解を得るとともに、相互に情報を共有することが必要」と指摘されていますが、委託をする具体的な教育内容については、明示されていませんでした。

## 3──東京都の取り組みと課題

　このような状況下、東京都では国に先んじて、学校の教育活動として部活動を位置づけるとともに、外部指導者制度の条件整備を進めてきました。

　まず、学習指導要領上の部活動の位置づけが曖昧であることをふまえ、

```
┌─────────────────────────────────────────────────┐
│              顧問教諭の主な役割                  │
│  ┌──────────────┐    ┌──────────────┐         │
│  │  管理する側面  │    │  指導する側面  │         │
│                                                 │
│    年間活動計画の作成      専門的な知識・技術     │
│    予算、用具や施設の管理   個性・能力の伸長      │
│    関係者・関係機関との連絡・調整  豊かな人間関係づくり │
│    部活動中の事故防止、安全配慮    充実した学校生活 │
│    生徒の健康管理          人格形成              │
│    大会・試合の引率        生涯学習の基礎         │
└─────────────────────────────────────────────────┘
```

**図1　顧問教諭の役割（東京都教育委員会、2008）**

2006（平成18）年に、「東京都立学校の管理運営に関する規則」[46]の第12条の12に「学校は、教育活動の一環として部活動を設置及び運営するものとする」「2　校長は、所属職員（事務職員等を除く。）に部活動の指導業務を校務として分掌させることができる」という方針を加え、教師の本務として部活動を位置づけます。さらに、外部指導者制度に関しても、部活動と同様に、当初から法的な位置づけが曖昧でしたから、「3　校長は、所属職員（事務職員等を除く。）以外の者に部活動の指導業務を委嘱することができる」[47]という規則を設けました。このような政策を背景に、近年では運動部活動指導の民間委託も許容されています。[48]

　その後、2008（平成20）年には、『外部指導員のための部活動指導の手引』を刊行し、図1のような顧問教諭の役割を設定しました（10頁）。そして、主に右側の「指導する側面」に関して、外部指導者と連携する方針を示しています。このようにして、部活動の教育内容を明示したうえで、外部指導者との連携を進める考え方は参考になります。

　しかし、課題も残されています。まず、①外部指導者に委託をする、具体的な教育内容の「見通し」がもてないということです。それは、教育現場で考える方針なのでしょうが、例えば、この図からは「指導する側面」に挙げられている、「人格形成」や「生涯学習の基礎」に向けた指導の「何を」委託するのかが明確になりません。次に、②顧問の役割を「管理」と「指導」の二側面に分けていますが、子どもから見れば、結局は、誰かに

**表32　雪合戦クラブの立ち上げから大会参加までに必要とされた「自治内容」**

①〈練習・試合〉……みんなで上手くなり、みんなが合理的にプレイできる
 ・ルール・戦術会議（学習）　　・目標・方針・練習計画の決定
 ・対戦チーム・メンバーの選定　・出場大会の選定
 ・プレイの撮影・分析　　　　　・選手・ポジションの決定

②〈組織・集団〉……みんなで参加して運営する
 ・クラブ・チームの名称を決める
 ・クラブ・チームに必要な人を集める（指導者などの専門的な人材を選ぶ）
 ・役割分担（代表者・キャプテン、監督、大会申し込み係、審判係、用具係［買い出し、疑似雪玉・旗の製作］、渉外係［外部との交渉］、交通係、ルール・作戦検討係、日程調整係、ビデオ撮影係など）

③〈場・環境〉……みんなで平等に場・環境を整備・管理・共有する
 ・練習・試合・ミーティングの日程、時間、場所の決定・確保
 ・経費の計上・管理・捻出　　　・用具の準備・管理・購入
 ・交通手段などの検討
 ・場・環境のシェア・共有（一つの施設を複数で使う場合において、どのようにすればシェア・共有できるのか。施設の空いている時間帯を調べるなど）

管理されているに過ぎません。そもそもクラブという言葉には、①社交、②経費の自弁、③個人あるいは会員の自由な意志による自治という意味が含まれており、また、学校卒業後のスポーツライフを想定してみれば明らかなように、問題が発生すれば自分たちで解決していく必要があります。このように考えると、運動部活動でも、子ども自身が管理する余地を、意図的に残しておく必要があるのではないでしょうか。

＊

　私は、大学のゼミ活動のなかで、実際にクラブ（「雪合戦クラブ」）を立ち上げて大会に参加する、実践研究に取り組んだことがあります。その背景には、大会に参加するまでの一連の過程で、どのような課題が生じ、解決していく必要があるのか（クラブの「自治内容」）を明らかにしたいという問題意識がありました。その結果を表32に示しましたが、運動部活動を学校卒業後のスポーツライフにつなげるのであれば、この表で示したような事柄を、自分たちで解決する経験が必要でしょう。そして、外部指導者と連携を進めるうえでも、このような具体的な「自治内容」があると、何を委託し、何を自分たちで決めているのかが明確になります。実際に、私たちも、雪合戦大会を経験した学生にコーチを依頼し、とりわけ表32

の①に関わるサポートを受けてきましたが、②や③の「自治内容」に関しては自分たちで取り組み、①に関しても、最終的な決定権は自分たちにありました。

　見方を変えれば、これらの「自治内容」を決める実権が、特定の教師や外部指導者に集中したときに起こる問題が、「部活動の私物化」であり、「外部指導者への丸投げ」だと言えるでしょう。そして、外部指導者が、無意識に表32の「自治内容」の実権を握っていくときに生じるのが、学校や教師の不安や不信感です。さらに、いずれの状況でも、子どもの自治は保障されていないので、彼・彼女らはいつまでたっても自立できないことになります。このような問題を未然に防ぐうえでも、表32のような考え方と「見通し」が、不可欠なのではないでしょうか。

## 第37回

# 部活動手当倍増のカラクリ

　前回は、教員の部活動指導をサポートする、外部指導者制度の課題に注目しました。今回は、部活動の手当について検討します。外部指導者と協力して部活動を運営したとしても、最終的な指導の責任が学校にある限り、顧問の仕事がなくなることはありません。しかし同時に、教員に勤務時間外の労働を命じることのできる範囲は、「超勤４項目」によって制限され、部活動の指導は認められていませんでした（第14、35回）。このような状況で部活動を続けていくためには、外部指導者の手助けによって、教員の勤務時間外の労働を減らすと同時に、教員が自発的に労働する仕組みが必要でした。このような問題意識により、2000年代に入ると部活動の手当が倍増されます。

　そもそも、手当を支払うのであれば、教員が部活動に関わらなければならない理由や、教員でなければ指導できない教育内容の議論が不可欠でした。しかし、そのような議論は避けられ、手当の増額だけが先走るようになります。

## 1── 人事院規則と部活動の手当

　まず、これまでの手当の変遷を確認します。先に触れたように、かつて文部省と日教組は「超勤４項目」について合意していました。しかし、その一方で、人事院によって「臨時で長時間にわたる業務」に特殊業務手当を支払う方針が示され、その中で部活動に関わる手当の整備が進められて

**表33 部活動に関わる手当の変遷**

| NO | 施行・適用年 | 対外試合の引率 | 部活動の指導 |
|---|---|---|---|
| ① | 1972年 | 1000円 | ― |
| ② | 1975年 | 1200円 | ― |
| ③ | 1977年 | 1200円 | 500円 |
| ④ | 1989年 | 1500円 | 620円 |
| ⑤ | 1993年 | 1500円 | 750円 |
| ⑥ | 1996年 | 1700円 | 1200円 |
| ⑦ | 2008年 | 3400円 | 2400円 |

いきます（第14、15回）。部活動は勤務時間外の労働として認められていないのに、手当が支給されるというのは矛盾していましたが、しばらくの間は、この制度の中で部活動の手当が予算化されるのです。

　その変遷をまとめたのが表33です。大きく見て対外試合の引率に関わる手当と、部活動指導に関わる手当がありますが、それぞれに支払いの条件が設定されています。簡潔に言えば、対外試合の引率に関しては、宿泊を伴うものは8時間程度、宿泊を伴わない場合は、終日または同程度の時間が条件でした。部活動指導に関しては、週休日、土曜日、もしくはこれに相当する日に行うものが対象であり、従事した時間が5時間程度（1978［昭和53］年に4時間程度に緩和）が条件であり、平日の指導は対象外でした。①〜⑥を見れば明らかなように、それらの額は徐々に増えてきましたが、時給に換算すれば数百円というレベルであり、十分とは言えないものでした。

　また、そもそも人事院の勧告や規則の対象は国家公務員（国立学校の教員）でしたが、実際には公立の教員にも影響しました。それは①〜⑥の時期の教育公務員特例法において、「公立学校の教育公務員の給与の種類及びその額は、当分の間、国立学校の教育公務員の給与の種類及びその額を基準として定めるものとする」（第25条5）と示されていたからです。

## 2───一律的な給与体系と優遇措置の廃止

　このような部活動に関わる手当を、さらに増額する道を開いたのは、構造改革を旗印に誕生した小泉内閣でした。この内閣では、各学校を競争関係に置くことで教育の質の向上をめざす、学校選択制度を推進してきましたが（第33回）、同様の眼差しは教員にも向けられました。すなわち、各教員を競争関係に置いて切磋琢磨させるために、給与に差をつけることをめざしたのであり、後にそれは「メリハリのある教員給与」と呼ばれるようになります。そして、部活動に関わる手当は、「メリハリ」を実現するためのツールとして活用されていくのです。

　このような制度に向けて、まず手が付けられたのは、人事院の勧告や規則に基づく、一律的な給与体系でした。2003（平成15）年には、国立大学法人法が制定され、国立（附属学校）の教員は非公務員となります。その結果、給与や手当の額は、人事院の勧告や規則に基づかなくなりました。公立の教員も同様であり、後に教育公務員特例法が改正され、「公立の小学校等の校長及び教員の給与は、これらの者の職務と責任の特殊性に基づき条例で定めるものとする」（第13条）と記されました。

　このようにして、教員に対して一律に給与や手当が支払われる仕組みが崩壊しました。さらには、これまで行われてきた、教員に対する優遇措置も見直されていきます。2005（平成17）年には、人材確保法の廃止を含めた見直しが、閣議決定されます。この法律は1974（昭和49）年に制定され、教員の給与を一般的な公務員よりも優遇する（第3条）とともに、人事院がこの趣旨に則って勧告を行う（第4条）ことが示されていました。このような優遇措置によって、優秀な人材を確保することがめざされてきたのであり、また、表33の手当増額の根拠でもありました（第18回）。この優遇措置を見直すことで、教員に支払われる給与のコストカットが可能になるため、構造改革のターゲットにされたのです。

　実際にその方針は、翌年の「簡素で効率的な政府を実現するための行政改革の推進に関する法律」（第56条3）にも明記され、そこでは「平成18年度中に結論を得て、平成20年4月を目途に必要な措置を講ずるものとする」というスケジュールまでが規定されていきます。

## 3──「メリハリ」と部活動手当

　その後、教員の給与や手当に関する議論の場は中教審に移され、2006（平成18）年7月31日に、初等中等教育分科会の中で「教職員給与の在り方に関するワーキンググループ」（以下からWG）が設置されました。しかし、先ほど触れたように、同年度中に（残りの半年で）人材確保法の見直しをするスケジュールが示されていたので、議論に与えられた時間は僅かでした。そのため、第1回目のWGでは、ある委員から「仕事の内容、評価、給与という順番で議論するのが主道だと思いますが、時間的な関係で言うと、むしろ先に給与のことについて徹底的に議論した上で、こういった評価が望ましいだとか、仕事の内容についてはという逆の順番で議論されていく流れなのかなと思っているんですけれども、その点についてはいかがでしょうか」という質問が出され、担当の事務局は同意しています。つまり、部活動に関しても、教員にとって必要な労働かといった、本質的な議論を行わないことが前提になっていたのです。実際にその後も、「本務にするかどうかという決定権はないと思いますので、少なくとも今、部活動を一生懸命やっている先生には、きちんと手当をするということで短期的には解決を図っていくのがいいのかなと思います」という意見が尊重されていきます。

　このようにして、部活動の指導が教員の労働に含まれるのかという議論は深められないまま、中教審は2007（平成19）年に「今後の教員給与の在り方について」を答申します。そこでは、人材確保法を堅持する姿勢を見せつつも、これまで上乗せされていた2.76％分の給与は縮減する方針が示されます。そして、給与に「メリハリ」をつけるという考えから、部活動の指導や対外試合の引率などに関わる手当の充実が提案されます。また、「超勤4項目」の問題にも触れ、部活動の指導を「付加的な職務」と位置づけながらも、校長が外部指導者などを活用して、時間外勤務が生じないように管理する方針が示されました。

　これを受けて、最終的には、人材確保法で優遇されていた2.76％分の給与（19億円）のコストカットのために、小、中、高校などの教員に対して一律に支給されてきた「義務教育等教員特別手当」が縮減されました。

そして同時に、24億円を計上して、部活動や対外試合の引率業務などに関わる手当の額が倍増されました（表33⑦）。このようにして、教員全体の給与をカットしつつ、頑張って部活動などを指導した者には手当を支給するという「メリハリのある教員給与」がつくられたのです。見方を変えると、失った分の給与を少しでも取り戻したいのであれば、自発的な部活動などの指導によって、手当を受け取ることが求められるようになったのです。

＊

このような経緯を見て、果たして「部活動の手当が増額されたのだから良かったではないか……」と言えるでしょうか。

そもそも、教員の給与や手当の額を規定してきた人事院は、政治からは独立した組織でした。構造改革によって、そのような独立性が見直され、今は政治の「さじ加減」によって、部活動に関わる手当の額が決められています。

例えば、2013（平成25）年においても、中教審で部活動手当の増額について議論され、文科省の概算要求のなかでも、部活動の手当を4800円、対外試合の引率の手当を6800円へと、4年間で倍増する計画が示されています。同様の方針は、年末の下村博文文部科学大臣のコメントにも見られますから、今後、手当が増額される可能性があります。

突如として示された増額案ですが、私には、近年の体罰問題によって明るみに出た、脆弱な部活動環境を改革する政治的なアピールに見えます。これは私見ですので、そうではない可能性もありますが、実際には、人事院の管轄から外されたことによって、そのような政治的なコントロールが可能な状況なのです。

そんなはずは……という人がいるかもしれません。しかし、学校選択制度を具体化する方策として注目されたのが部活動であり（第33回）、教員間の競争や、「メリハリのある教員給与」を具体化する役割を担ったのも部活動でした。歴史を紐解けば、戦前は軍国主義教育に利用され（第4回）、戦後においても、政治家の「鶴の一声」が対外試合基準に影響を及ぼし（第10、18、21回）、世論の関心を引きつける役割を担っていました。「無色透明な部活動」は、政治家にとって使い勝手の良いツールだったのです。

かつて丹下保夫は、常に何かの手段として、「下請け」の役割に甘んじてきた体育を「体育の下請け理論」[57]と述べ、そこから脱却するために、運動文化論に基づき体育固有の教育内容を追究しました。私は、同様の思考が、運動部活動にも求められていると考えます。すなわち、これまでの「下請け」のカラクリを見抜き、目先の手当の増額に惑わされることなく、運動部活動固有の教育内容を明確にしていくことが不可欠だと思うのです。政治から独立した、人事院の勧告や規則が適用されない今、「下請け」の防波堤になり得るのは、運動部活動に関わる歴史、科学、教育論の共有ではないでしょうか。

## 注／引用・参考文献

1　この特別委員会における議論は、文科省のホームページで閲覧でき、本文中の引用も、同ホームページから行っています（http://www.mext.go.jp/b_menu/shingi/old_chukyo/old_hoken_index/bunkabukai/bukaiiinkai/giji_list/1314702.htm　最終アクセス2013年8月3日）。

2　スポーツ関係六法編集委員編『必携　スポーツ関係六法』（2007年、道和書院、250頁）。

3　文科省ホームページ内、http://www.mext.go.jp/b_menu/shingi/old_chukyo/old_hoken_index/toushin/1314695.htm（最終アクセス2013年8月3日）。

4　『スポーツと健康』（第32巻10号、36-64頁）。

5　前掲3。

6　前掲2、251頁。

7　文部省体育局監修『体育・スポーツ指導実務必携［平成8年版］』（ぎょうせい、1996年、503-504頁）。

8　このように指摘された背景には、1998年の中教審答申「今後の地方教育行政の在り方について」がありました（『文部時報』第1466号、218、224頁）。そこでは、「教育課程の基準以外の全国的な基準・規制等についても、それぞれの基準・規制等の性格、目的に応じて、その見直しを行う」「国が都道府県及び市町村等に発出するいわゆる指導通知等について、その在り方、内容を見直し、指導通知等の発出は国としての施策の遂行上真に必要なものに限定する」という方針が示されており、対外試合基準も同様の方針から廃止されたと考えられます。

9　前掲2、252頁。

10　この議論については、文科省ホームページ内、http://www.mext.go.jp/b_menu/shingi/chukyo/chukyo5/004/gijiroku/ を参考にしました。第①回は、前掲のURLの最後に、06060718.htmを加えたページ（以下も同様）、第②回、06060719.htm、第③回、06061410.htm、第④回、06071007.htm、第⑤回、06073113.htmです（最終アクセス2013年9月4日。以下11〜15も同様）。

11　同上、http://www.mext.go.jp/b_menu/shingi/chukyo/chukyo0/toushin/021001.htm。

12　同上、http://www.mext.go.jp/b_menu/shingi/chukyo/chukyo5/gijiroku/06073116.htm。

13　表27で用いた資料は、東京都教育庁総務部監修『東京都教育例規集　平成5年版』（ぎょうせい、2000-2001頁）、『同　平成7年版』（2129-2130頁）、『同　平成19年版』（1950-1951頁）、『同　平成21年版』（1072-1073頁）、『同　平成23年版』（921-922頁）、千葉県教育委員会ホームページ内、http://www.pref.chiba.lg.jp/kyouiku/taiiku/gakutai/yourann/documents/2kokumintaiku.pdf、日体協ホームページ内、http://www.japan-sports.or.jp/Portals/0/data/

14 　以下、本文中の日体協の資料は、同協会ホームページ内、http://www.japan-sports.or.jp/kokutai/tabid/189/Default.aspx、http://www.japan-sports.or.jp/Portals/0/data0/about/pdf/21century2008.pdf を参考にしました。

15 　中村哲也は、表27の2005年の基準が出された時点で、文科省の対外試合に関する通知が全て廃止になった、そして、JOCエリートアカデミーに在籍する者は小学生でも国体への参加が可能であると解説しています（「戦後日本における運動部活動と学校教育」『現代スポーツ評論』第28号、126頁）。確かに、かつてよりも文科省の関与は弱くなったものの、実際には対外試合基準が廃止されると同時に、関係団体によって設けられた新たな基準が、文科省を通して通知されており（第31回）、それは国体に関しても同様です。なお、JOCエリートアカデミーに関しても、現在の対象は中学1年生から高校3年生までとされています（JOCホームページ内、http://www.joc.or.jp/training/ntc/eliteacademy.html）。

16 　学校選択制度の動向は、嶺井正也らが八月書店より刊行した、①『選ばれる学校・選ばれない学校──公立小・中学校の学校選択制は今』（2005年）、②『学校選択と教育バウチャー──教育格差と公立小・中学校の行方』（2007年）、③『転換点にきた学校選択制』（2010年）が参考になります。

17 　なお、以下の内容は、拙稿「『部活動を理由とする公立中学校の選択』をめぐる論議過程と現状の問題点」（筑波大学大学院人間総合科学研究科学校教育学専攻『学校教育学研究紀要』第3号、19-36頁）を加筆・修正しています。詳細は、本論文を参考にしてください。

18 　このような政局の変化とともに、政策面の変化もあり、1999年に「地方分権の推進を図るための関係法律の整備等に関する法律」が成立し、これまで国の事務（機関委任事務）とされていた就学事務が、地方の事務（自治事務）へと変わっていたことがありました（嶺井正也「転換点にある学校選択制の行方と課題」『市政研究』第176号、28頁）。

19 　内閣府ホームページ内、http://www8.cao.go.jp/kisei-kaikaku/old/minutes/wg/2005/0329/summary060329_01.pdf（最終アクセス2013年10月7日。以下23も同様）。

20 　前掲16①、35、38、59、70、79、87、102、110-111、121頁、②、35、52、73-74、76頁、③、62、76-78、87、91、102-105、142頁。

21 　読売新聞朝刊［中部］、2008年1月11日、朝日新聞朝刊［西部］、2009年3月17日。

22 　前掲16③、8-17頁。

23 　文科省ホームページ内、http://www.mext.go.jp/a_menu/shotou/gakko-sentaku/1288665.htm。

24 　今回は、文部（科学）省が行った調査において、部活動がクラブと称されることもあるので、クラブ・部活動と表記する箇所があります。ここで言うクラブは、必修クラブではなく部活動と同義です。

| | |
|---|---|
| 25 | 表28にあるURLの最終アクセスは、2013年11月1日です。 |
| 26 | この表を読むうえで注意していただきたいのは、採用するための試験が、表で記した年度の前年に行われているということです。そのため、表29①では、1982年に行われた1983年度の採用試験の実態が整理されており、それは他の箇所も同様です。なお、特別選考や一部試験免除の措置に関しては、文部（科学）省によって公表されていない年度も、各県市における開始年度をもとに算出しています。また、県と市が合同で採用試験を実施している場合には、それぞれを1つとカウントし、柔道・剣道の段位に基づく優遇措置など、スポーツの競技成績とは異なる選考は、目視で確認して除外しています。そのため、文部（科学）省が示した数値とは、一致していない年度もあります。 |
| 27 | 既に、1981年度の「公立学校教員採用選考試験の実施方法について」（以下から実施方法）の中で「クラブ・部活動歴を重視する県が増加した」ことが紹介されていますが、その実数については記されていません（『教育委員会月報』第375号）。 |
| 28 | なお、㉑と㉓に関しては、当該年度の「実施方法」の数値（上段）と、翌年度に掲載された数値（下段）が異なるため、双方を掲載しています。 |
| 29 | なお同様に、国立大学附属の教員にも国家公務員法第72条に規定がありました。 |
| 30 | 本章の「勤評」をめぐる動向は、高橋寛人「教員の人事制度と評価政策の変遷」（佐藤全・坂本孝徳編著『教員に求められる力量と評価《日本と諸外国》──公立学校の教員はどこまで評価できるか──』東洋館出版社、1996年、13-27頁）と、日本教育新聞編集局『戦後教育史への証言』（教育新聞社、1971年、417-453頁）を参照しています。 |
| 31 | 『教職員に関する勤務評定資料』（第一法規、1958年）。 |
| 32 | 「全国勤務評定書様式概況」（三重県教育委員会『三重県における教職員の勤務評定』1959年、133-140頁）。 |
| 33 | 文部省「教育職員に対し時間外勤務を命ずる場合に関する規定」「国立及び公立の義務教育諸学校等の教育職員の給与等に関する特別措置法の施行について（通達）」（現代日本教育制度史料編集委員会『現代日本教育制度史料　38』東京法令出版、1989年、378-379、623-628頁）。 |
| 34 | 東京都教育職員人事研究会編著『東京都の教育職員人事考課制度』（ぎょうせい、2000年、54-68、196、212-214頁）、「東京都教育職員等人事考課制度資料」（『季刊　教育法』第124号、45-120頁）。 |
| 35 | 当時の教員評価制度をめぐる政府・文部省（文科省）の動向については、国民教育文化総合研究所編『教職員評価のあり方について』（2002年、51-56頁、同研究所ホームページ内、http://www.kyoiku-soken.org/official/report/pdf/42.pdf）が参考になります。最終アクセスは、2013年12月3日です（以下36、37も同様）。 |
| 36 | 同上『21世紀の生涯文化・スポーツのあり方を求めて──部活動の地域社会への移行』（2001年、http://www.kyoiku-soken.org/official/report/pdf/40.pdf）。 |
| 37 | 同上『教職員評価（育成）制度の現状と課題──先行都府県の実態に学び、これからの取り組みに活かす──』（2005年、18、35、63、72、76頁、http://www.kyoiku-soken.org/official/report/pdf/58.pdf）。 |

| | |
|---|---|
| 38 | 表30は、47都道府県及び19指定都市教育委員会が公開している、人事評価の方針(「出典・情報源」欄の文書)を第一次資料としています。該当資料が見られない場合に、メールと電話において確認を行っています。 |
| 39 | 朝日新聞朝刊、[名古屋]2013年10月9日、[東京]10月31日。 |
| 40 | 当時の文科省の施策については、①『内外教育』(2002年3月1日号、2-3頁)、②『現代教育科学』(第550号、97-99頁)、③大勝志津穂「部活動における地域の人材活用方法─名古屋市の部活動外部指導者の取り組みについて─」(『東邦学誌』第40巻1号、35-46頁)を参照。 |
| 41 | 朝日新聞朝刊、2003年5月31日。 |
| 42 | 前掲40①、②。 |
| 43 | 朝日新聞朝刊、2013年3月27日。 |
| 44 | 中澤篤史「外部指導者への期待と課題」(『Sports Japan』2013年3-4月特別号、25-27頁)。 |
| 45 | なお、前掲43の調査においても、32%の学校が「外部指導者と顧問との考え方の違い」を課題に挙げています。 |
| 46 | 東京都教育庁総務部監修『東京都教育例規集　平成19年版』(ぎょうせい、2007年、644頁)。 |
| 47 | 学校経営法令研究会「外部指導者の法的責任」(『週刊教育資料』第759号、23-25頁)、坂田仰「体罰と外部指導者　教育法規あらかると」(『内外教育』2013年8月2日、19頁)。 |
| 48 | 代田昭久「休日の指導者を外部委託する"部活イノベーション"」(『体育科教育』第61巻3号、30-33頁)。 |
| 49 | 中村敏雄『クラブ活動入門』(高校生文化研究会、1979年、30頁)。 |
| 50 | 表32は拙稿「運動部活動の教育内容に関する考察：免許状更新講習・『運動部活動の教育学』入門の取り組み」(『SYNAPSE』第25号、28-31頁)の図を修正したものです。 |
| 51 | 表33の①～⑥の内容は、人事院給与局監修『給与小六法』(学陽書房)を、⑦は文部科学省「平成20年度予算における教員給与の見直しに係る義務教育費国庫負担金の最高限度額の見直しについて(通知)上」、「同下」(『週刊教育資料』第1043号、34-35頁、第1045号、34-35頁)を参照しています。なお、本書では、第15、18、30回において、部活動の手当について扱っています。 |
| 52 | 閣議決定「行政改革の重要方針」(16頁)、首相官邸ホームページ内、http://www.kantei.go.jp/jp/singi/gyokaku/kettei/051224housin.pdf(最終アクセス2014年2月12日。以下56も同様)。 |
| 53 | このWGにおける議論は、拙稿「部活動の教育課程化に関わる論議過程の分析─2001年から2008年までの中央教育審議会の議論に注目して─」(筑波大学大学院人間総合科学研究科学校教育学専攻『学校教育学研究紀要』第2号、29-31頁)を参照。 |

54 『教育委員会月報』(第694号、50-85頁)。
55 なお、金額が倍増されていますが、大阪府だけでも高校教員に支払うべき額は年間30億円、中学校を含めれば100億円という試算もあり(榊原義夫「部活の社会的費用試論」『体育科教育』第48巻9号、22-25頁)、金額の妥当性については慎重に検討する必要があるでしょう。
56 文科省ホームページ内、①http://www.mext.go.jp/b_menu/shingi/chukyo/chukyo1/gijiroku/1341526.htm　②http://www.mext.go.jp/component/b_menu/other/__icsFiles/afieldfile/2013/08/30/1339146_8.pdf　③http://www.mext.go.jp/b_menu/daijin/detail/1342564.htm。なお、その後2014年10月から、部活動指導に関わる手当が3000円に、対外試合の引率に関わる手当が4250円に増額されました(「教育新聞」2014年4月21日)。
57 丹下保夫『体育原理(下)』(逍遙書院、1961年、142頁)。

運動部活動の教育学入門
歴史とのダイアローグ

# 第8章
# 「これまで」の運動部活動の見方・考え方

　第8章では、これまで確認してきた運動部活動の問題が、今日においても解決していないことを示します。具体的には、これまでの学習指導要領の方針と文部(科学)省関係者の説明から、「運動部活動は何のためにあるのか」「なぜ学校で実施するのか」の回答が、今日まで示されてこなかったことを明らかにします。それは、運動部活動は①道徳教育のためにある、②体力づくりのためにある、③競争力を高めるためにあるという従来の語り方(言説)では、学校教育に運動部活動を位置づけられなかったことを意味しています。

# 第38回

# 総則・部活動の理由

　今回は、現行の中学校と高校の学習指導要領における、部活動の位置づけの曖昧さについて検討します。部活動は、総則の中で以下のように記されています。

＊

<u>総則</u>　<u>生徒の自主的、自発的な参加</u>により行われる<u>部活動</u>については、スポーツや文化及び科学等に親しませ、学習意欲の向上や<u>責任感、連帯感の涵養等に資するものであり、学校教育の一環として</u>、<u>教育課程との関連が図られるよう留意すること</u>。その際、地域や学校の実態に応じ、<u>地域の人々の協力、社会教育施設や社会教育関係団体等の各種団体との連携などの運営上の工夫を行う</u>ようにすること。

＊

　以下では、下線を引いた①～③の部分の記述と、2000年代の議論、及び、それ以前の学習指導要領の方針との関係を確認していきます。総則の内容を歴史的に検討することで、今日においても、過去の問題が再び発生しかねない状況であることが理解できるでしょう。

## 1── 総則で「自主的、自発的な参加」について記された理由

　まず、下線①のように記述された理由を、歴史的に検討していきます。
　戦前の軍国主義政策における管理・統制の教育と（第4回）、過熱化した運動部活動への反省から（第3回）、終戦後、部活動の「自主的、自発

的な参加」の方針が示されました（第5、6回）。とりわけ、1949（昭和24）年には特別教育活動が制度化され、そこに「全校生徒が参加する自発的な活動」としてクラブが位置づけられました。ただし、当時の学習指導要領が「試案」（手引書）だったこともあり、「全校生徒の参加」には強制力がなく、いわば各学校・教師の努力目標でした。

　しかし、1958（昭和33）年に改訂された学習指導要領は「告示」され、法的拘束力をもつようになり、記された教育内容を全ての者に経験させることになりました。そして、そこにクラブが明記されたことにより、全ての者に経験させるという学習指導要領の拘束力と、これまでの「自主的、自発的な参加」というクラブ・部活動の特質が対立するようになります（第8回）。その問題は、1969（昭和44）年改訂の学習指導要領で制度化された、必修クラブにおいて顕在化します。すなわち、クラブが時間割に組み込まれ、これまでの「自主的、自発的な参加」を重視してきた部活動とは、明確に区別されたのです（第11回）。しかしクラブに対して、教育課程の全員必修という論理を適用するのには無理があり、必修クラブは紆余曲折を経て（第12、16、17、22、23、25回）、廃止されるに至ります（第30回）。

　このような歴史をふまえれば、総則において、部活動の「自主的、自発的な参加」が記されたのは必然的でもありました。かつての必修化の問題を避けるには、教育課程とは意図的に区別して、部活動を位置づける必要があったからです。しかし、これで「一件落着」とはなりません。そもそも、教育課程の基準として法的拘束力を発揮する、現行の学習指導要領の性格上、教育課程外の部活動の教育内容を、具体的に明示することはできません。実際に、2012〜13（平成24〜25）年にかけて全国の体罰事件が明らかになった際も、学習指導要領とは別に「ガイドライン」を示さざるを得ませんでした。つまり、現行の学習指導要領では、国として部活動の「何を」管理しようとしているのかが、不明確にならざるを得ないのです。それは学習指導要領の「告示」以降、一貫して問われ続けてきた課題でもありました。

## 2 ──「責任感、連帯感の涵養」と「教育課程との関連」が重視される理由

　次に、下線②に注目していきます。まず、どのような「教育課程との関連」が期待されているのかを確認しましょう。学習指導要領の総則には、学校における道徳教育を、学校の教育活動全体を通じて行う方針が記されています。また、道徳の『解説』（中学校）には、「生徒の自主的、自発的な参加により行われる部活動は…略…道徳の内容にかかわっても責任感、連帯感の涵養等に資するものである」（116頁）とされています。これらの記述から、下線②の「教育課程との関連」は、「道徳教育と部活動の関連」であることがわかります。実際に2006（平成18）年には、道徳心を培うことを一つの柱とする新教育基本法が制定され、中教審の議論においても、部活動で道徳教育を行う意見が出されていました。

　さらに、学習指導要領の総則には、体力の向上に関する指導も、学校の教育活動全体を通じて行う方針が示されています。同様の方針は、保健体育の「指導計画の作成と内容の取扱い」や『解説』においても見られ、運動部活動と関連づけた体育・健康に関する指導や、体力づくりが求められています。既に、2000年代の教育政策において、運動部活動と体力づくりの関係が注目され（第32回）、中教審でもそれに関わる発言がなされていたので、その意向が学習指導要領にも反映したと考えられます。

　しかし、道徳教育や体力づくりと運動部活動を関連づける発想は、既に過去に見られたものです。戦前の軍国主義教育では、心と体を鍛練して、国に奉仕できるような実践力を身に付けさせることが体育（體鍊科）に求められ、運動部活動や対外試合も同様の方針に基づき、戦争に利用されました（第4回）。終戦後においても、1958（昭和33）年改訂の学習指導要領では、保健体育の授業で基礎的運動能力を身に付けることが重視され（第10回）、さらに、1964（昭和39）年の東京オリンピック開催に向けて、対外試合基準が緩和されていました（第9回）。このような状況下、運動部活動における体力づくりが注目されるようになりますが、それは学校外でも実施できる内容であったため、学校に部活動を位置づける理由としては不十分でした。実際にその後、必修クラブが制度化され、部活動は学習指導要領から外されることになります（第11回）。

しかし、必修クラブは教育現場に浸透せず、部活動と同一視されるようになります（第12、16、22回）。また、同時期には経済界から学校に「規律ある労働力」が要請され、行政からも道徳教育を重視する方針が示されていました（第17、24回）。これらのことを背景に、1977〜78（昭和52〜53）年改訂、及び1989（平成元）年改訂の学習指導要領では、道徳教育を推進するために、特別活動（必修クラブ）と部活動を関連づけて実施する方針が示されます（第17、25回）。

しかし、道徳心の形成は、部活動固有の教育的意義とは言い難く、体力づくりと同様に、学校に部活動を位置づける理由としては不十分でした。むしろ「心は態度に表れる。だから、態度を矯正せねばならない」という、戦前の軍国主義教育（第4回）と同様の実践を生み出し、それは「管理主義教育」として批判されるようになります（第23、25回）。

このような歴史から見えるのは、現行の学習指導要領で示されている、道徳教育や体力づくりと部活動を関連づける方針は、部活動を学校教育に位置づける理由としては不十分であったこと、そして、それにもかかわらず、今でもそれらの方針に頼り続けているという現実です。

## 3 ──「学校教育の一環」と「地域との連携」が共存する理由

最後に下線③について検討しましょう。このように記された背景には、学校で部活動を実施する意義が、曖昧なまま放置されてきたことがあります。

1969（昭和44）年に必修クラブが制度化された当時は、教師の勤務時間外の労働に対する手当の問題が発生しており（第10回）、その観点から部活動のあり方が議論されました。最終的に、日教組と文部省は、超勤を命ずることのできる範囲について合意しましたが（「超勤4項目」）、そこには部活動が含まれていませんでした（第14、35回）。つまり、この時点で、教師が勤務時間外に部活動を指導する必要はなくなったのです。しかし、その方針が変更されないまま、対外試合の引率や部活動の指導に手当が支給されるようになり（第15、18、30、37回）、部活動は曖昧な労働として今日まで続けられてきました。

そして、前改訂（1998［平成10］年）の学習指導要領においては、部

活動に関する記述がなくなりました（第30回）。しかし、当時においても部活動が完全に地域に移行することはなく、学習指導要領上の位置づけを失った曖昧な状況で実施されてきました。その背景には、当時の部活動政策に一貫性がなく、地域移行を提案する一方で、これまでと同様に学校で実施する方針が示されていたことがありました（第28、30回）。

さらに、このような曖昧な実態を覆い隠すように、競技成績が運動部活動の教育成果を計る「ものさし」として活用され、様々な制度がつくられてきました。具体的には、内申書・調査書における競技成績の評価とスポーツ推薦入試（第19、20、26、27、30回）、競技成績の高い者を学校教育の一環として対外試合に参加させる措置（第18、21、27、32回）、学校選択制度（第33回）、教員採用試験における競技成績が高い者への優遇措置（第34回）などが挙げられます。しかし、このように様々な制度がつくられても、競技力を高めることは教師の本務にはなり得ず、依然として部活動を学校で行う意義（教師が関わる理由）は不明確なままなのです。実際に、「超勤4項目」は今日でも適用されており、超勤が生じないように外部指導者を活用しつつ（第36、37回）、教員評価（第35回）や「メリハリのある教員給与」によって教員の自発的な労働を求め（37回）、矛盾だらけの部活動の延命措置を続けています。

このように、学校で実施する意義が不明確にされてきたのですから、総則の中で「学校教育の一環」と「地域と連携する」方針が同時に示されても、不思議ではありません。依然として部活動は、学校と地域のどちらで実施しても良い、曖昧な教育活動なのです。

＊

これまで検討してきたように、総則・部活動の理由を歴史的に検討すると、過去の問題が解決していないことに気づかされます。具体的には、①国が部活動に関与しうる内容、②運動部活動と関連づける教育課程の教育内容（体力づくりや道徳教育ではない教育内容）、③学校・教師が部活動に関わる理由（及びそれを基盤とした、地域との連携のあり方）は未解決のままなのです。私は、第3回において戦前の『学校體操教授要目』で部活動の具体的な教育内容が明示されていない問題を取り上げましたが、それは今日においても解決していないのです。

## 第39回

# クラブ・部活動の歴史と教育現場の不信感

　前回は、現行の学習指導要領に部活動が位置づけられた理由と、その限界について検討しました。総則に部活動が位置づけられたものの、結局は、これまでの問題の解決には至りませんでした。今回も、このような状況に陥った原因を、戦後の学習指導要領におけるクラブと部活動の位置づけを通して考えたいと思います。具体的には、クラブと部活動に関わる方針の変質と、文部（科学）省関係者による説明の変節、そして、それに伴う教育現場の不信感が確認できるでしょう。

## 1——学習指導要領の変質過程

　まず、表34を用いて、クラブと部活動の歴史について確認しておきましょう。

　当初（①、②）はクラブを実施するうえで、教育課程内・外の区別は、特に問題になりませんでした。学習指導要領が法的拘束力をもっていなかったこともあり、たとえ「全員参加」の方針が示されたとしても強制力はなく、また、厳密に時間が管理されることもありませんでした。むしろ、教育課程内・外の区別を取り払った、行事単元のような実践が推奨されていたのです（第5回）。

　しかし、③の時期に状況が変わりました。学習指導要領に記された活動は全員必修となり、原則的にはクラブにも全員参加が求められるように

表34　学習指導要領（中学校・高校）上のクラブと部活動の取扱いをめぐる変質過程

| | 改訂年 | 教育課程 | 教育課程外 |
|---|---|---|---|
| ① | 1947年 | クラブ<br>（自由研究） | |
| ② | 1951年 | クラブ<br>（特別教育活動） | |
| ③ | 1958・1960年 | クラブ<br>（特別教育活動） | |
| ④ | 1969・1970年 | クラブ（必修）<br>（特別活動） | 部活動 |
| ⑤ | 1977・1978年 | クラブ（必修）<br>（特別活動） | 部活動 |
| ⑥ | 1989年 | クラブ（必修）⇔選択可能⇔部活動<br>（特別活動） | |
| ⑦ | 1998・1999年 | | 部活動 |
| ⑧ | 2008・2009年 | | 部活動 |

※改訂年欄において2つの年号が記載されている場合は、先に記してあるのが中学校、後に記してあるのが高校の改訂年です。

なったのです（第8回）。しかし、当時の文部省教科調査官（以下から教科調査官）は「むやみにいわゆる全員参加制を強制して、クラブ活動たる本質を喪失してしまうようなことにならないように注意しなければならない」と述べ、クラブ活動の本質＝自主的な参加に一定の配慮を示していました。このようにして、当時から学習指導要領の拘束力と、クラブの自主的な参加が対立するようになりました。

　また、これまで取り組まれてきたクラブをそのまま必修にすると、教師の指導が勤務時間外にまで及ぶ可能性もありました。しかしそれは、当時の労基法から見ても問題があり、文部省小中局地方課事務官も、クラブ活動の時間が「常時午後5時以降になることは学習指導要領の予想しないというより認めるところではないといえよう」「そのような時間に行なう活動は社会教育ないし社会体育の範囲に属するものであるといえよう」と述

べていました。このように、教育課程外（以下から課外）の運動部活動は、学校の正規の教育活動とは見なされていなかったのです。

　その方針は、④の時期にさらに強調されます。時間割にクラブを位置づけることで必修とし、勤務時間外に及ぶ部活動とは明確に区別したのです。同時期には、対外試合基準も学校内・外のものが設けられ、実際に部活動の地域移行に踏み切る自治体も見受けられました（第11、12回）。このようにして、教師が本務として指導するのは必修クラブであり、部活動は学校で実施しなくても良い活動となったのです。当時の教科調査官も、いわゆる課外の部活動が行われる可能性については否定しなかったものの、「全員参加のクラブ活動をもって従来のクラブ活動（部活動、筆者）に替える意図などさらさらない」と、教育制度上、両活動が相容れないものであることを述べていました。しかし、クラブを必修化し、教育課程における位置づけを明確にしたことで、自主的な参加が保障されないジレンマが顕在化しました。それに関して文部省視学官は、「『本来生徒の自発的な意志によって参加し、実践すべきもの』のみをクラブ活動と呼ぶとするならば、これは（必修クラブは、筆者）むしろ『クラブ活動らしきもの』というべきかもしれない」と述べ、これまでのクラブ活動の本質＝自主的な参加という主張を修正していきます。

　その後、⑤の時期に、必修クラブと関連づけて部活動を実施する方針が示されます（第17回）。それにより、道徳教育を徹底することがめざされたのですが、一方で、これまでは存在したクラブと部活動の違いは曖昧になりました。実際に当時の教科調査官も、「もし部活動を教育課程の中に含めるとすればクラブ活動と全く区別がつかなくなる」と認めていました。

　同様の傾向はさらに進み、⑥の時期には課外の部活動を実施することで、教育課程の必修クラブの履修と見なす「代替措置」が認められます（第25回）。一度は明確に区別されたクラブと部活動が、この時期になると同じ内容をもつ教育活動として選択できるようになったのです。当時の教科調査官も、部活動が「教育課程内の教育活動と同等なものとなったことを示すものであり、部活動の教育課程上の位置づけがより明確になった」と述べていました。

　その後、⑦の時期には学校のスリム化政策や「ゆとり」政策が推進され、

また、新たに「総合的な学習の時間」が新設されたことを受けて、必修クラブが廃止されます（第30回）。そもそも部活動は、教育課程の必修クラブの関連領域として位置づけられてきたのであり、必修クラブの廃止によって、部活動を学校で実施する根拠も不明確になりました。当時の教科調査官も、部活動が教育課程の基準である学習指導要領には記載されていないことをふまえ、「実施する際には、学校の管理下で計画し実施する教育活動として適切な取扱いが大切である」と述べるに止まります[13]。すなわち、実施するか否かは、各学校の判断に委ねられたのであり、実際に当時は、総合型地域スポーツクラブが政策として推進されたこともあり、それへの移行・連携も検討されていました。

　しかし、多くの学校で部活動は実施され続けました。それを受けて、現行の学習指導要領の総則（⑧）においては、教育課程の教育活動と関連づけて実施される、課外の活動として位置づけられました（第38回）。これに関しては、当時の担当行政官が、部活動は「教育課程に位置づく」（時間割に位置づく）のではなく、「学習指導要領に位置づく」と考えることで、学校の教育活動として認められる活動となり、「課外活動として教員が指導すべき内容」として定義づけられるという解釈を示していました[14]。

## 2──文部（科学）省関係者の解説の変節

　さて、これまで学習指導要領の方針を教育現場に浸透させる役割を担ってきた、文部（科学）省関係者の主張を、もう一度、歴史的に眺めてみましょう。

- 常時午後5時以降になることは認めない。そのような時間に行う活動は社会教育ないし社会体育の範囲に属する（表34、③の時期の解説。以下からも表34の時期を示します）。
- クラブ活動の本質＝自主的な参加が重要。むやみに全員参加を強制してはならない（③）。
- クラブを必修にする。必修クラブは「クラブらしきもの」でよい（④）。
- 必修クラブを課外の部活動に替える意図などさらさらない（④）。
- もし、部活動を教育課程の中に含めるとすれば区別がつかなくなる（ほ

ど類似している）（⑤）。
・部活動は教育課程の教育活動と同等なものとなった（⑥）。
・もし、学校で部活動を実施するのであれば、適切な取扱いが必要である（⑦）。
・部活動は教育課程ではなく学習指導要領に位置づく（⑧）。

　学習指導要領におけるクラブや部活動の位置づけが変質したのですから、文部（科学）省関係者の解説が変節したのは当然かもしれません。しかし、教育課程のクラブと課外の部活動が「異なる」と言っていたのが「同じもの」へと変わり、クラブ活動の自主的な参加を尊重するために、むやみに全員参加を強制するなと言っていたのに、必修クラブという「クラブらしきもの」を推進するようになり、部活動を「教育課程の教育活動と同等」と言っていたのが、ある時期を境に「学校で実施するなら適切に」と一気にトーンダウンする、あるいは、教育課程ではなく学習指導要領に位置づくのだ、と新たな解釈が示される……。

　そのような変節に接してきた、教育現場の教師は何を思うでしょうか。また、次の改訂では主張を変えるのだろうと思うのが、自然ではないでしょうか。そして、このような目まぐるしい変質、変節の環境下で、部活動の指導に取り組んできたのに、問題が発生したときに責任が追及されるのは各学校・教師なのですから、たまったものではありません。

　しかし、そもそもこのような変質、変節は、なぜ生じてきたのでしょうか。「部活動は何のためにあるのか」を不明確にしたまま、制度や政策が実行されてきたことに、問題があるのではないでしょうか。

## 第40回

# 運動部活動の「教育」言説の限界

　前回は、学習指導要領におけるクラブと部活動の位置づけが変質したことに伴って、文部（科学）省関係者による説明も変節してきたことを確認しました。

　今回は、文部（科学）省以外の人たちが、何を語ってきたのかに注目し、時代や立場をこえて重視されてきた言葉（以下からこれを言説と呼びます）を検討します。これまでの言説を整理すると、運動部活動や対外試合は、①「道徳教育のためにある」（以下から「道徳教育」言説）、②「体力づくりのためにある」（同、「体力づくり」言説）、③「競争力を高めるためにある」（同、「競争」言説）の3つに分けられます。以下では、これらの言説の内容と限界を確認していきます。

## 1──「道徳教育」言説

　当初、この言説の中心的な語り手は、保守系の政治家でした。彼らは、戦前の教育勅語体制において、軍国主義教育を運動部活動にまで貫き、国家に従順な道徳心の形成を重視してきました。その基本的な考え方は、子どもの心は態度や行動に現れるのだから、国家に従順な態度になるまで行動を管理・指導することによって、皇国民たる内面を育てるというものでした（第4回）。終戦後においても、国際情勢の緊迫化を背景に教育の中央集権化を進め、1958（昭和33）年には学習指導要領に法的拘束力をもたせるとともに、新たに道徳を新設します。このようにして、再び、国家

が子どもの道徳心を管理する状況となったのです（第8回）。

同様の眼差しは、教師にも向けられてきました。すなわち、神聖な職務を賃金に換算することや、国や行政に刃向かうことのない、聖職者たる道徳心を求めてきたのです（第13回）。1950年代に文部省は勤評の実施に踏み切り、後に人間性までを評価する案が示されるに至りましたが、それは上手く進みませんでした（第35回）。

しかし一方で、勤務時間外の運動部活動指導に自発的に取り組むことや、手当を要求しないという姿勢が、国や行政への忠誠度を測る指標となってきました。1970年代に教員採用試験のあり方が問われたときにも、自由民主党教育問題小委員会は、教員としての適性や資質を見るために、クラブ活動歴などを評価する提案をしていました。そして実際に、後に出された通知では、教育者としての使命感や実践的指導力を見るために、クラブ活動歴などが評価されるようになっていきます（第34回）。ちなみに、このような使命感や忠誠心を、労働者に身に付けさせることは、経済界が求めていたことでもありました。そのため、保守系の政治家は「道徳教育」言説を積極的に語り、1966（昭和41）年には、中教審答申の別記として付けられた「期待される人間像」のなかで、社会人として、そして、国民としてもつべき道徳心について記されるに至ります。また、後の学習指導要領改訂に関わる諮問でも、文部大臣が「国家及び社会の形成者として心身ともに健全な国民の資質を養う」という方針を示します。実際にその後、道徳教育の場として部活動が位置づけられるようになるとともに、必修クラブでも「集団への寄与」が評価の観点となります（第17、19回）。

1979（昭和54）年には対外試合基準が緩和されますが、それも全国の中、高校生に道徳読本を配布するという計画が、上手く進まなかった代わりにとられた措置でした（第18回）。その後も、中曽根康弘政権下で設けられた臨教審では、道徳教育の推進という方針を背景に、対外試合基準の緩和が提案されます（第24回）。さらに、当時の学習指導要領改訂の際には、文部大臣が「豊かな道徳性を培う教育」を検討課題の一つに挙げ、実際に必修クラブを部活動で代替する措置によって、道徳教育との結びつきは強化されます（第24、25回）。また、内申書・調査書における徳目の評価も続き（第26回）、それは関心・意欲・態度を重視した「新学力観」を背

景に、一層浸透していきます（第27回）。その結果、教育現場では、道徳教育と称して、厳しい規則や体罰・暴力（言）によって子どもの態度を矯正するような、戦前と同様の部活動指導が見られるようになります（第23、25回）。つまり一部の教員が、この言説の担い手になっていたのです。

　現行の学習指導要領においても、道徳心の形成を重視した新教育基本法を受けて、運動部活動における責任感、連帯感の涵養が求められています（第38回）。また、教員に対しては、教員評価に部活動の指導を組み込むことで（第35回）、勤務時間外の自発的な労働を求め、聖職者たる教師になることを期待しています。このようにして「道徳教育」言説は受容され、今日まで語り継がれてきたのです。

## 2──「体力づくり」言説

　この言説も、戦前の軍国主義教育から見られるものです（第4回）。保守系の政治家にとって、精神と身体の鍛錬は常にワンセットなのです。戦後においても、1958（昭和33）年改訂の学習指導要領では、体育で「基礎的運動能力」といった「体力づくり」に関わる目標が設定されるとともに、運動部活動でも重視されるようになり、同様の傾向はその後も続きました（第10、25、38回）。

　なお、東京オリンピック開催後においては、日体協や競技団体が、「体力づくり」を理由にして、対外試合基準の緩和を求めるようになります。その一方で中体連は、「体力や運動能力は今なお戦前の状態より劣っている」ことを一つの理由にして、基準の緩和に反対します。しかし、両者は対立しているように見えますが、ともに「体力」を一つの基準にして運動部活動や対外試合のあり方を語っており、それは両者に共有されていました。そのため、当時の文部大臣は、「体力づくり」を理由にして、対外試合基準の緩和を進めていきます（第10回）。結果的には、体力に優れ、競技水準の高い小、中学生の全国大会が認められるようになりました（第11回）。なお、1979（昭和54）年にも基準は緩和されますが、当時の自由民主党の幹事長は「体位の向上」を理由に挙げています（第18回）。その後の1980年代においても、臨教審において道徳教育と同様に「体力づ

くり」が重視され、対外試合基準の緩和が提案されていました。また、当時の文部大臣が「中学生も高学年になれば体格も立派だ」と発言し、国体の参加基準の緩和を後押ししていきます。そして実際に、体力に優れ、著しく競技水準の高い中学3年生の国体参加が、認められていくのです（第21、24回）。

　2006（平成18）年の「基本計画」改訂の際には、当時の文部科学大臣が、国際競技力の向上とともに、子どもの体力向上の観点から見直しを求めていました。実際に、その意向は反映されるとともに、中学生の国体参加に関わる基準を、さらに緩和する契機となっていきます（第32回）。そして、現行の学習指導要領でも、部活動を学校教育に位置づける根拠として「体力づくり」が利用されています（第38回）。

　このようにして「体力づくり」言説も、今日まで語り継がれてきたのです。

## 3──「競争」言説

　当初、この言説を積極的に主張したのは、日体協や競技団体に所属する人々でした。競技力向上やエリート選手の養成には、高いレベルの競争や選別が不可欠と考えていたからです。そのため1950年代から、オリンピックなどの国際大会で成績が振るわないと、政治家や世論に働きかけ、対外試合基準の緩和へとつなげてきました（第6回）。その後、日体協や競技団体は、運動部活動の大会を主催できる、教育関係団体に加わるようになり（第7回）、東京オリンピックの開催が決まると、さらに発言力を増していきます。実際に1961（昭和36）年には、東京オリンピック開催の実情を考慮して基準が改正され（第9回）、1967（昭和42）年にも当時の文部大臣が、札幌オリンピックの選手強化のために基準を緩和すると公言するに至ります（第10回）。そして、後に改正された基準では、競技団体が単独で大会を主催することも可能になりました（第12回）。

　さらに日体協や競技団体は、1970年代後半から、大学運動部活動を頂点とする選手強化を求めていきます。政治家もその予算措置を進めるとともに、内申書・調査書における部活動の評価を認め、スポーツ推薦入試の

条件整備を進めてきました（第19、20回）。

その背景には、1960年代以降、経済界が能力主義に基づくエリートの養成を求めていたことがあります。それを実現するには、エリートとそうでない人を篩にかけねばならず、学校を能力・特色ごとに多様化する必要がありました。このような状況において、推薦入試は、大学運動部活動を頂点とする選手強化体制を整備する意味をもつと同時に、教育の多様化政策を促進する意味をもったのです。1980年代以降には、その傾向がさらに進み、子どもの個性を評価するという理由で、高校の普通科にも推薦入試（スポーツ推薦入試）が浸透していきます（第26、27、30回）。

また、より際立った個性を評価するために、対外試合基準の緩和も進められてきました。具体的には、小学校の対外試合が学校教育活動の一環として認められるようになり、さらには、競技成績の高い生徒を学校教育の一環として、社会体育の全国大会や、国体に参加させる措置が取られてきました（第18、20、21回）。そして、その後の「ゆとり」政策においても、基準の緩和が提案されていました（第28回）。この追い風を受けて、2000年代には日体協や競技団体が、学校教育にさらなる選手養成を求めるようになります。実際にそれは「基本計画」に反映されるとともに、中学生の国体参加に関する基準の緩和へと、つながっていきます（第32回）。

また、このような動向は、教育現場にも影響します。運動部活動において、いきすぎた指導があったとしても、競技成績を高くして推薦入試で合格に導けば、進学実績として評価されるようになるのです（第20回）。とりわけ、1990年代以降においては、教員の採用試験でも競技成績が評価されるようになっていたので、競技成績に基づく進学・就職という方針を受け入れる教育現場の土壌は、より強固になりました（第34回）。

さらに近年では、教員評価制度（第35回）や「メリハリのある教員給与」（第37回）が政治主導で推進され、教員間の競争を促進するために、部活動の指導が利用されかねない状況です。また、中学校間の競争を促進するために、「部活動を理由とする中学校選択」が政治家の「鶴の一声」で決定され（第33回）、同時期にはトップアスリートを外部指導者として活用する方針も示されてきたので（第36回）、各学校の「生き残り競争」は激しくなる可能性があります。

このような環境に置かれた教師の中には、「競争」言説を受け入れ、その担い手になる者もいました。例えば、「基本計画」の策定に向けた議論において、土、日の部活動を休止するという方針が示されると、「それには納得がいかない」という高体連や県の教育委員会の意見が代弁されるのです。また、その場では、一人一種目しか参加できずに、タイトな日程に置かれている現状の全国大会の見直しが要請されましたが、後に中体連や高体連が制定した基準では、それらの指摘が汲み取られず、対外試合の規模・頻度が拡大します（第31回）。これは、中体連や高体連もまた、「競争」言説の語り手になったことを示す出来事だったと言えるでしょう。

＊

これまで見てきたように、運動部活動や対外試合のあり方に関わって、「道徳教育」「体力づくり」「競争」という3つの言説が、時代や立場をこえて語られてきました。とりわけ政治家にとって、対外試合基準の緩和は「道徳教育」「体力づくり」「競争」を同時にアピールできる「美味しい政策」であり、それ故に事あるごとに改正してきました。

しかし、これらの言説は学校教育に部活動を位置づける論拠としては脆弱なものでした（第17、22、23、30、32、38回）。「道徳教育」や「体力づくり」は、運動部活動固有の教育的意義とは言い難く、他の教育活動や地域で担うことも可能です。なお、競技成績に基づく人物評価にも限界があり（第26、27回）、教師がエリート選手の養成を職務としていないことからも、「競争」言説は学校で運動部活動を実施する根拠にはなり得ません。そして、これらの言説は、体罰・暴力に見られる非科学的、管理主義的な指導や、勝利至上主義、そして部活動の地域移行の歯止めにはなりませんでした。

このような歴史や実態をふまえれば、私たちは運動部活動のあり方を、これまでとは異なる言葉で語る必要があるでしょう。同じ言葉で語っている限り、運動部活動の問題が発生してきた歴史や実態から、抜け出ることは難しいのです。

### 注／引用・参考文献

1. 本文中の2000年代の議論に関しては、拙稿「部活動の教育課程化に関わる論議過程の分析―2001年から2008年までの中央教育審議会の議論に注目して―」（筑波大学大学院人間総合科学研究科学校教育学専攻『学校教育学研究紀要』第2号、29-31頁）を参照。

2. この問題に関して、現行の学習指導要領改訂に行政官として携わった佐藤豊は、部活動は「教育課程に位置づく」（時間割に位置づく）のではなく、「学習指導要領に位置づく」と考えることで、学校の教育活動として認められる活動となり、「課外活動として教員が指導すべき内容」として定義づけられるという解釈を示しています（佐藤豊「学校運動部活動の教育的意義を再考する」『現代スポーツ評論』第28号、65-66頁）。しかし、本文中で指摘した、教育課程の基準を示すという学習指導要領の性格とのギャップ、そして後述する「超勤4項目」などの歴史をふまえると、「教員が指導すべき内容」とまで言い切れるのかは、意見が分かれるところでしょう。

3. 運動部活動の在り方に関する調査研究協力者会議「運動部活動の在り方に関する調査研究報告書～一人一人の生徒が輝く運動部活動を目指して～」（文部科学省ホームページ内、http://www.mext.go.jp/a_menu/sports/jyujitsu/__icsFiles/afieldfile/2013/05/27/1335529_1.pdf。最終アクセス2014年3月8日）。

4. 同様の指摘は、文部科学委員会調査室の関喜比古が「法的・制度的な問題点を解決しないままでの部活動の強化策（いわば学校と地域社会への丸投げ）であり、文科省の姿勢には若干疑問なしとしない」「学習指導要領上のブレを始めとして、部活動に対する軸足が定まらないことは、学校現場に諸々の問題を引き起こしている」と述べています（「問われている部活動の在り方～新学習指導要領における部活動の位置付け～」『立法と調査』第294号、53頁）。

5. なお、依然として要録においては、「総合所見及び指導上参考となる諸事項」のなかで、部活動の評価が続けられています（『中等教育資料』第889号、115、118頁）。

6. この表は、西島央『部活動　その現状とこれからのあり方』（学事出版、2006年、15頁）、中澤篤史『運動部活動の戦後と現在　なぜスポーツは学校教育に結び付けられるのか』（青弓社、2014年、112-113頁）で示されたものを修正しています。彼らの表では、④と⑤の時期のクラブと部活動が同じように表記されていますが、④の時期にクラブと部活動が明確に区別されたのに対し、⑤の時期には部活動がクラブの関連領域として位置づけられていた点において相違が見られます。そのため表34の⑤では、クラブと部活動の間の線を点線にすることで両活動の区別が曖昧になったことを表し、④との違いを明示しました。なお、その線は、⑥の時期に代替措置が認められたことで、完全に喪失することになります。また、④と⑦の時期に関しても、部活動は教育課程の領域と明確に区別されており、学校で実施する根拠は不明確でした。それは両時期に共通して、部活動の地域移行政策が進められたことからも明らかでしょう。そのため、表34では教育課程との関連性が喪失した④と⑦の時期を、点線で表記し

直しました。このように線を区別することで、教育課程の教育活動との関連が、部活動を学校に位置づける際の論点であることも明確になるでしょう。この他にも、①の自由研究が、教科の時間が割り当てられた教科課程の活動であること、そして、②の時期の特別教育活動が、課外活動とは区別された教育課程の領域であることをふまえ、それぞれを教育課程の中に位置づけている点が、両氏とは異なります。

7　飯田芳郎「特別教育活動・学校行事等」（『文部時報』第1028号、72頁）。
8　坂元弘直「教員の勤務時間の管理（その三）―特別教育活動とくにクラブ活動―」（『教育委員会月報』第207号、48-49頁）。
9　井上治郎「必修クラブ活動のめざすもの」（『季刊　教育法』第7号、107頁）。
10　飯田芳郎「必修化の意義は極めて大きい　新しいクラブ活動の展望（上）―性格論を中心として―」（『内外教育』1973年11月6日、4頁）。
11　堀久・金井肇・水戸谷貞夫『高等学校新学習指導要領の解説　特別活動』（学事出版、1978年、196頁）。
12　岡崎助一「学習指導要領における運動部活動の取扱い」（『健康と体力』第21巻12号、20頁）。
13　森嶋昭伸・鹿嶋研之助「特別活動」（『中等教育資料』第738号、36、54頁）。
14　前掲2。
15　中体連関係者による「体力づくり」のコメントは、1982年6月17日の朝日新聞朝刊にも掲載されています。

運動部活動の教育学入門
歴史とのダイアローグ

# 第9章
# 「これから」の運動部活動の見方・考え方

　第9章では、私の考える「これから」の運動部活動を述べたいと思います。まず、私は、戦後初期の「レクリエーション」言説を発展させて、新たに「運動部活動は結社である」と述べます。運動部活動が結社になるには約束・規約に基づく自治が必要ですが、そのことで部員の自主性・主体性やモチベーションが促され、人格形成やスポーツの主人公の形成という教育の目標にも接近することができます。今後は、①練習・試合、②組織・集団、③場・環境の3つの場面における自治の追求と、それを可能にする大会運営、評価、教師教育に関わる条件整備が必要でしょう。

# 第41回

# 行き場を失った「レクリエーション」言説

　前回は、文部（科学）省以外の人たちが、運動部活動の教育的意義に関わって、これまで何を語ってきたのかに注目しました。その内実は、「道徳教育」言説、「体力づくり」言説、「競争」言説の3つでした。しかし、「道徳教育」や「体力づくり」は、運動部活動固有の教育的意義とは言い難く、他の教育活動や地域で担うことも可能でした。また、「競争」言説も、教師がエリート選手の養成を職務としていないことから、学校で運動部活動を実施する根拠にはなり得ませんでした。

　このような歴史や実態をふまえれば、これからの運動部活動は、「道徳教育」「体力づくり」「競争」ではない言葉で語る努力が必要でしょう。そんなことが可能なのかと思われるかもしれませんが、その試みは戦後初期に見られます。

　戦前から、運動部活動の勝利至上主義の問題が発生し（第3回）、また、軍国主義教育では皇国民の錬成のために、運動部活動が「道徳教育」や「体力づくり」と関連づけて実施されていました（第4回）。このような問題を克服すべく、終戦後に運動部活動の改革が進められ、これまでとは異なる言葉で語られるようになるのです。それは、教育課程内の学習及び自治集団活動と、課外活動（学校生活）を有機的につなぎ、「レクリエーション」の方法を学ばせるというものでした（以下から「レクリエーション」言説とします）。

　しかし、この批判的な言説は、他の言説のように継承されませんでした。

今回はその理由を検討し、「レクリエーション」言説の意義と課題を考えたいと思います。

## 1──「レクリエーション」言説の登場と課題

　自由時間に、みんなが参加できるようにクラブを改革し、そこで「レクリエーション」の方法を学ばせるという方針は、終戦後の教育政策で積極的に語られました。具体的には、学習指導要領上の自由研究や特別教育活動において、クラブが位置づけられるようになります。さらに、当時はこれらの教育活動と課外活動（学校生活）を関連づけることが重視されていたので、クラブも授業やその他の自治集団活動と関連づけて、生活化（スポーツの生活化）へと導くことがめざされていきます。例えば授業、行事、クラブを関連づけた行事単元が推奨され、そこではスポーツの勝敗よりも「レクリエーション」の方法を学ぶことが目的とされました（第5回）。

　そして、このような教育論を前提として、対外試合も規制されました。戦前のように運動部員の視線が対外試合ばかりに向くようになると、「レクリエーション」の方法を学ぶという目標が達成できず、また、行事単元のような実践にも取り組めなくなってしまうからです。これらの措置によって、運動部員の数が劇的に増えた訳ではありませんでしたが、徐々に校内の行事は活性化していきました（第6回）。

　しかしその後、「レクリエーション」言説は浸透しませんでした。そもそも、当時の日本において、子どもの「レクリエーション」や余暇の重要性が、十分に浸透していなかったからです。城丸章夫らは、当時の状況を以下のように述べています。

　「戦前はもちろんのこと、戦後だって、1960年ころまでは、農村の子どもたちは、学校で放課後にスポーツをしていたりすると、『そんなことをしているひまに、草でも刈ってこい』といってしかられたものだ」「都会の子どもだって、そうだ。…略…学校で、放課後にスポーツをしていたりすると、家へ帰ってからしかられることは、農村と同じであった」

　このコメントにあるように、放課後にスポーツをすることすら、ままならない状況だったのです。このことは、学校で子どもの「暇」を管理する

ことや、クラブを「レクリエーション」として実施することが、困難だったことを示しています。

　また、当時、中学生の参加する対外試合を小範囲に制限していたのにもかかわらず、文部省は全日本少年野球大会の開催を、長期休暇中の「レクリエーション」の大会として認め[2]、結果的にそれが呼び水となって、後に対外試合基準が緩和されていきます（第6、7回）。この事例が示すように、「レクリエーション」という方針は、学校教育にクラブを位置づける理由であるとともに、対外試合の規制を緩和する（学校外の競争を促進する）理由でもあり、学校内・外の活動を区別する方針にはなりませんでした。

　これらの問題もあり、1958（昭和33）年改訂の学習指導要領では、これまでの行事単元が見直され、「レクリエーション」の方法を「体育に関する知識」（小、中学校）や「体育理論」（高校）といった、体育の学習内容（教養）として指導する方針が示されます（第8回）。また、当初の対外試合基準では、体育、クラブ、校内競技の関連性が重視されていたのですが、その文言も1961（昭和36）年には削除されます（第9回）。

　このようにして、対外試合の規制や行事単元実践の基盤にあった「レクリエーション」言説は、教育制度・政策の裏付けを失い、徐々にその語り手も減っていくのです。

## 2──教育関係団体の反応

　「レクリエーション」言説は、教育関係団体にも引き継がれませんでした。確かに、日教組が開催してきた教研では、「レクリエーション」言説を継承するような実践例も見られたのですが（第13、16回）[3]、同時に「課外の部活動指導は雑務であり、本来、社会教育の活動である」という労働運動の方針が示されていました（第13回）。結局、労働組合である日教組は後者を重視し、1971（昭和46）年の給特法の成立後には、自らの手で超勤の範囲から部活動に関する業務を外していくのです（第14回）[4]。このように日教組は、教師の労働・職務として部活動の指導を認めていないのですから、「レクリエーション」言説の語り手にはなり得ませんでした（第29回）。

　それは中体連や高体連も同様でした。1970年代に中体連は、選手強化

のための対外試合運営を批判し、規模の縮小を提案しますが、競技団体からは「できるだけ多くのチームが参加することこそ教育的な意義も大きい」という反論が出されていました。そもそも大会の規模を縮小したいのであれば、「レクリエーション」言説が試みたように、大規模な大会では実現することが難しい、具体的な教育内容を示す必要がありました。しかし、中体連はそれを明確にしておらず、これでは「大会の規模が大きい方が教育的だ」「いや、教育的でない」という、噛み合わない議論になりかねませんでした（第15、18回）。

かつて高体連も、人間形成を目的として、教育の立場からインターハイを運営しているのであり、オリンピックに勝つことだけが目的の日体協には運営を任せられないと述べていました（第15回）。しかし、競争や勝利が人間形成に不必要とは言い切れませんし、また、高体連は「レクリエーション」言説で重視された行事単元のような、大規模な対外試合での競争に代わる、オルタナティブを明示している訳でもありませんでした。

全日中に関しても同じことが言えます。当初、中体連とともに中学生の国体参加に難色を示していましたが、最終的には条件付きで容認していきます。しかもその条件とは、「国体への参加を出席として扱う」ことや「引率教諭の出張扱い」など実務的なものが主であり、具体的な教育論に基づいて反対していた訳ではありませんでした（第21回）。そしてその後も、部活動に関する意向に、統一性は見られませんでした（第22回）。

なお、1980年代の臨教審におけるヒアリングでも、教育関係団体は部活動のあるべき姿を述べるよりも、目先の陳情に終始していました（第24回）。このように、教育関係団体によって、「レクリエーション」言説が積極的に語られることはありませんでした。むしろ、前回で検討したように、多くの教師は「道徳教育」「体力づくり」「競争」言説の語り手になっていたのであり、「レクリエーション」言説は行き場を失っていきました。

## 3──競争・勝利のオルタナティブ

このような歴史とは裏腹に、実際には競争・勝利に特化した運動部活動のオルタナティブが求められていました。例えば、これまでの教育政策・

制度では、勝利至上主義の問題がたびたび指摘されてきました（第6、7、9、11、18、28、30回）。近年においても、「基本計画」に関わる審議において、これまでの全国大会の見直しが求められましたが、中体連は「検討課題」と返答するに止まっています（第31回）。そして「基本計画」の改訂の際にも、中体連や高体連に対して、「一つの種目について週に何時間も拘束されるような形態のものについては見直し、スポーツを楽しみたいという子どもの欲求に学校側がどう応えていくのか」について検討することが求められていました（第32回）。過去には、対外試合のあり方や部活動の過熱化を批判していた両組織でしたが、今では「競争」言説の語り手として批判されるようになり、これまでとは異なる対外試合や部活動のあり方が問われているのです。

　しかし、具体的な教育論がなければ、それらのあり方を議論できないことは、これまでの歴史が示すところでしょう。実際に、戦前の対外試合の過熱化の背景にも、具体的な教育論の不備があり（第3回）、その反省をふまえて、戦後初期の対外試合の規制は、「レクリエーション」に関わる実践とセットで提案されていました（第6回）。

　このような歴史や実態をふまえれば、教育関係団体や私たちに求められているのは、過去の「レクリエーション」言説の行き場を確保し、それを発展させて、今日にふさわしい言葉で語っていくことではないでしょうか。「道徳教育」「体力づくり」「競争」といった言説が、学校教育に部活動を位置づけるには脆弱であったことに同意できるのであれば、それらを批判し、異なる言葉で語ろうとしてきた歴史に注目する必要があるのです。

　しかし、かつてよりも余暇や「レクリエーション」の理解が深まったとはいえ、戦後初期と同じように「レクリエーション」言説を述べるだけでは、問題の解決にはなりません。1980年代以降においても、「生涯スポーツ」や「生涯学習」という言葉で、余暇や「レクリエーション」が重視されたのにもかかわらず、部活動の地域移行が検討されたことを忘れてはなりません（第28、30回）。「レクリエーション」を声高に叫ぶだけでも、学校に部活動は位置づけられず、別の言葉や考え方、そして、指導の原理などを加えていく必要があるのです。それらについては、次回以降でさらに検討しましょう。

## 第42回

# クラブ・部活動は結社である

　前回は、クラブ・部活動で「レクリエーション」の方法を学ぶという、戦後初期の言説に注目しました。今回は、「レクリエーション」言説を継承、発展させる方法について考えたいと思います。結論を先に述べれば、クラブ・部活動を結社と捉えることで、単なる「レクリエーション」に止まらない、活動や指導の展望を切り拓くことができます。結社というと、堅苦しく感じるかもしれませんが、私は以下の定義を踏襲することにします。

　「なんらかの共通の目的・関心をみたすために、一定の約束のもとに、基本的には平等な資格で、自発的に加入した成員によって運営される、生計を目的としない私的な集団[7]」

　後述するように、学校のクラブ・部活動発足の背景にあった、学校外のクラブやサークルはこの定義に当てはまり、本来、学校のクラブ・部活動も結社史の延長線上に位置づけられて良いものです。以下ではそのことを確認し、結社としてのクラブ・部活動のイメージを共有していきたいと思います。

## 1──政治や社会との接点

　先の結社の定義は、注7にも掲載しているように、『結社の世界史』という文献から引用しています。この文献は全5巻で構成されており、各巻の構成は、①結衆・結社の日本史、②結社が描く中国近現代、③アソシアシオンで読み解くフランス史、④結社のイギリス史―クラブから帝国まで、

⑤クラブが創った国アメリカ、となっています。これらの巻頭にある「刊行にあたって」では、刊行の意図が以下のように述べられています。

「それぞれの国がたどった複雑な歴史は、そこに生起した結社にも固有の性格を与えてきた。他方、当該国の歴史のなかで誕生した結社は、その独自性ゆえに、その国の歴史を方向づけるユニークな働きをはたしてきたのである」

つまり、協会、組合、サロン、サークル、アソシエーション、そしてクラブといった結社は、各国の政治的・社会的影響を受けただけでなく、反対に、それらを方向づける役割を果たしてきたという訳です。以下では、その理解を深めるために、イギリスで古くからスポーツとして親しまれてきたハンティングと、帝国動物層保護協会（以下SPFE）という結社の関係に注目してみましょう。

かつて、ハンティングを楽しんでいたジェントルマン、及び、政界・経済界の有力者たちは、SPFEに結集して植民地・アフリカの動物保護政策に影響を及ぼしていきます。ハンティングをするために必要な動物がいなくなるとゲームが成立しないので、ゲームに必要な「保護されるべき動物」と、それらを捕食してしまう肉食獣を「保護されない害獣」として区別し、さらには、アフリカ人の経済活動として（生きるために）行われていた狩猟も、禁止する政策を後押しするのです。つまり、当初のSPFEの目的は、動物層そのものの保全にはなく、スポーツ・ハンティングのための資源保全でした。この事例に見られるように、かつてのスポーツマンは、ハンティングを楽しむだけに止まらず、結社を通して自分たちの意志を示し、政治や社会に影響を及ぼしてきた一面があるのです。

日本においても、当初は血縁や地縁と結びついて集団が組織されていましたが、徐々に自らの意志と判断で加入・組織する結社が現れるようになります。なお、我が国の「自治」という用語の変遷を検討した石田雄も、かつて「自然に治まる」という意味で用いられていたのが、個人間の公正な手続きを経た合意によって、自分たちが統治の主体であり同時に客体であるという関係を創り出す作為の意味へと変わる方向にあると述べています。

このような歴史を背景に、終戦後になりますが、日本のスポーツ界にも

「レクリエーション」としてスポーツを楽しむだけではなく、スポーツを支える条件にまで自治の範囲を広げていく結社が見られるようになります。例えば1965（昭和40）年に設立された新日本体育連盟（後に新日本スポーツ連盟に改称）は、スポーツ愛好者の集団であっただけでなく、行政への働きかけを通して、スポーツをするための条件整備に努めてきました[12]。また、日本勤労者山岳連盟は、登山というスポーツを成立させる土台である山を守るために、自ら清掃活動に取り組み、国や各省庁にも要求書を出しています[13]。この他に、プロ・アマ野球団体が協力して、バットの材料（アオダモ）の保護に取り組む事例なども見られます[14]。

## 2──結社への期待

その一方で、現実の学校内・外のクラブ・部活動を見ると、多くは練習・試合だけに没頭している状況でした。そのため、政治や社会と接点をもちうる結社の観点から、改めてクラブ・部活動の存在意義を捉え直そうとする主張も見られました。

例えば、中村敏雄は、今日の人間の生活が極めて多様な相互依存関係にあり、その一部分でも急激な変化を起こせば、ただちに人間の生活の全体が直接あるいは間接に影響を受けることを指摘し、だからこそスポーツクラブに所属する専門家たちは、「これまで以上に自覚的・意識的にスポーツの世界に存在する諸課題の解決に歴史的、社会的意義を見出して努力しなければならない」と指摘していました[15]。同様に荒井貞光も、「スポーツ集団の有り様が、さらにはスポーツ集団のベースをつくる規定集団が、政治や教育の世界を構成するベースの集団と深いレベルでリンクしている」ことを問題にすべきだと主張し、クラブの「共存のために協働する」精神が社会の安定と秩序維持の基調になることや、クラブのもつ多元的機能を再構成することで、市民社会の編成にも変化が生じるのではないかと述べています[16]。

教育学の分野でも浅野誠が、1980年代に教育現場で取り組まれた「ひま人サッカークラブ」などの自発結社のクラブを、「クラブの萌芽形態をなすものである」と評価する同時に、それと学級の班のような全員参加の

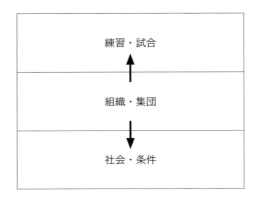

**図2　結社としてのスポーツクラブ・部活動**

組織との関係を有機的なものにすることが、学級集団づくりにとって重要であると主張していました[17]。さらには、そのような子どもの自発結社を、「市民社会を形成する自主組織の芽」と位置づけていました[18]。

　これらの主張にあるように、政治や社会と接点をもちうる、クラブ・部活動の結社としての価値が注目されてきました。そもそも学校教育は、社会の主人公を育てることが目的なのですから、結社としてクラブ・部活動を位置づけることが不可欠とも言えます。日本も批准している「子どもの権利条約」の第15条でも、「締約国は、結社の自由及び平和的な集会の自由についての子どもの権利を認める」と記されており、その背景には、結社の経験が子どもの成長に不可欠であるという認識があります。

　これまで述べてきた、結社としてのクラブ・部活動を、スポーツに焦点化して整理したのが図2です[19]。それは、真ん中の層に位置づく組織・集団活動であり、練習・試合だけでなく、社会・条件（スポーツを支える環境や政策）にも関わりうる場なのです。

## 3──クラブ・部活動が結社になる条件

　では、クラブ・部活動が単なる「レクリエーション」に止まらずに、政治や社会とも接点をもちうる、結社になるための条件とは何でしょうか。

もう一度、冒頭で取り上げた結社の定義に注目してみましょう。

「なんらかの共通の目的・関心をみたすために、<u>一定の約束のもとに、基本的には平等な資格で、自発的に加入した成員によって運営される</u>、生計を目的としない私的な集団」

私は、とりわけ下線部分に注目する必要があると考えます。冒頭で紹介した『結社の世界史』の中で登場する様々な結社は、直接、社会と関わることを目的としていない場合においても、一定の約束に基づく、平等な成員による自治的な運営があったからこそ、集団としてのまとまりや意志が生まれると同時に理解・信頼を得ることになり、その結果として社会と関わったり影響を及ぼしたりするに至ったからです。

図2を用いて説明するのであれば、スポーツのクラブ・部活動は、ある種目に関わる練習・試合という「共通の目的・関心をみたすため」に組織されます。実際に、日常的には練習・試合に向けた組織・集団活動(上向きの矢印)が主となることでしょう。そして、自分たちで治める範囲が拡大していけば、当然のことながら練習・試合を支える社会・条件(下向きの矢印)にも関心は広がっていきます。しかし、その際に問われるのは、日常的な組織・集団活動が「一定の約束に基づく、平等な成員による自治的な運営」になっているかということです。例えば、私たちが学校外でスポーツをするための条件整備(カネ、ヒマ、バショなどの整備)を求めるときには、一部の意見だけを尊重することは許されず、一定の約束のもとに全員が(あるいは、問題に関係する全クラブが)平等な資格で議論し、全体としての意志を示すことが不可欠です。このような社会・条件と関わるうえで基盤となる力は、一定の約束に基づくクラブ・部活動の自治的・民主的な運営によって鍛えられていくのです。

しかし、現実のクラブ・部活動の多くは、このような条件を充たしていないのではないでしょうか。例えば、読者の皆さんが関わっている(いた)クラブ・部活動には、全員に共有されている(部員の合意に基づく)、一定の約束・規約がありますか? また、約束・規約に基づいて、全員が平等に運営に関わっていますか? さらには、その約束・規約が守られているのかを、全員で確認する場(総会など)はありますか? それを確認する場がなければ、約束・規約はなくても同じです。

2で紹介した、結社を重視してきた研究者たちも、具体的な約束・規約のあり方については解説していませんでした。そのため、それは今後の研究課題になるかと思いますが（規約の具体例については次回で扱います）、前回も触れたように、「レクリエーション」の方法を学ぶだけでは、学校にクラブ・部活動が位置づけられなかった歴史があり、また、学校は社会の主人公を形成することが目的です。そう考えると、クラブ・部活動に約束・規約をつくり、それに基づいて運営し、必要に応じて約束・規約に手を加えていきながら、少しずつ結社へと導いていく見通しをもつことが、今後は必要なのではないでしょうか。

## 第43回

# 自治の教育的意義

　前回は、学校のクラブ・部活動を結社として捉えることを提案しました。結社（学校外のクラブやサークルを含む）は、これまで政治や社会にも影響を及ぼしうる集団として存在してきました。そのため私は、学校のクラブ・部活動も結社として位置づけることで、練習や試合、あるいは単なる「レクリエーション」に止まらずに、政治や社会との関わり方を経験する場へと、可能性が広がるのではないかと考えたのです。そして、このような考えから、一定の約束（具体的には規約）に基づく、自発的に加入した平等な部員による運営をめざし、少しずつ結社へと導いていくことを提案しました。それは、クラブ・部活動において自治を追求する、と言い換えることもできます。

　今回も、学校のスポーツに関わるクラブ・部活動に焦点を当てて（以下から、それを運動部活動と呼びます）、とりわけ自治の教育的意義について考えたいと思います。

## 1 ── 自治と結社

　前回において確認したように、現状の運動部活動を結社に近づけていくというのは、約束・規約に基づく自治を基盤としながら、練習・試合だけでなく、社会・条件にも自治の範囲を広げていくことを意味しています。参考までに、私が関わった大学運動部における規約の例を紹介しておきますが（表35・最後に掲載）、何の手立てもしないで、このような規約がで

きたり、自治の範囲が広がったりする訳ではありません。結論を先に述べれば、図2（276頁）で示した、練習・試合、組織・集団、社会・条件に関わる日常的な自治があって、はじめてそれらに関わる規約をつくったり、変えたりする必要性が生じてきます。また、各場面における日常的な自治があるからこそ、それらを基盤にして、より広範な社会・条件に働きかけることも可能になります。ですから、運動部活動を結社に導くうえで、日常の自治が極めて重要な意味をもちます。

では、各場面において、具体的にどのような自治の内容（以下から「自治内容」）が想定できるでしょうか。そのイメージを端的に述べれば、大会や競技会に参加するまでに解決しなければならない、練習・試合、組織・集団、社会・条件に関わる一つ一つの課題を、できるだけ部員に解決させていくと表現できます。第36回で紹介しましたが、私は実験的に雪合戦クラブをつくった経験から、表32（233頁）のような「自治内容」があるのではないかと考えています（③の〈場・環境〉は、図2の社会・条件と同じと捉えてください）。

しかし、どのような「自治内容」を想定するにしても、忘れてはならないのは「みんな」という思想です。前回、説明したように、結社とは、一定の約束のもとに、平等な資格で運営されるものなのですから、誰かが損をしたり、得をしたりするのは問題です。また、原則的に学校教育は、全員が平等に学習や活動の機会を保障される場であり、その思想は運動部活動にも貫く必要があります。それ故に、表32でも「みんなで」取り組むことが共通の方針になっているのです。

## 2──自治と自主的・主体的活動

これまで解説してきたような自治は、運動部活動を部員の自主的・主体的活動にしていくうえでの条件でもあります。松田岩男は、自主性と主体性という用語の意味を以下のように解説しています。

・自主性…他の人の力を借りないで、与えられた課題を自分で解決し、自分を高めようとする積極的な態度や傾向（依存性に対して用いられることが多い）

・主体性…他から強制されることなく、自分の意志や判断によって行動し、対象に対して影響を及ぼすことのできる心の状態（性質）

　いずれの用語においても、何かしらの働きかける課題や対象があって、それに対する自分の判断や決定ということが、意味に含まれています。ですから、運動部活動で自主的・主体的活動を求めるのであれば、各部員が判断したり、決定したりする、課題や対象が用意されなければならず、表32で示したような「自治内容」が不可欠となるのです。

　例えば、「練習に自主的・主体的に取り組ませる」と指導者が述べるとき、本来であれば、部員が練習の何を決定、判断しているのかが問われなければなりません。そして、もし部員が自主的・主体的に取り組めていないとすれば、指導者は何を決定、判断すればよいのか（働きかける課題や対象）を、改めて明示する必要があるでしょう。

　しかし指導者に、そのような自覚がないときには、部員の表情、身ぶり、言葉遣いといった態度のみで、自主性・主体性が判断され、そこでの指導は態度・行動の矯正・強制へと向かいがちです。しかし過去にそれを行った、戦前の軍国主義教育や、戦後の管理主義教育では、かえって自主性・主体性を奪う結果となりました（第4、23、25回）。そのため、部員の自主性・主体性を引き出すには、彼らが働きかける課題や対象に注目する必要があり、表32のような「自治内容」が求められるのです。

## 3──自治とモチベーション

　別の言葉を用いれば、運動部活動における自治は、部員のモチベーション（動機づけ）を高めるものです。

　体を動かすことが楽しい、スポーツをすることが好きだから練習をするというように、スポーツそれ自体の喜びや面白さによって動機づけられた状態のことを、内発的動機づけと言いますが、その本質となるのは①有能観（コンピテンス）の欲求、②自己決定の欲求、③関係性（交流）の欲求の3つと言われています。

　①有能観（コンピテンス）の欲求は、今までの「できない」という環境を「できる」という環境に変化させることによって有能感を感じ、次の行

動に動機づけられることを意味しています。これを高めるには、部員が正確かつ中立的な情報を元に、適切な目標を設定できるように「手助け」をすることが必要だと言われています。

②の自己決定の欲求は、「自分の行動は自分が決定し支配していると感じること」による動機づけを意味しています。これを高めるには、練習や行動をできるだけ強制することなく、自らの意思によって行動を起こすことが重要であり、練習や試合での目標、練習内容、そして練習の時間や場所について、部員の意見が反映されるような環境設定が大切であると言われています。

そして、このような自己決定の基盤には、③関係性（交流）の欲求があり、他者との関係の中で自己の行動が位置づけられていること（自己の行動を他者に理解され共感が得られていること）が必要になります。

これらの知見に基づけば、運動部活動において自治（自己決定）や、部員全員の平等性（「みんな」）を追求することは、モチベーションを高めるうえでも不可欠と言えるでしょう。

## 4──自治と人格形成

最後に、自治と人格形成の関係についても解説しておきましょう。[24]

そもそも人格とは、どのように形成されるのでしょうか。様々な要因が考えられますが、その中の一つには、自身が置かれている人間関係があると言われています。戦前の軍国主義教育がそうであったように、封建的な人間関係のもとでは、それを「良し」とする思想や意思が育まれます。近年でも体罰の問題が発生し、それを告発できなかった部員の存在に注目が集まりました。彼らは体罰を伴う人間関係のもとで過ごし、また、それを対象化する機会にも恵まれなかったことから、「強くなるためには体罰はやむを得ない」という指導者に依存する思想が、徐々に刻み込まれてきたのです。しかし今後、表32で示したように運動部活動の各場面で「みんな」を追求し、約束・規約に基づいて平等に運営できれば、部員の人格に「みんな」や「平等」という思想を形成することが期待でき、指導者に依存した体罰を肯定する思想も、少しずつ変えていくことができるでしょう。

さらに、人格は人間関係だけではなく、自らの行動によっても形成されます。教育学者の城丸章夫は、その原則を「働きかける者が働きかけられる」と表現しています。例えば、ある運動部活動の指導者が、熱心に「練習は科学的に行うんだ！」と部員に働きかけている状態において、科学的な思想が最も形成されているのは部員ではなく、指導者自身だということです。もし、部員に科学的な思想を形成したいのであれば、部員自らがその必要性を自覚し、科学的な練習に向けて行動を起こすこと（働きかけること）が必要なのです。体罰の問題も同じでしょう。部員の人格に、体罰を克服する思想を形成したいのであれば、部員自身が体罰の原因や今後の対策を考えること、そして、暴力を必要としない運動部活動に向けた行動（民主的な自治）を積み重ねていくことが大切です。

　このように、運動部活動の各場面において、「みんな」という人間関係を意識し、それを実現するために働きかける（自治に取り組む）ことには、人格形成上の意義が見出せるのです。

＊

　今回は、運動部活動において自治を追求することが、①結社に導く、②自主的・主体的活動を促す、③部員のモチベーションを高める、そして、④人格を形成するうえで重要であることを指摘してきました。このような多様な教育的意義をふまえて、改めて「自治」という窓から、運動部活動を眺めてみましょう。

　部員自身が、どのような場面で、何を決定、判断していますか？「みんな」を意識し、行動する場面がどれだけありますか？　もっと、部員の決定、判断に委ねることはできませんか？　それを妨げている要因は、どこにあるのでしょうか？

　これらを考えることが、「運動部活動の教育学」の条件だと言えるでしょう。

表35　大学運動部における規約の例

## ○○大学○○部運営規則

〈練習について〉
① 練習日程については幹部（主将、副主将、学年代表）が決める。
② 練習場所については、学内の場合は主将とマネージャーの代表が、学外の場合は幹部とマネージャー代表が決める。
③ 練習メニューは、幹部とプレイングマネジメント（以下からPM）のリーダーが決め、実際のメニュー実施に関してはPMリーダーが取り仕切る。

〈試合について〉
① 練習試合のオーダーは、幹部とPMが決定する。
② 練習試合の相手は幹部が決定し、マネージャーが連絡をする。
③ 公式戦のオーダーは、幹部がコーチ・監督に提案し、相談して決める。
④ 審判は全員が協力して行う。

〈組織・集団の運営について〉
① ○○大学の学生は、○○部の規則や方針を理解したうえで入部届を提出し、定められた部費を納入することで○○部員となることができる。
② ○○部の運営に関わる議論をする場として、全体ミーティングを設ける。
③ 全体ミーティングの開催日程と時間は幹部が決定する。なお、幹部は、部員から全体ミーティング開催の要望があったときには、速やかに対応する。
④ 全体ミーティングでは、○○部員の全員が、平等に発言をする権利を有する。
⑤ 顧問の選定・解任は、全体ミーティングにおいて部員全員の議論を経ることとする。顧問には、連盟理事会などへの出席、○○部運営に必要な書類作成、及び○○部運営への助言を求める。
⑥ 監督・コーチの選定・解任は、全体ミーティングにおいて部員全員の議論を経ることとする。監督・コーチには、○○部が依頼をした内容の指導と、監督会議への出席を求める。なお、監督・コーチ不在時の監督会議は、幹部もしくは幹部が依頼をした学生が出席する。
⑦ 監督・コーチの選定は、暴力行為を行わない人が条件であり、○○部全体で決定した「委託する内容（依頼をする指導の内容）」と「ルール」を理解し、遂行してくれるかを基準とする。委託する期間は、原則として1年間とする。
⑧ 主将は、全体ミーティングにおいて部員全員の投票で決定する。引退以外の理由で辞める場合も、全体ミーティングで理由を報告し、承認を得るものとする。なお、そこでの決定は顧問にも報告をする。
⑨ 副主将は、主将からの任命で決定する。解任も主将が行う。
⑩ PMの選定は、幹部が原案を示し、全体ミーティングにおいて部員全員の承認を経て決定する。PMの運営に関わって問題が発生したときには、幹部が早急に対応策を検討するものとする。
⑪ 主務は、マネージャーの中から選出する。マネージャーが不在の際は、部員の中から選出する。
⑫ その他の役割分担・係は、年度当初に部員全員で決定する。

〈場・環境・金銭に関わることについて〉
① ○○部運営の金品の管理に関わる仕事を行う係として、会計係を設ける。
② 会計係は、マネージャー及び部員の中から選出する。
③ ボールなどの消耗品の購入については、1万円を超えない限り、担当の係と会計係が相談して購入することができる。
④ 1万円を超える物品購入の際は、事前に会計係が全体ミーティングで報告を行い、全員の了解を経てから購入する。この手続きを経ない物品の購入は認めない。
⑤ 全員が協力をして、機関誌の定期的発行に努める。

〈その他〉
① ここで記した規則の変更は、全体ミーティングにおける、顧問を含めた議論を経て行われるものとする。

○○年○月○日制定

# 第44回

# 教師の専門性と運動部活動

　前回は、運動部活動における自治の教育的意義を、①結社に導く、②自主的・主体的活動を促す、③部員のモチベーションを高める、④人格を形成する、といった観点から解説しました。今回は、このような指導と、教師の専門性との関係を検討したいと思います。つまり教師が、運動部活動を練習・試合だけでなく、社会・条件にも関わりうる結社にしていくことができるのか、そして、「自治内容」と規約に基づく運営の指導（表32、233頁）ができるのかについて考えていきます。結論を先に述べれば、これらの指導は、現在、教師がもっている専門性の範囲内で十分に対応できます。

　これまで主張されてきた、運動部活動の教育論は、教師の専門性の観点から見ると課題を抱えていました（第38、40回）。すなわち、「競争」「体力づくり」「道徳教育」といった教育論は、学校・教師でなくても担うことができ、あるいは、運動部活動でなくても実現可能なものであり、それ故に学習指導要領をはじめとする教育政策・制度における部活動の方針も、曖昧に処理されてきました。このような課題を乗り越えるには、教師の専門性と運動部活動指導の関係を検討することが不可欠なのです。そのため今回は、教師の専門性という窓から、運動部活動を眺めてみましょう。

## 1── 教育課程論から見る教師の専門性

　まず、教師に期待されてきた専門性について、教育課程論の観点から検

討します。教育課程とは、教育計画のことを意味し、国レベル、学校レベル、教師レベルのものがあります。ここでは図3を用いて、各学校及び教師が編成、実施、評価する教育課程において、どのような専門性が期待されてきたのかを確認しておきましょう。

最初に、教育課程編成の原理についてふれておきます。教育課程は各教科の学習が行われる授業と、学級活動や学校行事などの教科外活動で編成されます。主に授業では、子どもが文化・科学に働きかける中で知識や技能を学習・習得すること、すなわち陶冶が期待されています。例えば体育の授業では、運動文化（の科学）に子どもが働きかけ、その結果として、体育固有の知識や技能を習得することが期待されています。

一方で、主に教科外活動では、子どもが生活・集団に働きかける中で思想や行動を形成すること、すなわち訓育が期待されています。例えば運動会では、可能な限り子どもたち自身が企画、運営するように指導し、その結果として協力・協同に見られる行動や、みんなを大切にする思想を形成することがめざされます。過去の道徳教育のように、特定の価値観を教え込むのではなく、子ども自身が生活や集団に働きかけることを通して形成しようとしてきたのです（第43回）。この指導は、これまで生活指導と呼ばれてきました。

このような子どもの人格形成に向けた、教科指導と生活指導に関わる教育計画が教育課程なのです。そしてそこでは、子どもを文化・科学、あるいは生活・集団に働きかけさせたり、その結果として陶冶と訓育に導いた

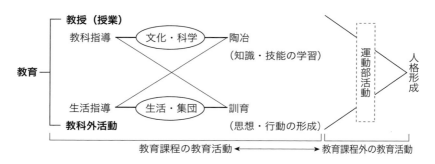

**図3　教育課程と運動部活動の関係**

りする、教師の専門性が想定されてきました。図3のように、学校が運動部活動を課外に位置づける積極的な理由は、そのような教育課程における陶冶と訓育が強化される点にあります。すなわち、教育課程から離れた日常生活に近い場面で、発展的な陶冶と訓育に向けた指導が展開でき、子どもの人格形成という目標に、より接近できるのです。

言い方を換えれば、図3で示したように、課外の運動部活動の指導が、教育課程において発揮される教師の専門性と密接に関わるからこそ、学校で実施する根拠となるのであり、そのような専門性と関わらないのであれば、学校外の人でも指導できることになり、学校で実施する根拠には、なり得ないのです。

## 2──「自治内容」と教師の専門性

以下では、もう少し具体的に、表32で示した3つの「自治内容」と、教師の専門性の関係に注目していきましょう。

まず、〈①練習・試合〉の「自治内容」から見ていきますが、ここで記されていることは、体育の授業と密接に関わっています。体育の授業の単元計画で、最後にリーグ戦や大会で終わるものがありますが、そこでは〈①練習・試合〉の「自治内容」と関わる取り組みが見られ、保健体育教師はそれを指導しています。このことは、保健体育教師がそのような指導ができる専門性を有していることを意味しており、運動部活動の〈①練習・試合〉場面における「みんなで上手くなり、合理的にプレーできる」ための指導も、体育の授業と関連づけて行えることを示しています。[28]

次に〈②組織・集団〉の「自治内容」に注目します。ここでは、所属する組織・集団の名称の決定や、役割分担が求められますが、これらと類似する活動は教育課程の教科外活動で見られます。例えば学級活動や学校行事において、子どもたち自身で役割分担をしたり、クラス・班・グループの名称・目標・スローガンを決めたりすることがあるでしょう。そのような「みんなで参加して運営する」ことに向けた指導（生活指導）の専門性が、運動部活動における〈②組織・集団〉の「自治内容」の指導で発揮されるのです。

最後に、〈③場・環境〉の「自治内容」ですが、この指導に関しては、これまでのように、教育課程における教育活動と直接的に関連づけることができません。なぜなら、教育課程の教育活動においては、文化・科学を学習したり、自治集団活動に取り組ませたりする指導を、限られた時間内で効率的に行う必要があるため、教師が場・環境の「お膳立て」をすることが多く、子ども自身の場・環境に関わる場面が制限されるからです。

　しかし、別の観点から捉えれば、教師は教育課程の教育活動を成立させるための条件整備を、日々の労働の中で行っているのであり、表32の〈③場・環境〉の「自治内容」に関わる経験やノウハウを蓄積しています。そうであれば、その経験やノウハウを、課外の運動部活動においては、少しずつ子どもに委ねていくことができるでしょう。つまり、〈③場・環境〉の「自治内容」の指導は、教育課程の教育活動と直接的に関連づけることができませんが、教師が日常的に行っている、教育の条件整備の労働と関連づけて指導することができるのです。

## 3 ──「トータルな自治」

　〈③場・環境〉の「自治内容」は、教育課程の教育活動では十分に経験できないものであり、課外の運動部活動において時間をかけて経験することが必要です。学校を卒業すれば、誰かが〈③場・環境〉の「お膳立て」をしてくれるのは稀であり、その自治の経験は、スポーツの主人公を形成する上でも不可欠です。また、少しずつその自治を積み重ねていくことで、自分たちの活動を成立させている、より広範な社会・条件（スポーツを成立させる政策、政治、生活など）にまで関わる力もついていきます。つまり、運動部活動が練習・試合だけでなく、社会・条件にまで関わる結社になるには、〈③場・環境〉までを含んだ「トータルな自治」の経験が不可欠なのです。

　課外の運動部活動は、教育課程につきまとう時間的な制約からは解放されるため、「トータルな自治」に時間をかけて取り組むことや、さらには、自分たちで「規約」を設けて、長いスパンで結社として運営することも可能です。そして、その指導には、教師の専門性を発揮することができ、同

時に、それは子どもの人格形成という教育の目標に接近する意味をもつため、表32で示した「トータルな自治」に取り組む運動部活動は、学校で実施する教育活動となるのです。

## 4――「自治内容」による変化

これまで述べてきたような「自治内容」の指導によって、現状の運動部活動にどのような変化が生じるでしょうか。

まず、「自治内容」の指導という学校の守備範囲が明確になることで、そこから外れた専門外の指導という重荷を、少しずつ下ろしていくことができるでしょう。例えば、専門外の種目の顧問になったときに外部指導者と連携をするうえでも、表32で示した「自治内容」の経験が重要なのですから、外部指導者に求めるのは〈①練習・試合〉場面の子どもの決定・自治を励ますようなサポートとなり、それ以外は教師が指導していくという、役割分担が明確になります（第36回）。

あるいは、現状のように多くの種目を学校で実施するのではなく、選択することも可能になります。表32のような「自治内容」が経験できるのであれば、学校や教師が種目を選択して良いのであり、その原理は、体育の授業において、教師が教えるべき教科内容を前提にして、種目や教材を選択・加工するのと同じです。

また、大会の意味づけも変わり、全ての大会に出たり、全国大会をめざしたりする必要がなくなります。理由は同じで、表32のような「自治内容」が経験できるのであれば、大会の規模や頻度は重要ではないのです。むしろ、過去に提案されたシーズン制のように（第3、6回、28回）、異なる種目の運動部活動で、全員が「自治内容」の経験を豊かに積み重ねることが大切です。対外試合基準の緩和を背景に、勝利至上主義の問題が発生してきた歴史をふまえれば（第40、41回）、「勝つこと」以外の教育内容（「自治内容」）の観点から、大会のあり方を捉え直していく必要があります。

そして、これまで解決してこなかった手当の問題も（第10～15、18、30、35、37回）、改善していく見通しがもてます。運動部活動の指導に手当が支給されるには、教師でなければ指導できない教育内容や指導方法

が存在しなければなりませんが、表32や図3で示したような運動部活動指導は、その条件をクリアしているからです。

＊

　これまで述べてきたような運動部活動は、読者の皆さんが経験してきたものとは異なるかもしれません。しかし、改めて考えて欲しいのは、皆さんが当たり前のように経験してきた運動部活動が、教師の専門性と如何に関わるのかということです。教師は何を教え、何を経験させる専門家なのか、それは、学校の教師でなければ指導できないものなのか、さらにその専門性が運動部活動の指導とどのように関係するのかを、具体的に考えて欲しいのです。そうしないと、教師が運動部活動に関わる意義が明確にならず、「運動部活動は学校の教育活動である」と、胸を張って言えないのではないでしょうか。

# 第45回

# 学校が運動部活動を必要とする理由

　前回は、学校の教育課程において、子どもが文化・科学や生活・集団に働きかけるように促し、陶冶と訓育に導いていく教師の専門性が想定されてきたこと、そして、表32（233頁）で示したような「自治内容」は、そのような教師の専門性及び労働と関連づけて指導できることを確認しました。

　今回は、それとは反対のベクトル、すなわち、図3（286頁）の下にある教育課程（今回はそれを課内と呼びます）の教育活動←教育課程外（課外）の教育活動の関係について検討し、運動部活動が学校全体の教育活動や、教師の専門性に及ぼす影響について明らかにします。そのことで、学校が運動部活動を必要とする理由が明らかになるでしょう。

## 1──学校全体に及ぼす影響

　まず、課外の運動部活動が、学校全体の教育活動を豊かにするという観点から、課内←課外の関係を捉えていきます。

　前回、確認したように、表32で示した「自治内容」は、課内の教育内容を発展させたものであり、それに取り組む運動部員は、課内の学習や経験を先取りしている専門家集団と言えるでしょう。それ故に、例えば、体育の授業では仲間のプレイを分析したり、練習計画を考えたりしながら、「みんなで上手くなり、合理的にプレイできる」ように、リーダーシップを発揮することができます。あるいは、教科外の運動会では、役割分担を

はじめとする集団の自治的な運営に貢献したり、教師に代わって用具の準備や管理をしたりすることができるでしょう。このように、運動部員が課内の教育活動の延長線上に位置づく、発展的、総合的な「自治内容」に取り組んでいることで、学校全体の教育活動が豊かになるのです。

　全校的な教育活動や生活との関連で、運動部活動を捉える発想は目新しいものではなく、これまでの研究や実践でも指摘されてきたことです。生活指導分野では、宮坂哲文が部活動などの「教科外の諸活動の有機的統一的運営によって、民主的で文化性の高い校風を確立することが必要である」、そして、部活動が学校生活や教育課程全体を豊かにすることを述べていました。また城丸章夫も、「大人の文化団体が、専門の文化人と素人の文化愛好家とによって結成され、専門家を中心に、自由な文化創造とそれを通じての啓蒙活動とが行われている」ことをふまえ、学校の運動部活動においても部外の生徒（生活）に向けて、同様の「寄与活動」を導く提案をしていました。

　戦後初期の体育実践に注目しても、学校全体にわたるスポーツの生活化に向けて、体育授業、体育行事、課外のスポーツ活動（運動部活動）を関連づける実践研究が進められていました（第5回）。その後も中村敏雄が、体育授業における「運動文化の継承と発展に関する科学」の学習と、運動部活動を関連づけて指導することで、部員が部外の生徒に向けて、自主的に大会を開催したりルールを考案したりしながら、スポーツ振興の活動（「還元活動」）に取り組むようになったことを紹介しています。

　このように、これまでの研究や実践でも、運動部活動の学校全体に及ぼす影響が注目されてきました。戦前から「勝つことが学校のため」と考える運動部活動があり、勝利至上主義化してきた歴史があるため、「勝つこと」以外の観点から学校全体に及ぼす影響が注目されてきたのです。とりわけ城丸や中村の提案から、課内の教育活動と課外の運動部活動を関連づける方法が検討され始め、運動部活動を単なる「遊び」ではなく、学校の教育活動として位置づけることがめざされてきました。

　勝利至上主義を克服する方法や、学校教育における運動部活動の存在理由は、今日においても問われている課題であり、私たちには彼らの主張や提案を、さらに発展させていくことが求められています。私が提案した表

32や図3も、その課題に取り組むものです。運動部活動の「自治内容」を明確にすることで、課内の教育活動（教科活動と教科外活動）との関係を強化し、城丸や中村が提案した「寄与活動」「還元活動」を、課内の教育活動の中で導くことをめざしたのです。これは、私案の域を出ないものですが、勝利至上主義を克服し、運動部活動を学校で実施していくためには、このような方法で運動部活動が学校全体に及ぼす影響について、考える必要があるのです。

## 2――部員の専門性を育む

次に、少し視点を変えて、課内で活躍する運動部員に及ぼす影響にも注目してみましょう。部員は、課内で部外の生徒と関わるなかで、表32にある「みんなで上手くなり、みんなが合理的にプレイできる」「みんなで参加して運営する」「みんなで平等に場・環境を整備・管理・共有する」といった、運動部活動で培った専門性が試されることになります（課内←課外）。しかし、運動部活動以外の場で「みんな」を追求することは大変です。それは、同好者が集まった日頃の活動以上に、能力差や経験差、そして意見の相違があるからです。そのため部員には、運動部活動での経験を基盤としながらも、さらに高度なアプローチが求められることになるでしょう。そこでの苦労や経験が、部員の専門性を育むのであり、それは運動部活動の運営にも反映され、日々の活動の充実へとつながっていきます（課内→課外）。

運動部員が部外の生徒と関わることには、歴史的な意義もあります。中村敏雄は、「どのようなスポーツを選び、それをどのように行なうかということは、スポーツをしないという選択をも含めて、『私事』に属することがらであり、つねに個人が自己の意志にしたがって決定すること」であると述べ、そのような「私事性」の思想に支えられて、現在、私たちが取り組んでいる近代スポーツが創造、継承されてきたことを指摘しています。しかし同時に、その「私事性」には課題が残されていることも述べています。それは、「私事」のスポーツが許され、近代スポーツの創造、継承に参加できたのは（意志を反映させることができたのは）、経済的に余裕が

あった一部のエリートのみであり、必ずしも全ての人々を含むものではなかったということです。そのため彼は、「スポーツの好きな人も嫌いな人も、また『うまい』人も『へた』な人もともにこの課題の解決（みんなが生涯にわたって楽しめる文化につくり変えようとする運動、筆者）に参加し協力すること」で、これまでの「私事性」を乗り越えようとしていました。先に紹介した彼の学校で取り組まれていた「還元活動」も、部外の生徒と協力して新しい運動文化を創造するという、歴史的な行為だったのです。

このような活動は、見直されて良いのではないでしょうか。私は野球の特待生が社会問題化したときに、残念ながら部外の生徒からは、特待生を守るムーブメントが起こらず、多くの学校で「そっぽを向かれた」実態に触れて、それは対外試合の勝利にしか目を向けてこなかったツケなのではないかと述べました（第6回）。そのうえで、部員が校内スポーツ、さらには、地域スポーツの振興に一役買い、部外の人たちとつながることを提案しました。実際に、プロの世界に目を転じれば、ファンサービスやスポーツ振興の活動は、もはや欠くことのできない取り組みになっています。その意味でも、部員は課内の教育活動（部外の生徒）に視野を広げ、リーダーシップを発揮しながら、自らの専門性を育むことが求められているのです。

## 3 ── 運動部活動が教師を鍛える

最後に、教師の専門性の観点からも課内と課外の関係を検討しておきましょう。

教師は、日頃、子どもに指導している教育内容を、学校内・外の生活でも活用して欲しいと願っています。例えば、体育授業でバレーボールを指導したら、そこで培った技術やチームワークを、生活を豊かにするために活用して欲しいと思っているのです。しかし、単純に事は進みません。様々な実態調査において、スポーツ活動への参加が低調であると指摘されていることからも、現実の厳しさがうかがえます。また、私の勤務している宮城県でも東日本大震災の影響から、スポーツどころではない生活環境に置かれている子どもがいます。それでも教師は、どうすれば自分の教科指導や生活指導が、学校内・外の生活へとつながるのかを考え、教材研究や生

活課題の把握に努めるとともに、自身の教育活動を改善していきます。このような生活と教育の往還関係に身を置くことで、陶冶と訓育に関わる教師の専門性が磨かれていくのです。

　学校の運動部活動は、この往還関係を見やすくします。簡単に言えば、教師は課外に位置づけられた運動部活動を、一番身近な学校内の生活場面と位置づけ、課内の教育活動と表32の「自治内容」をつなげようと努力します（課内→課外）。しかしそれでも、生活の場である運動部活動において、科学的、合理的な練習計画が立てられなかったり、あるいは、役割分担などを通した自治的運営に取り組めなかったりする状態であれば、課内の教育内容や指導方法が見直されていくことになるでしょう（課内←課外）。学校に運動部活動があることで、教師は「教育課程を運動部活動（課外の生活）につなげ、運動部活動（課外の生活）から教育課程を振り返る」というサイクル、つまり、生活と教育の往還関係に身を置いていることが自覚しやすくなり、自らの専門性を発揮したり、高めたりする実感も得やすくなるのです。このように考えると、学校の運動部活動は教師が自身の教育活動をふりかえり、新たな実践の課題に気づく「自己研修の場」とも言えるのです。

＊

　今回は、学校が運動部活動を必要とする理由を、①課内の教育活動を豊かにする、②部員の専門性を育む、③教師の専門性を鍛えるという観点から確認してきました。これらを根拠とすることで、学校で運動部活動を実施する理由は、さらに明確になるでしょう。しかし、①～③の成果は、課外の運動部活動における「自治内容」が、課内の教育活動やそこで発揮される教師の専門性の延長線上に位置づけられ（図3、課内→課外）、さらに、運動部活動の「自治内容」が課内の教育活動や教師の専門性に影響を及ぼす（図3、課内←課外）という、往還関係のなかで得られるものであり、運動部活動指導の視線が学外（対外試合だけ）に向いている状況や、運動部員が自分たちのことだけを考えている状況では、得ることが難しいでしょう。

　あなたの経験した運動部活動は、学校の教育活動や教師の専門性に、何をもたらしていましたか？

# 第46回

# 運動部活動の実践論

　今回は、表32（233頁）で示した「自治内容」に関わる、運動部活動の実践に注目していきます。これまでは、運動部活動指導の理念や原理的な内容が多かったので、「理屈ではわかるけど、本当にそんな実践ができるのか？」と、疑心暗鬼になられた方がいたかもしれません。しかし、授業研究ほどではありませんが、運動部活動においても実践研究が積み重ねられてきた歴史があり、私が述べてきた内容も、これまでの実践史を基盤にしています。今回は、その蓄積を確認していきましょう。

## 1──体育授業と関連づけた指導

　第44回で確認したように、教師は授業において文化・科学を教える専門家ですから、まずは体育授業を教える教師の専門性が、どのように運動部活動指導に活かされるのかについて確認していきましょう。

　この課題に取り組んだ人物として、まず、中村敏雄が挙げられます。彼は、東京教育大学附属高校で働いていた経歴をもつことから、運動部活動指導に関わる論稿も残しており、その要点は図4のように示すことができます。彼は、授業において、表36のような「運動文化の継承・発展に関する科学」を教えることをめざしていました。そして、そのような学習の延長線上に運動部活動を位置づけることで、「どうすれば楽に泳げるようになるか」「どうしたら楽しくプレーできるか」といった、表32の練習・試合に関わる研究活動を導いていました。さらにその研究成果は、校内の

スポーツ大会や文化祭などで公表、還元され、実際に活用されていきます。これは、体育授業において、運動文化の科学について学習することが、運動部活動のあり方を変えていくうえでも重要であることを示した、先駆的な事例でした。

この発想は、彼が所属していた学校体育研究同志会の教師に引き継がれていきます。例えば、平野和弘の実践が挙げられます[38]。彼は、教え子とともに、高校の部活動を母体として2つの地域クラブを設立していますが、その背景にも体育授業における学習経験があります。表37は、彼の体育

### 図4　中村敏雄の運動部活動論の構造

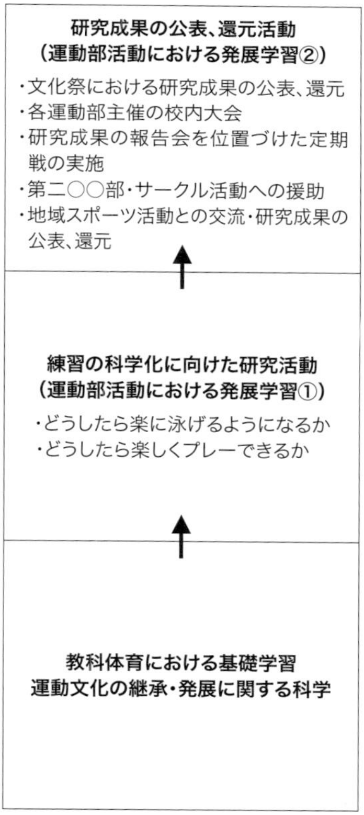

```
┌─────────────────────────────┐
│   研究成果の公表、還元活動      │
│（運動部活動における発展学習②）│
│・文化祭における研究成果の公表、還元│
│・各運動部主催の校内大会         │
│・研究成果の報告会を位置づけた定期│
│　戦の実施                      │
│・第二〇〇部・サークル活動への援助│
│・地域スポーツ活動との交流・研究成果の│
│　公表、還元                    │
└─────────────────────────────┘
              ↑
┌─────────────────────────────┐
│   練習の科学化に向けた研究活動  │
│（運動部活動における発展学習①）│
│・どうしたら楽に泳げるようになるか│
│・どうしたら楽しくプレーできるか │
└─────────────────────────────┘
              ↑
┌─────────────────────────────┐
│   教科体育における基礎学習      │
│ 運動文化の継承・発展に関する科学│
└─────────────────────────────┘
```

### 表36　中村敏雄の教科構想

**I．歴史領域**
　この領域では、人類のそれぞれの時代、社会、階級における運動文化の諸特性と、新しい運動文化創造の歴史的必然性について指導する。
1. 古代・中世における運動文化の諸特性
2. スポーツの発生、発展における社会的条件
3. スポーツに内包されているイデオロギー
4. 日本における体育やスポーツの発展
5. 国民運動文化創造の目的と意味

**II．技術領域**
　この領域では、運動文化の技術の分析・統合を、実験、実習も含めて指導する。
1. 運動文化の技術における文化的諸特性
2. 運動文化の技術に内包されている諸矛盾
3. 運動文化の技術の分析・統合の視点と方法
4. 国民運動文化における技術の条件
5. 実習
　　①運動文化の技術の歴史的追跡と追体験
　　②運動文化の技術の実験的分析研究

**III．組織領域**
　ここでは、運動文化を享受し、また変革、創造してきた組織的活動の歴史、およびこれからの集団や社会における組織的活動の在り方について指導する。
1. 古代、中世における組織的活動の実態
2. スポーツ・クラブの発生と市民運動の展開
3. 国際的なスポーツ組織の発生とその発展
4. 国家のスポーツ政策と国内スポーツ組織の関係
5. 国内スポーツ・クラブの組織と活動
6. 今後の社会における組織的活動の在り方
7. 実習
　　①国内、国外のスポーツ組織の実態調査
　　②組織活動における方法原理

表37 平野和弘実践における「自治内容」

| 実践場面<br>「自治内容」 | 体育授業実践 | 部活動実践 | | 地域クラブ実践 | |
|---|---|---|---|---|---|
| | | 水泳部 | 和太鼓部 | 酔水会<br>（水泳クラブ） | 響<br>（太鼓クラブ） |
| **練習・試合** | | | | | |
| 能力差や多様性への対応 | 異質集団（できる子とできない子による集団）による技術の協同学習 | 異質集団のパート・グループによる練習と研究（泳力別で分けない）<br>障害者のための水泳教室への参加 | 太鼓教室における初心者・小学生・保護者の指導<br>他校の高校生へのワークショップ | 新しい会員のための練習会<br>小、中学生や障害をもつ人など多様な会員の受け入れ<br>水泳以外のグループの設置（英語教室、カヌー、食事会、ダイビング、キャンプなど） | 太鼓教室や育成局による初心者指導 |
| 練習計画 | 練習のリーダー（練習長など）が練習計画の原案をつくる | | | | |
| **組織・集団** | | | | | |
| 役割分担 | 生活のリーダーと練習のリーダーを別々に選出（その他に、役割に応じて係や部局を設置） | | | | |
| 運営方法 | ①各部局や代表者（の会議）による原案の作成→②全体討議・確認→③実行→④評価・振り返り…最終的な決定権は②の全体討議・確認の場にある | | | | |
| 規　　則 | 事前に規則を設けるのではなく、問題が発生したら議論し、そのつど、解決していく | | 口頭や伝統による規則（必ずしも明文化されない） | 規約・会則の制定（社会的な責任が問われるにつれて、規則を明文化することが必要になってくる） | |
| **場・環境** | | | | | |
| お　金 | 公費負担 | 公費＋私費（部費）＋保護者の援助金 | | 私費（会費）＋後援会費＋事業収益など | |
| 場　所 | 学校の施設が原則 | 学校の施設（拠点）＋学外の施設（教師が協力して借りる） | | 学外の施設（拠点）＋学校の施設（利用する状況もある） | |
| 日程・時間 | 決められた時間割が原則 | 自主的に計画・実行 | | 自主的に計画・実行 | |
| 試合・公演の企画・運営 | 授業内のスポーツ大会に関わる組み合わせやルールの考案 | 近隣高校との対抗戦の企画・運営<br>新日本スポーツ連盟主催大会への協力 | 学校行事における演奏の他に、学外での演奏や公演を実施 | 会主催の行事（酔水フェスティバル）の企画・運営<br>新日本スポーツ連盟主催大会への協力 | 依頼演奏の他に、自主公演の開催 |

授業の取り組みが、どのように部活動や地域クラブに発展していったのかを整理したものです。この表から、体育授業における異質協同のグループ学習が、できない子を大切にする練習方法や思想を育み、それらは部活動や地域クラブにおいても重視されていることがわかります。また、各部局や代表者（の会議）が原案をつくり、それを全体に諮ってから実行に移すという運営方法や、練習のリーダーが練習計画の原案をつくる方法も、授業から地域クラブまで一貫していることが確認できます。このように体育授業における経験が、運動部活動や地域クラブを運営するうえで基盤となっているのです。

## 2──教科外活動と関連づけた指導

次に、運動部活動指導に関わるのは、保健体育教師だけではありませんから、全ての教師が担当する、教科外の生活指導と関連づけた運動部活動の実践にも注目しましょう。その方法に関しては、教育学者の城丸章夫が提案していました。彼は、教師がもっている部活動運営に関わる管理権を子どもに一つずつ委託していくことによって、民主的な自治と人間関係を広げることをめざしました。具体的には、①クラブの目的や規則をつくる、②年間計画や学期計画を立てる、③計画に基づく組織をつくる、④技術面と生活面のリーダーを決める（分ける）、⑤話し合いの原案をつくる（教師は相談にのる）といった管理権を挙げていました。

教育現場においても実践研究が行われていきます。例えば森は、子どもと原案の作成に取り組みながら、塾と部活動を両立させるための規則や、執行部、記録係、会計係などの役割を決めさせ、中学校野球部の自治集団活動を追求していました。

また、先ほど取り上げた平野も、表37を見れば明らかなように、子どもに少しずつ「自治内容」を委ねていきながら、人間関係を授業内から学外へと広げています。

この他にも、星野直之の高校ラグビー部の実践は注目されます。彼は、「高校界における民主的部活動指導のリーダー的存在」と評価されていたように、暴力・体罰・イジメ・シゴキのない民主的な自治集団活動を追求して

いました。具体的には、キャプテン、サブキャプテン、フォワードリーダー、バックスリーダーを子どもに決めさせ、顧問とともに練習計画を立てる組織・運営を重視していました。さらには、試合に出場する選手の決定権までも子どもに委ね、部員の投票によって決めさせていました。

　このような自治集団活動の基盤には、クラブ通信による人間関係づくりがありました。彼は、ラグビー部内に数冊のクラブノートを回して、そこで書かれた内容をB5判1枚のクラブ通信に転載し、部内の人間関係づくりに活用していました。彼のクラブ通信1221部の傾向を分析した研究によれば、①週に2〜3回のペースで発行する、②大会前・大会中に多く発行する（即時的に相手の情報、試合の反省、課題を共有する）、③積極的に生徒の名前とコメントを取り上げる（クラブ通信1部あたり平均3.5人）、④部員を励ますような教師のコメントを掲載する、といった特徴が指摘されています。このような通信の発行によって、運動部活動が部員にとって居心地の良い場所になり、民主的な自治集団活動が促されていったのです。

　ここで紹介した実践は、表32の②組織・集団の「自治内容」と関わるものです。城丸の指摘に倣えば、教師はこのような指導を主に教科外の生活指導で取り組んでいるのであり、その専門性が運動部活動の指導にも活かされるのです。

## 3──場・環境に関わらせる指導

　最後に、表32の③場・環境に関わらせる運動部活動指導の方法に注目しましょう。ここでもまず、表37を見てください。地域クラブの実践では、日程・時間、場所、お金などの問題を自分たちで解決していくことが求められています。そのため、学校卒業後のクラブライフを考えれば、これらにつながる経験を学校で保障する必要があるのですが、残念ながら授業の場では、最も重視されるのが学習（知識や技能を身に付けること）であり、場・環境に関わる「自治内容」を経験させるのには限界があります（第44回）。しかし、課外の運動部活動では、そのような制約から解放されるので、平野の実践でも、日程・時間、場所、お金などの「自治内容」に取り組ませています。他にも、大会や公演を自分たちで企画・運営させるこ

とで、場・環境をつくる経験をさせています。

　同様の取り組みは、他の実践者にも見られます。例えば、高校教師である中塚は、通常の対外試合とは別にDUOリーグというサッカーリーグの仕組みをつくり、リーグ戦参加チームの協力（例えば審判などの協力）によって自主的な運営をめざしています[45]。中学校でも、陸上競技部の顧問である小山は、生涯スポーツやスポーツの主人公ということを考えたとき、自分たちで記録をとったり、ルールを覚えて審判をしていく経験をさせたいという考えから、シーズン中は1ヶ月に1回程度、校庭で記録会を実施しています[46]。小学校でも、ミニ・バスケットボールの大会では、スコアラー、アシスタント・スコアラー、タイムキーパー、30秒オペレーターの4役を、子どもに分担させる仕組みが見られます[47]。

　これらの事例は、プレイヤーが企画、運営に関われるような規模、範囲、ゆとり、仕組みをもって大会や試合を開催することで、③場・環境の「自治内容」に取り組めることを示しています[48]。

＊

　今回は運動部活動の実践論に注目しました。運動部活動に関わる人たちは、よく「運動部活動の主人公は子どもたちである」と言います。本当にそう考えるのであれば、取り上げた事例を参考にしながら、①練習・試合、②組織・集団、③場・環境の「自治内容」に取り組ませ、全ての場面で主人公にしていく（主体性を発揮させていく）ことが必要なのではないでしょうか。あなたの経験してきた運動部活動では、どの場面で、誰が主人公でしたか？

## 第47回

# 運動部活動の「教育」を支える条件

　前回は、教師の専門性を発揮した、運動部活動の実践論について検討しました。今回は、そのような運動部活動の実践を成立させる、条件整備について検討していきます。

## 1──大会の小規模化

　まず、既存の大会を小規模化することが求められます。
　その理由の一つには、現状の大規模化した大会では、前回取り上げた場・環境の「自治内容」を経験し難いことがあります。部員が大会の企画・運営に関わりながら、自分たちで試合の土台をつくっていく経験をしないと、学校を卒業してからも、誰かが「お膳立て」をした場・環境でしか試合ができなくなる可能性があります。しかし、現状の大会は規模が大きすぎるため、子どもが管理・運営に携わるのには限界があり、スポンサーがつくような上位大会になるほど、そのような「ゆとり」は失われていきます。
　その一方で、教師は忙しくなります。子どもに分担させることができない規模なのですから、教師が中心にならざるを得ないのです。しかし、勤務時間内に準備などに取り組むことはできませんから、必然的に時間外労働が生じ、研修や教材研究の時間が奪われていきます。そして、大会の管理・運営だけでなく、受け持っている部が勝ち進めば、その付添いや指導も求められることになります。こうして大規模化した大会を背景に、教師の多忙化の問題も生じるのです。

また、そこでは限られたスケジュールで、上位大会に進むことができるチームを決めなければなりません。そのため、1回負けたら次の試合の機会が奪われる、トーナメント戦（ノックアウト・トーナメント制）が用いられます。この方法は、時間をかけずに、参加チームを順位づけするのには適した方法です。しかし、誰もノックアウトされるのは嫌ですから、防衛策がとられることになります。その一つが、レギュラーと補欠の区別です。本来、学校は、教育の機会を平等に与える場ですから、全員に試合の機会が保障されないというのは、機会均等の原則から見ても問題です。また、「スポーツをすることは権利である」という、国際的なスポーツ権論の動向をふまえても課題が残ります。そのことに気づいている教師は、技術が低くても一生懸命頑張った全ての部員を、試合に出したいと考えています。しかし、ノックアウトのリスクを避け、次の試合の機会を得るためには、レギュラーと補欠を区別せざるを得ない状況が生じるのです。

　そして、もう一つの防衛策が、教師による管理の徹底です。私は、これまでに「自治内容」という言葉を用いて、部員自身の決定や管理の必要性について述べてきました。しかし、子どもの自治には失敗がつきものです。前回、取り上げた平野和弘も、自治集団活動を重視してきた実践家の一人ですが、インタビューの際に「自治の力を育てるためには失敗しなければならない」と断言していました。

　しかし、現状の大会では失敗＝ノックアウトになりかねず、それが子どもの判断や決定に委ねることを躊躇させます。教師は、自分の受け持った部員がノックアウトされるのを見たくはありません。その結果、教師が管理して「勝たせてあげる」指導や、その方が「勝つためには手っ取り早い」という考えが生まれます。こうして子どもの自治よりも、教師の管理や指導が優先されるのです（第23回）。

　では、自治と勝利を同時追求していくには、どうしたら良いのでしょうか。例えば、負けても次の試合が保障される、小規模のリーグ戦が考えられます。49 そのことで、子どもの判断や決定に委ねたり、失敗させたりする余裕が、今よりも生まれるでしょう。ボクシングに例えて言えば、試合の敗北を「もう立ち上がれない」（次の試合が保障されない）と判断するノックアウト・トーナメント戦から、試合が続行できるダウンと見なせる小規

模のリーグ戦にしていき、部員自身が立ち上がっていく余地を残すということです。このような大会によって子どもの自治が育まれ、それは教師の多忙化の解消にもつながっていくのではないでしょうか。

## 2——「自治内容」の評価

　次に、運動部活動の評価を「自治内容」の評価へと改めていくことがあります。これまで運動部活動の評価と言えば、競技成績を意味し、それは子ども、教師、学校の全てに影響力をもち、部活動のあり方を規定してきました（第19、20、26、27、30、33、34回）。

　例えば、こんな事例があります。運動部活動をめぐる様々な問題が噴出していた1990年から2000年代にかけて、ある地域の中学校と高校で、部活動をサークルに変える取り組みが進められました。当時、両学校の校長は、運動部活動における勝利至上主義や、教師及び生徒への負担が大きい状況に問題意識をもっており、より自由な活動を求めてサークルを推進したのです。

　しかし、同じような問題意識で始められたサークルでも、中学校と高校で異なる様相を見せていきます。中学校においてはサークルの時間が、子どもではなく教師によって決められていきます。また、当初は中体連に加盟しない予定でしたが、最終的には加盟することになり、部活動が参加する大会にも出場していきます。そして、基本的に複数のサークルに所属することを認めず、一つのサークルを3年間続けることを求め、実際の活動場面では、教師の指導・指示によって練習に励む姿が見られます。このようにサークルと称されながらも、「さながら部活動」になっていったのです。それはやむを得ないことでもありました。なぜなら、自主的で自由なサークルを追求すると、他の学校では評価される、内申書・調査書における部活動の得点が不利になる可能性があったからです。当然のことながら、部活動の大会に出場しなければ、競技成績についても記すことができなくなります。

　それに対して、高校のサークルは状況が異なりました。内申書・調査書における部活動のもつ評価のウエイト（大学入試に及ぼす影響）が、中学

校（高校入試）ほど大きくないため、高体連に加盟せず、既存の部活動の大会にも出場しないという決断に踏み切りました。結果的にこの高校のサークルは、一人で5団体まで登録可能であり、自分たちで発足・運営することが重視されます。また、活動日数や時間も少なく、部活動のような時間的な拘束や身体的疲労に関する悩みも、少ない状態になりました。

　このような事例を見ると、やはり競技成績を評価する体制が、運動部活動に影響を及ぼしていると言わざるを得ません。では、どうしたら良いのでしょうか。中内敏夫[51]は、教育実践と教育評価の関係を「教師は、評価を行うことによって子どもに励みの目標を与えるとともに、他方、自分の仕事に対しては、その良否を自己反省し、次のプランを立てるための資料を得る」と指摘しています。つまり、教師と子どもにできていることと、次の目標・課題を示すのが教育評価なのです。

　これまで運動部活動で重視されてきた競技成績は、1位になれた・なれなかったという結果を示してくれますが、具体的な目標・課題まで示してはくれません。むしろ中内が、「子どものでき、ふできを選別する作用」を「評価と区別して判定と呼ぶ」と述べているように、競技成績は教育評価と言うよりも、推薦入試などで子どもの「でき、ふでき」を区別したり、学校選択制度において「学校のでき、ふでき」を示したりするうえで有効な判定だったのではないでしょうか。

　私は、これまでに①練習・試合、②組織・集団、③場・環境の「自治内容」を示し、その観点（目標）による運動部活動の評価を提案してきました。すなわち、3つの場面に関わる「トータルな自治」のイメージを示し、運動部活動で「何を決めてきたのか」「どのような自治を経験してきたのか」という観点からの評価を求め、まだ決めていなかったり、経験していなかったりする「自治内容」を、子どもと教師の課題にすることを述べてきたのです。これは、競技成績による判定から脱却する試みでもあります。

## 3──教師教育への位置づけ

　最後に、これからの運動部活動のあり方を左右するのは、教育現場の教師ですから、その養成、採用、現職教育といった一連の過程で、運動部活

動に関わる学習・研修の場を保障し、それを適切に評価する機会が必要でしょう。

　まず、養成段階の課題から検討していきます。周知の通り、現行の施行規則で定められている、教員になるための必修科目のなかで、運動部活動の指導に特化したものはありません。もちろん、いろいろな科目で運動部活動のトピックを扱うことは可能なのですが、それは各大学の裁量に任されてきたので、教職を目ざす全ての学生が運動部活動について学ぶ体制ではありませんでした。このような問題を解決するには、国が教育職員免許法を見直し、「運動部活動の教育学」といった科目を必修として位置づけていく必要があるでしょう。

　さらに、採用試験のあり方も再検討する必要があります。これまでには、競技成績の高い者に対して、一般の受験者とは別に特別選考、試験の一部免除、特別免許状を活用した選考、年齢制限の緩和といった優遇措置が取られてきました（第34回）。つまり、ここでも競技成績に基づく判定が行われてきたのです。それを大学の運動部活動や講義で何を学び、どのような「自治内容」を経験してきたのかを評価する方法へと改めていくのです。

　教員になってからも、大学院や免許状更新講習などの場で、運動部活動に関わる講習・研修の機会を設けていく必要があるでしょう。さらに言えば、学校運営に参加する機会も、十分に保障していく必要があります。教師が自治の経験をせずに、自治の指導はできないからです[52]。これらの時間を確保するためにも、1で取り上げた大会の規模、日程、時間の縮減が求められるのです。

＊

　「勝利至上主義と言われるような運動部活動は一部だけである（一般的な運動部活動はそうではない）」という発言を耳にすることがあります。確かに、これまでそのように批判されるのは、一部の運動部活動だけでした。しかし、問題が発生していないと思われる学校の子どもや教師でも、「敗北した学校に、次の試合の機会が与えられないのは当然である」「試合で勝つことが大切なのだから、上手い人だけが出れば良い（補欠がいてもやむを得ない）」「大会の運営に関わらせるなんて時間の無駄である」「競技や試合の場面以外でも、競技成績が高い者が得をして、弱い者が損をする

のは当たり前である」などと考えているとすれば、それは「勝つこと」以外の価値や意義を言葉にしないまま、競技成績による判定に「賛成票」を投じているのと同じではないでしょうか。そして現時点において、このように考えるのは自然なことでもあります。「勝つこと」以外の教育や評価を行う制度が不十分な一方で、上手い人や勝った人だけが得をするような競技成績による判定制度が、手厚く整備されているからです。

　私は全ての学校、教師、そして子どもが、勝利至上主義と隣り合わせなのだと考えます。そして、このような現状を変えていくには、本章で試みたように、教育評価の観点に堪えうる教育目標を具体的に示し、それを実現できるような制度設計をしていくことが必要なのではないでしょうか。

## 注／引用・参考文献

1. 城丸章夫・永井博『スポーツの夜明け』（新日本出版社、1973年、15頁）。
2. 佐々木吉蔵「中学校の対外試合」（『学校体育』第3巻8号、58-62頁）。
3. 当時の議論は、講師として関わっていた城丸章夫や中村敏雄によって、後に理論化が進められていきます（第16回）。両氏の理論に関しては、拙稿①「中村敏雄の運動部活動論の検討」（『体育科教育学研究』第22巻1号、1-14頁）、②「城丸章夫の運動部活動論」（『生活指導研究』第25号、72-95頁）を参照。
4. なお、国立大学法人法が制定されたことを受けて、2004（平成16）年施行の新しい給特法が定められました。それに伴い、公立の教員に対しては新たに政令が出され、これまでと同様の超勤の制限（「超勤4項目」。第35回）が継承されました。すなわち、依然として部活動に関する業務は、超勤の対象からは除外されているのです（日本教職員組合・日教組本部弁護団編『教職員の勤務時間（2004年改訂版）』（アドバンテージサーバー、2004年、58-66、109-133頁）。
5. なお、2000（平成12）年の時点においても、全日中と中体連の会長を務めた安齋省一が、「全日本中学校長会は、『将来的には部活動の社会教育への移管』を主張してきているが、この考えは『学校のスリム化』と軌を一にするものである」と述べており、必ずしも学校教育に部活動を位置づけることには積極的でありませんでした（「中学校における望ましい運動部活動の在り方」『文部時報』第1493号、34-35頁）。
6. 同様の課題は、日高教や全教にも当てはまります。例えば日高教は、運動部活動で「生涯スポーツの基礎を培う」方針を示し、戦後の「レクリエーション」言説を継承する姿勢を見せていますが、何が生涯スポーツの基礎なのかは述べておらず、学校で実施する根拠については、いまだ明確でありません（第29回）。
7. 綾部恒雄監修『結社の世界史1～5』（2005～06年、山川出版社）「刊行にあたって」に掲載。
8. ハンティングと結社の関係については、本文中④結社のイギリス史（284-299頁）に収められている、佐久間亮「野生動物保護の情報ネットワーク　帝国動物層保護協会」を参考にしています。
9. しかし、年月を経ると、会員構成の変化に伴い、保護すべき対象は拡大し、生態系全体へと関心は広がっていきました。
10. 本文中①結衆・結社の日本史（3-13、345-347頁）に収められている、福田アジオ「日本史のなかの結衆・結社」「あとがき」を参照。
11. 石田雄『一語の辞典　自治』（三省堂、1998年、115頁）。
12. 新日本体育連盟編『民主スポーツの基礎理論』（日本青年出版社、1966年）、伊藤高弘編著『スポーツ運動の課題―現代日本の探求の道』（星林社、1983年）。
13. 出原泰明「スポーツの社会的条件」（中村敏雄ほか編著『現代スポーツ論　スポーツの時代をどうつくるか』大修館書店、1988年、243-272頁）。
14. NPO法人アオダモ資源育成の会ホームページ、http://www.aodamo.net（最終ア

クセス2014年7月11日）。
15　中村敏雄『クラブ活動入門』（高校生文化研究会、1979年、108-111頁）。
16　荒井貞光『クラブ文化が人を育てる─学校・地域を再生するスポーツクラブ論─』（大修館書店、2003年、20、84、112-113、206頁）。
17　浅野誠「班づくりの新しい展開」（全生研常任委員会編『集団づくりの新しい展開シリーズ1　班づくり』明治図書、1987年、208-209頁）。
18　浅野誠『〈生き方〉を創る教育』（大月書店、2004年、44-46、56、113-144頁）。
19　図2のように、スポーツに関わる各場面を構造的に把握する視点は、伊藤高弘「スポーツの時・空間（論）研究の意義」（『運動文化研究』第1号、4-12頁）、「スポーツの構造と認識」（伊藤高弘ほか編『スポーツの自由と現代　上巻』青木書店、1986年、3-15頁）、出原泰明「スポーツと集団・組織」（中村敏雄ほか編『体育原理講義』大修館書店、1987年、120-131頁）を参照。
20　拙稿「学校の体育行事の指導論」（大野貴司ほか編『体育・スポーツと経営　スポーツマネジメント教育の新展開』ふくろう出版、2011年、105-107頁）。
21　そのため、表35の規約例でも、この3つの場面が意識されています。
22　松田岩夫「自発性・自主性・主体性」（松田岩男ほか編『学校体育用語辞典』大修館書店、1988年、137頁）。
23　以下、モチベーションの解説は、岸順治「スポーツにおけるモチベーション」（前掲20、21-29頁）を参考にしています。
24　以下、人格形成の解説は、城丸章夫「教科外諸活動の教育的位置と展望」（城丸章夫ほか編『講座　日本の教育　6　教育の過程と方法』新日本出版社、1976年、337-382頁）を参考にしています。
25　今回と次回の内容は、拙稿「運動部活動の制度史と今後の展望」（『体育科教育学研究』第30巻1号、75-80頁）、及び、「学校教育活動としての運動部活動」（『体育経営管理論集』第6巻、65-79頁）を加筆・修正したものです。参考文献の詳細は、これらを参照してください。
26　図3は柴田義松『教育原理　教育学(1)』（有斐閣、1980年、6-9頁）、『教育課程─カリキュラム入門』（有斐閣、2000年、178-183頁）で示されたモデルを加筆したものです。
27　運動会の指導に関しては、拙稿「運動会指導の系統性試案」（『運動文化研究』第30号、27-36頁）を参照。
28　本書では、他教科を教える教師の専門性が、どのように発揮されるのかについては検討できないので、今後の課題とします。現時点の私見を述べれば、他教科の教師でも、運動部活動に生活指導の専門性を発揮することは可能であることから、現状の負担を軽減するためにも、保健体育教師と他教科の教師による、協同的な部活動運営が必要だと考えています。
29　『宮坂哲文著作集　第Ⅲ巻』（明治図書、1968年、28、136、142頁）。
30　城丸章夫「クラブ活動の原理」（海後宗臣監修『クラブ活動・校外生活指導』（明治図

| | |
|---|---|
| 31 | 中村の運動部活動論の詳細は、前掲3①を参照。 |
| 32 | 前掲15、54、60頁。 |
| 33 | 中村敏雄『日本的スポーツ環境批判』(大修館書店、1995年、120頁)。同様の指摘は、前掲15、77、83頁にも見られます。 |
| 34 | このような取り組みは、制野俊弘の実践が参考になるでしょう。詳細は「連載　被災地の子どもに向き合う体育実践」(『体育科教育』第59巻13号～第61巻10号)及び、『たのしい体育・スポーツ』(2014年号外・第148回学校体育研究同志会全国研究大会提案集、12-21頁)を参照。 |
| 35 | 例えば、これまでに実践を取り上げた文献として、①森川貞夫『必携　スポーツ部活動ハンドブック』(大修館書店、1989年)、②内海和雄『部活動改革―生徒主体への道―』(不昧堂、1998年)があります。 |
| 36 | 詳細は、中西匠ほか編『中村敏雄著作集　第4巻　部活・クラブ論』(創文企画、2009年)を参照。 |
| 37 | 中村理論の特徴は、前掲3①を参照。 |
| 38 | 平野和弘「暴力の思想を超える―スポーツと自治」(三輪定宣ほか編『先生、殴らないで！』かもがわ出版、2013年、70-84頁)。 |
| 39 | ①村上優希・神谷拓「『体育発、運動部活動経由、地域スポーツクラブ行き』実践―平野和弘から学ぶこと」(『たのしい体育・スポーツ』第277号、28-29頁)、②村上優希「地域スポーツクラブの設立と運営に繋がる教師の働きかけ―平野和弘の実践に注目して―」(『スポーツ文化と教育』第1集、宮城教育大学神谷拓研究室、132-154頁)。なお、本文中の表37は、村上②の論稿(143頁)で示された内容を、引用・参考資料の再検討と平野へのインタビュー(2014年11月1日)に基づき修正したものです(JSPS科研費23700750)。 |
| 40 | 城丸の提案に関しては、前掲3②を参照。 |
| 41 | 森薫「部活動の改善とスポーツの生活化」(『体育科教育』第35巻4号、42-45頁)、「勝利至上主義を排して」(『体育科教育』第36巻3号、34-37頁)。なお、城丸理論との関係は、前掲3②を参照。 |
| 42 | 前掲35②、210頁。 |
| 43 | ①亀野僚佑・神谷拓「体罰を乗り越える運動部活動指導の在り方―星野直之実践におけるクラブノートとクラブ通信に注目して―」(『たのしい体育・スポーツ』第277号、30-31頁)、②亀野僚佑「民主的な部活動実践における『クラブ通信』の働き」(『スポーツ文化と教育』第1集、宮城教育大学神谷拓研究室、2-44頁)。なお、星野の実践については、前掲35①、②においても取り上げられています。 |
| 44 | なお、表37には掲載していませんが、平野は運動部活動の中で、子どもに多様な行事(新入生歓迎会、OBとの交流旅行など)を企画、運営させることによって、場・環境の「自治内容」を経験させています(前掲39②、140頁)。 |
| 45 | 中塚義実「DUOリーグの実践―スポーツの生活化のために」(菊幸一ほか編『現代ス |

| | |
|---|---|
| | ポーツのパースペクティブ』大修館書店、2006年、173-189頁）。 |
| 46 | 小山吉明「陸上競技部の実践例」（学校体育研究同志会教育課程自主編成プロジェクト編『教師と子どもが創る　体育・健康教育の教育課程試案　第2巻』創文企画、2004年、171-176頁）。 |
| 47 | 戸田雄二「ミニ・バスケットボール部の実践」（同上、164-170頁）。 |
| 48 | なお、漫画部の全国大会・まんが甲子園のように、文化部の全国大会でも部員が大会の企画、運営に関わる事例は見られます（拙稿「全国高等学校漫画選手権大会（まんが甲子園）の実態について」『マンガ研究』第16号、78-86頁）。 |
| 49 | この他に大会のあり方については、第7回、及び、第44回においてシーズン制を提案しています。 |
| 50 | 櫻井まり江「部活動の『サークル』化実践の意義と課題」（『スポーツ文化と教育』第1集、宮城教育大学神谷拓研究室、71-100頁）。 |
| 51 | 中内敏夫「評価とは何か」（青木一ほか編『現代教育学事典』労働旬報社、1988年、638-639頁）。 |
| 52 | 拙稿「運動部活動における体罰の背景―大阪の教育政策に注目して―」（『人権と部落問題』第845号、15-23頁）。 |

> エピローグ 第**48**回

# 運動部活動の「これまで」と「これから」

## 1──運動部活動の指導

　まず、表38を用いて、運動部活動指導の目標、方法、内容に関わる、「これまで」と「これから」について考えたいと思います。

　周知の通り、学校の教育活動は、子どもの人格形成をめざして営まれます。そのため、「これまで」の運動部活動指導の目標は人格形成でしたし、それは「これから」も継承されていくことになるでしょう。しかし、「これまで」の運動部活動における人格形成の語られ方には問題があり、それは教師の専門性という観点を無視・軽視している点に見られました。

　教師の専門性には、授業において子どもを文化や科学に働きかけさせ、知識や技能の習得へと導くこと（陶冶）と、教科外活動において、子どもを集団や生活に働きかけさせ、思想や行動の形成（訓育）へと導くことがあります（第44回）。陶冶と訓育のそれぞれで、子ども自身が働きかける行動が重視されていますが、課外に位置づけられた運動部活動においても、学校の教師が関わる以上、同様の指導が求められることになります（第43回）。運動部活動の過熱化を抑止しながら、自主的、自治的な活動を導くことは、戦前からの課題であり（第2、3回）、戦後、授業や教科外活動と関連づけて指導することで、その実現がめざされてきました（第5、41回）。このような戦後教育学の歴史に立脚した、陶冶と訓育の観点に立つ

限り、非科学的な指導や、体罰・暴力の問題が発生することは考えられません。

　しかし、「これまで」の運動部活動指導では、そのような歴史や専門性との関係を問わずに子どもの人格形成が語られ、その結果、非科学的な指導や体罰・暴力までもが、人格形成に向けた指導として是認されることがありました。

　他にも、競技成績を高くする指導を、人格形成と結び付ける主張もありました（第32、40回）。この立場に立つと、重視されるのは目先の勝利になり、敗北を恐れるが故に、レギュラー中心の活動になったり、教師の管理が強まったりする事態も見られました（第22、28、47回）。また、中学校や高校の3年間という、短いスパンで競技成績を求めるが故に、陶冶と訓育の同時追究という教育的意義が、置き去りにされることがありました。つまり、勝敗以外の教育的意義が見失われてしまうのであり、それが「勝利至上主義」と批判される状況でした。

　そして、体力づくりや道徳教育という言葉は、このような問題を隠蔽したり、正当化したりする役割を果たしました。体罰などの非合理的な指導、非科学的練習などの辛い経験、そして子どもを従順な態度へと導く教師の徹底した管理は、体や心・精神を鍛える意味があるのだと主張されるのです。とりわけ、心・精神は、自分ですらよく実態がつかめないのですが、それを道徳教育という言葉を用いて、教師が掌握したように見せかけ、子どもに従順な態度をとらせてきました（第23、25回）。これは、戦前の軍国主義教育下にも見られた指導方法でした（第4回）。そして、心・精神は目に見えないが故に、何を、どこまで教えるのかの見通しにはなり得ず、指導や管理がエスカレートする事態も見受けられました。

　このように、「これまで」の運動部活動指導をふりかえると、本来の教師の専門性とはかけ離れた、「二足のわらじ」的な指導が行われてきました。そして、教師の専門性という「わらじ」を脱いだ状況で起こってきたのが、体罰・暴力の問題だったとも言えるでしょう。そのため、「これから」の運動部活動指導は「一足のわらじ」にしていくこと、つまり、教師の専門性である、陶冶や訓育と関連づけて指導する必要があります。それは、運動部活動を教科指導（体育授業）や生活指導（自治集団活動）と関連づけ

て運営することを意味し、私はその具体例として、学校卒業後のクラブライフを視野に入れた、①練習・試合、②組織・集団、③場・環境の「自治内容」を示し、その決定権を子どもに委ねていくことを提案しました。

そして、このような「トータルな自治」の指導によって、運動部員の専門性が鍛えられ、学校全体の教育活動が豊かになると同時に、教師の陶冶と訓育に関わる専門性も磨かれていくことを述べました。言い方を換えれば、教師の管理が優先され、子どもの意志が反映されないような「これまで」の指導から脱却し、「これから」は子ども一人一人を未来のスポーツの主人公と位置づけ、時間がかかっても授業や教科外活動と関連づけて指導しながら、3つの「自治内容」に自分たちの（みんなの）意志を反映させる、結社的な運動部活動指導を提案してきたのです（第36、42〜46回）。

## 2── 運動部活動の指導を支える構造

次に、運動部活動の指導を支える、構造について検討していきます。様々な問題を含んでいた、「これまで」の運動部活動指導の基盤には、それを維持・推進する構造がありました。

表38に記したように、対外試合はエリートを選抜する方法で運営され、戦後、競技団体や日体協の要請のもとで、徐々にその規模、範囲、回数は拡大してきました（第6、7、9〜12、18、32、40回）。また、運動部活動に関わる教育関係団体も追認する姿勢を見せ（第21、24、31、40、41回）、その結果、教師の労働時間は増加してきました（第28回）。

内申書・調査書においても、競技成績の高低による判定が行われ、それは教員の採用試験でも同様でした。「勝利至上主義は問題だ」と訴えても、子どもの進学・就職の場面や、学校・教師の評価において、競技成績による判定が続けられてきたのです（第19、20、26、27、30、33、34、38、40、47回）。

さらに、表38には掲載していませんが、運動部活動で体力づくりや道徳教育を行うことも、各時代の学習指導要領（及び解説書）をはじめとする、教育政策・制度において推奨されてきました（第8、10、17、18、24〜27、32、38、40回）。たびたび、道徳教育と称した、管理主義的な

表38　運動部活動に関する指導と構造の「これまで」と「これから」

| | | 「これまで」 | 「これから」 |
|---|---|---|---|
| 指導 | 目標 | ①教師の専門性との関係が不明確な人格形成論<br>→人格形成が目標とされながらも体罰・暴力が発生してきた問題<br>②「二足のわらじ」<br>→教師の専門性（陶冶と訓育）とは直接関わらないエリート選手の養成 | ①教師の専門性（陶冶と訓育）を基盤とした人格形成論<br><br><br>②「一足のわらじ」<br>→運動部活動でも教師の専門性（陶冶と訓育）を基盤にした人格形成 |
| | 方法 | ①競技力向上の指導（技術指導）に特化<br>②目先の勝利が重視され、子どもの自治よりも教師の管理が優先<br>③教師の管理による組織・集団の封建化 | ①教科指導（体育授業）や生活指導（自治集団活動）と関連づけた指導<br>②子どもの自治を基盤にした勝利の追求<br>③教師のもつ管理権を子どもに委託していくことと、子どもの拒否権を認めることによる、組織と人間関係の民主化 |
| | 内容 | ①何を、どこまで学ぶのかの「見通し」がない（道徳教育など）<br>②「みんな」の意志が「内容」に反映されない（閉鎖的な組織・集団活動）<br>③道徳教育の一環として態度の矯正を重視（管理主義との親和性） | ①指導内容の体系化（練習・試合、組織・集団、場・環境の「自治内容」）<br>②「自治内容」に「みんな」の意志を組み込む（開かれた組織・集団活動）<br>③規則・ルールは「みんな」でつくる（結社としての部活動） |
| 構造 | 対外試合 | ①全国1位（エリート選手・チーム）を選抜する大規模な大会<br>②目先の勝利が最優先される、レギュラー中心の対外試合（ノックアウト・トーナメント制）<br>③全国大会の拡大・増加に伴う、予選や練習試合の増加（教師の負担増） | ①全員が企画、運営に関われる小規模な大会・リーグ戦<br>②全員が参加でき、勝利と自治の同時追求が可能なリーグ戦・シーズン制<br><br>③大会の規模を縮小することによる、教師の研修と試合の両立 |
| | 評価制度 | ①エリート選手の養成・選抜に向けた競技成績の判定 | ①学校卒業後のクラブライフに向けた「自治内容」の評価 |
| | 教師教育など | ①養成課程…教育職員免許法において部活動指導に関わる必修科目がなく、科目を担当できる指導者も育っていない<br>②採用試験…競技成績に基づく判定・優遇措置（特別枠）<br>③現職研修…運動部活動に関わる講習・研修の時間が保障されていない<br><br><br><br>④手当・評価…教師の専門性と運動部活動指導の関係が不明確なことから、手当の整備が進まず、その一方で、教員評価の項目に含まれる場合がある | ①養成課程…教育職員免許法の改正・「運動部活動の教育学」（仮）の新設（当面は、各分野の専門家がオムニバス形式で講義を行う）<br>②採用試験…教育実習や大学運動部活動における「自治内容」の評価<br>③現職研修…教員免許状更新講習、大学院教育、及び、日々の教師の研修に、運動部活動に関する内容を位置づける（その時間が確保できるように対外試合を縮小）<br>④手当・評価…教師の専門性と関係する、練習・試合、組織・集団、場・環境の「自治内容」の指導に手当を支給し、同様の観点から指導を評価する |

運動部活動指導の問題が指摘されつつも、状況が改善してこなかった背景には、このような構造があるのです。

また、教師教育という観点からも、運動部活動の扱い方が正面から議論されず、依然として大学の教員養成課程では、運動部活動指導に特化した科目がありません。つまり、現職の教師や教師をめざす学生は、自分が受けてきた運動部活動指導を対象化・客観化する機会を、十分にもち得ていないのです。それは、教員採用後の研修に関しても同様でした（第10、20、47回）。このような状況で運動部活動を指導することになれば、頼りになるのは自分の経験だけであり、体罰を受けてきた教師は、体罰を再生産する可能性があります。同時に、このような構造は、教師の専門性と運動部活動指導を関連づける思考の障害になってきました。

ちなみに、教育を支える構造の問題を改善していく組織に、教職員組合があります。実際に、文部省（現・文部科学省）とは、運動部活動のあり方をめぐって対立したことがありました。しかしそこでの議論は、運動部活動の指導が労働時間に含まれるのか否か（時間の議論）に焦点化していた感があり、教師の専門性と如何に関わるのか（内容の議論）は、十分に掘り下げられてきませんでした。その結果、どのように勤務時間内におさめるのか、あるいは、おさまらなかった場合にはどうするのかという、消極的な議論に終始することになり、どのような指導が教師の労働として認められ、手当を支給する価値があるのかといった本質的な議論は、教育行政の場でも避けられてきました（第10～15、29、35、37回）。

結果的にそれは、運動部活動の構造改革を遅らせてきました。実際には、教師が関わる時間的な負担は増えてきたのですが、手当や代休などの措置が十分に整備されていないのです。さらに、このような脆弱な構造のもとで運営され、教師の専門性との関連が曖昧であるのに、近年、教員評価の項目に運動部活動の指導を含む自治体が見られます（第35回）。

なお、これらの問題に関わって、2011（平成23）年6月13日に、高橋千鶴子（日本共産党）が提出した「教職員の労働時間管理に関する質問主意書」に対して、政府は「教職員の労働時間については、部活動の指導時間を含め、各学校において適切な方法により管理されるべき」と回答しています。つまり、部活動の指導を教師の労働に含むというのが政府の見解

ですが、今後は、どのような指導（内容）が教師の労働と言えるのかにまで踏み込んで議論をしないと、条件整備や構造改革にはつながらないでしょう。それは、「これまで」の歴史が示すところでもあります。

結局のところ「これまで」の構造は、教師の専門性と運動部活動指導の関係を分断するものであり、「二足のわらじ」を支えるものだったと言えるでしょう。そのため「これから」は表38に掲載したような、教師の専門性に裏打ちされた運動部活動指導を推進する構造を、再構築していく必要があります（第47回）。

## 3 ――「これから」を切り拓くには

最後に、「これまで」の運動部活動の問題を改善し、「これから」の展望を切り拓くために必要な観点を整理しておきたいと思います。

本書では、運動部活動のあり方を、とりわけ教師の専門性の観点から考察してきました。この考察は、なぜ学校で運動部活動を実施するのかという、根本的な問いに答えるために必要であり（第1回）、同時にそれは、外部（学校外）との連携を進めるうえでも欠かせないものでした（第29、36、44回）。この考察が「これまで」は不十分だったことで、様々な問題が発生してきたのですから、「これから」のあり方を考えるうえでも、忘れてはならない観点です。

次に、「これまで」の運動部活動の延長線上に「今」があり、「これから」の未来もあると考えることが挙げられます。そんなことは「当たり前だ」と思う人もいるでしょうが、試しに図書館に行って、運動部活動の指導や理論に関する論稿を読んでみてください。自分にとって都合の悪い、過去の出来事や問題に触れずに、持論だけを展開するものに辿り着くことでしょう。「これまで」を反省しなければ、同じ問題を繰り返すことになりますし、「これから」の展望も開けません。

3つめに、指導と構造をワンセットにして、「これまで」と「これから」を考えることがあります。これも「当たり前だ」と思われるかもしれませんが、例えば「これまで」には、運動部活動の指導を地域に移行する方針を示す一方で、従来の運動部活動の大会や（第11、12、15、28回）、内

申書・調査書における評価を続けてきた歴史があります（第16、30、38回）。このような指導と構造のミスマッチが続く限り、運動部活動の問題は解決しませんし、矛盾を含んだ官僚の説明に振り回されることになります（第39回）。そのため私たちには、指導と構造という枠組みから問題を整理・解釈し、改善策を検討していくことが求められているのです。

　これらの観点から、読者の皆さんが運動部活動の過去―現在―未来を往還しながら、教師の専門性と運動部活動指導の関係や、指導と構造の「これまで」と「これから」を考え、自らの意志を発信していくことによって、運動部活動は変わるし、変えていくことができるでしょう。そのような営みが「運動部活動の教育学」であり、これから多くの人の協力を得てつくりあげていく、新しい学問なのです。

# あとがき

　当初、この本の基盤となった雑誌『体育科教育』の連載は、1年間で終わる予定でした。ボクシングで例えれば12ラウンド（12ヶ月）の予定だった訳ですが、実際には延長に次ぐ延長で、気がついたら48ラウンド（4年間）も戦っていました。途中で、桜宮高校の体罰事件や、それに付随した様々な問題が発生したこともあり、良い意味で中途半端な形で終えられなくなりました。また、1回読み切りの連載ですから、各ラウンドで相手の弱点（運動部活動研究の論点）をピンポイントで攻めることや、できるだけ読者・観衆に、どんなパンチを出しているのかをわかるようにして戦う必要がありました。そんなことをしている間に、48ラウンドという前代未聞の戦いになってしまったのです。運動部活動という相手に、どれだけ緊迫した戦いができたのかは、読者・観衆の判断に委ねるしかありませんが、戦った本人としては、最後までリング上で倒れずに済んだことに安堵しています。

　最終ラウンドを終えた今、本書は以下の点で、これまでの運動部活動研究を進めることができたのではないかと考えています。

## ①運動部活動が学校教育に課外活動として位置づく原理を示したこと

　これまで運動部活動は、学校教育に体育（学習）の一環として、あるいは教科外活動（生活指導）の一環として位置づくと語られてきました。この「一環として」という言葉が「くせ者」で、各領域と運動部活動の共通性を示すうえでは有効でしたが、「運動部活動でしか経験できない固有の教育内容は何なのか」を明らかにすることにはつながりませんでした。そのため私は、これまでの「一環として」という指摘を受け継ぎながらも、課外に位置づけられた運動部活動には、それらとは異なる固有の教育内容があることを示しました。それが、①練習・試合、②組織・集団、③場・環境の「自治内容」であり、とりわけ③は課外に位置づけられた運動部活動だからこそ経験しうる、貴重な教育内容であると述べました。このよう

な教育課程との関連性と、運動部活動固有の教育内容を同時に示すことで、これまでよりも運動部活動を学校で実施する根拠が、明確になったのではないかと思います。

②運動部活動の教育内容を、授業の学習内容・教科内容のように構想したこと
　私は、体育科教育学を基盤にして運動部活動の研究に取り組んできました。体育科教育学の中核となる研究のカテゴリーには、体育の授業研究があります。そこでは、まず、教えるべき学習内容・教科内容があり、それを教えるために素材（種目・競技）を選択し、子どもが学習内容・教科内容を学ぶことができるように計画したり、素材を加工したりするという、「教材づくり」のプロセスが重視されてきました。例えば、スポーツを教えるという言葉には、スポーツの歴史、上手くなるための原理・法則、オリンピックの意義と課題、スポーツにおける性差別など、様々な事柄が含まれます。それらを、一度に全て教えることは不可能なので、教師はスポーツという文化の中から、子どもにとって必要な内容（学習内容・教科内容）を抽出し、それを伝えるのにふさわしい素材が何であるのかを考えて選択し、ルールを変更したり、学習の場を整えたりしながら、教材に加工していきます。このような「教材づくり」論を背景にして、今日においては、例えばサッカー「を」教えるだけでなく、サッカー「で」（サッカーを素材として）何を教えているのかが、常に問われるようになっています。
　私は運動部活動の教育内容も、同様に考えられることを示しました。サッカー部ではサッカー「を」経験するだけでなく、サッカー「で」経験すべき教育内容があり、それが①練習・試合、②組織・集団、③場・環境の「自治内容」でした。この観点に立つことによって、サッカーという種目・競技は、クラブの「自治内容」を経験させるための素材の1つに過ぎなくなり、例えばバレーボールでも同様の「自治内容」が経験できるのであれば、それを選択しても良いことになります。つまり、学校・教師が、どのよう

な競技・種目を実施するのかの選択権をもつことになり、そのことによって専門でない競技・種目を指導するような苦労からは解放されるのです。

このように、競技・種目「を」教えるだけでなく、競技・種目「で」何を経験させるのか、それを具体的に示すのが「運動部活動の教育学」であり、このような思考は、日頃から「教材づくり」に取り組んでいる、学校の教師が得意とするところでもあります。

③「勝利至上主義」に関わる議論の方法を提起したこと

そして、このような「自治内容」という観点に立つことで、運動部活動の「勝利至上主義」をめぐる議論を変えていく見通しが開けます。「勝利至上主義」という批判や言葉が出てくると、「勝つことを目的にして何が悪い！」という反論が出されることがあります。実際には「勝利至上主義」という言葉を用いて批判している人たちは、必ずしもスポーツの競技性を否定している訳ではないのですが（競争のないスポーツはありえない！）、そのようには解釈されず、「勝利」（勝つことに向けた努力）の全面否定と捉えられてしまうのです。そのため、これまで「勝利至上主義」をめぐる議論は、お互いが言いっぱなしの、不毛な議論になりがちでした。このような状況をふまえて、私は「勝利至上主義」とは、「勝つこと以外の（あるいは勝つことをめぐる）教育内容が具体的に明示・意識されていないで、指導や活動が行われている状態」と把握しました。勝利を真摯に追求することは大切ですが、それと「勝てば他のことはどうでも良い」というのとは異なるはずです。では、勝敗以外の「大切なこと」とは何でしょうか。それは、勝つことをめぐるプロセスなのではないでしょうか。そのプロセスを、勝敗と同じぐらいわかりやすい、具体的な価値や内容として示さなければ、「勝利至上主義」の問題は解決しそうもありません。子どもの健全育成とか、精神鍛錬といった言葉は、勝利・勝敗と比べると曖昧ですから、スポーツで獲得すべき勝敗以外の「大切なこと」を示す言葉としては

不十分です。そのため私は、①練習・試合、②組織・集団、③場・環境の「自治内容」と、それぞれの場面で求められる価値観を示しました。「勝利至上」が問題であれば、勝敗以外の（勝敗をめぐる）具体的な内容・価値を、勝敗と同じような熱さをもって語る必要があるのです。

### ④運動部活動の教育制度史研究を継承、発展させ「運動部活動の教育学」を成立させる条件・構造を示したこと

　これまでの運動部活動に関わる教育制度史研究において取り組まれてきた、「学習指導要領と部活動」「教員の手当と部活動」「対外試合体制と部活動」といった観点からの考察を深めるとともに、誤った知見や誤解についても指摘してきました。同時に、これまであまり注目されてこなかった、「指導要録と運動部活動」「教員評価と運動部活動」「教員採用試験と運動部活動」といった観点から歴史を振り返りました。そのことで、学習指導要領上の位置づけが曖昧であったときも、学校・教師が運動部活動に関わってきた（関わらざるを得なかった）理由の一端を、示すことができたのではないかと思います。

　さらに、本書は単に教育制度の歴史に触れるだけでなく、各時代の教育論の問題とセットで検討してきたことによって、①と②で示したような原理や教育論が必要とされる歴史的な必然性や、①と②の原理や教育論を支える教育制度的条件・構造を示すことができたのではないかと考えます。周知の通り、運動部活動の教育内容と、それを支える教育制度は一対のものです。双方に目配せをしないと「これまで」の問題の本質に迫ることや、具体的な「これから」の展望が切り開けません。

＊

　さて、これらの知見を導いた本書は、私一人の力では書き上げることができませんでした。まず、健康な身体に生み、育ててくれた父・尚、母・瑛子に感謝したいと思います。とりわけ、地方自治に携わり、私が17歳

のときに他界した父は、同じ自治というキーワードで研究する私をどのように眺めているのでしょう。また、妻の父、津山文雄にも感謝したい。独学で英検1級の資格をとり、高野山では通訳もしていましたが、残念ながら本書の刊行を前に他界しました。「英語が好きだから勉強をする」その純粋な後ろ姿から、私は多くのことを学びました。そして、大学から大学院に至るまで研究を指導してくださった、浅野誠先生（中京大学）、出原泰明先生（和歌山大学）、故・高橋健夫先生（筑波大学）にも感謝いたします。なお、連載や本書の刊行に関わって、大修館書店の川口修平さんからは、読者の観点から的確な助言をいただきました。さらに校正にあたっては、同社の阿部恭和さんと加藤智さんにも加わっていただきました。ありがとうございました。

　他にもお礼を言わなければならない人はたくさんいますが、最後に大学院入学を機に結婚をしてから15年間、そして、今回の48ラウンドの戦いにおいても、私を支え、信じ、見守ってくれた妻・文子に、心からお礼を述べたいと思います。いつも、ありがとう。これからもよろしく。

　　　　　　　　　　　　　　　　　　　2015/10/29　青葉山の研究室にて
　　　　　　　　　　　　　　　　　　　　　　　　神谷　拓

[著者略歴]

**神谷　拓**（かみや　たく）
1975年、茨城県出身。中京大学を卒業後、和歌山大学大学院教育学研究科に進学。その後、筑波大学大学院人間総合科学研究科修了。博士（教育学）。現在、宮城教育大学准教授。日本体育学会体罰・暴力根絶特別委員会委員。

---

### 運動部活動の教育学入門——歴史とのダイアローグ

©Taku Kamiya, 2015　　　　　NDC 375／xiv, 323p／21cm

初版第1刷発行──2015年12月10日

| | |
|---|---|
| 著　者 | 神谷　拓（かみや　たく） |
| 発行者 | 鈴木一行 |
| 発行所 | 株式会社 大修館書店 |

　　　　　〒113-8541　東京都文京区湯島2-1-1
　　　　　電話 03-3868-2651（販売部）　03-3868-2299（編集部）
　　　　　振替 00190-7-40504
　　　　　［出版情報］http://www.taishukan.co.jp/

| | |
|---|---|
| 装丁者 | 石山智博（トランプス） |
| 本文レイアウト | 加藤　智 |
| 印刷所 | 横山印刷 |
| 製本所 | 三水舎 |

ISBN978-4-469-26782-2　　　Printed in Japan

Ⓡ本書のコピー、スキャン、デジタル化等の無断複製は著作権法上での例外を除き禁じられています。本書を代行業者等の第三者に依頼してスキャンやデジタル化することは、たとえ個人や家庭内での利用であっても著作権法上認められておりません。